河南省“十四五”普通高等教育规划教材
财政部规划教材

CAIJING ZHIYE DAODE

财经职业道德

赵红卫 ◎ 主　编
贾宏汝 彭　博 ◎ 副主编

“大学财商”
系列丛书

中国财经出版传媒集团
中国财政经济出版社
·北　京·

图书在版编目（CIP）数据

财经职业道德／赵红卫主编．-- 北京：中国财政经济出版社，2023.12

（“大学财商”系列丛书）

河南省“十四五”普通高等教育规划教材　财政部规划教材

ISBN 978-7-5223-2627-6

Ⅰ．①财…　Ⅱ．①赵…　Ⅲ．①财务管理-职业道德-高等学校-教材　Ⅳ．①F233

中国国家版本馆CIP数据核字（2023）第244957号

责任编辑：张怡然　　责任印制：张　健
封面设计：陈宇琰　　责任校对：张　凡

财经职业道德

CAIJING ZHIYE DAODE

中国财政经济出版社 出版

URL：http：//www. cfeph. cn

E-mail：cfeph@ cfeph. cn

社址：北京市海淀区阜成路甲28号　邮政编码：100142

营销中心电话：010-88191522

天猫网店：中国财政经济出版社旗舰店

网址：https：//zgczjjcbs. tmall. com

北京中兴印刷有限公司印刷　各地新华书店经销

成品尺寸：185mm×260mm　16开　18.5印张　372 000字

2023年12月第1版　2023年12月北京第1次印刷

定价：48.00元

ISBN 978-7-5223-2627-6

（图书出现印装问题，本社负责调换，电话：010-88190548）

本社图书质量投诉电话：010-88190744

打击盗版举报热线：010-88191661　QQ：2242791300

PREFACE
前　言

道德是做人的根本。道德之于人是那么重要，以至于人们愿意赞扬它；然而，一以贯之地遵循道德却又是那么困难，以至于人们时常敬畏它。

道德，伴随着每一个人漫长而短暂的一生，关系着各类组织管理决策的方方面面。对于现代经济社会而言，个人和组织的合乎道德的行为与决策更是得之不觉、失之难存。道德同时内化、外显于个人和组织之中，因此，几乎各行各业都会有自己的职业道德。大学生学习道德的目的，更多地是为了与其未来的职业相联系。

财经职业与其他职业一样，也有自己的职业道德。然而，财经职业又与其他职业不同，所以，财经职业道德更显示出一些特殊性。财经职业道德以对社会经济资源的生产、获取、分配、使用过程为载体，天然地具有了经济的属性。本教材的第一章与第二章，分别从职业和财经职业的视角，梳理了道德与职业的关系、职业视域下的道德，以及社会现实层面的财经职业道德及其双向作用。

追求自由是人的本性，是人类最美好的愿望之一。但是，如果每个人的自由都不受限制，则每个人都没有了自由。因此，自由是有限度的自由，自由会受到一些前提的约束，这就是广义上的规范。在这一点上，各行各业均是如此，财经职业也不是例外。因此，本教材的第三章聚焦于法规层面，分析了职业道德规范的形成与作用、目标与特征，列举了我国财税、金融、工商管理等财经职业现行的职业道德规范。

道德离不开教育，同样，教育也离不开道德。也就是说，没有无教育的道德，也没有无道德的教育。本教材的第四章和第五章分别从素养和教育的视角，讲述了财经职业道德素养的重要性、财经职业道德素养的养成路径与实践方向，以及在大学背景下开展财经职业道德教育的可行性，即财经职业道德教育的困境与现实反思、财经职业道德教育的内容与实践方向。

评价对职业道德同样重要，是道德和道德教育的重要环节之一。道德评价既是对过去和现在道德现象的科学判断，又是对未来社会道德前景的期盼和形塑，在这个意义上，职业道德评价是面向现实的，更是面向未来的。本教材的第六章财经职业道德评价没有从道德评价指标和体系构建的视角出发，而是从财经职业道德评价如何组织和开展的视角来讲述财经职业道德评价。一方面，财经职业道德评价指标体系是一项更具学术研究范式的前沿任务，即使作为单行本教材也未必能概述完整；另一方面，作为财经职业道德教育的内容之一，从面向实践而言，了解如何组织并实施财经职业道德评价工作，以及在财经职业道德评价工作中应该具备哪些知识储备，注意哪些事项，更具有现实意义。

河南省“十四五”本科规划教材“大学财商”为三册丛书，包括《财经通识》《财商训练》《财经职业道德》，由颜敏教授任本丛书总主编，颜敏教授亲自为本丛书的编写定位、编写目的和内容、编写过程进行统筹谋划和悉心指导。其中，《财经职业道德》由赵红卫教授任主编，贾宏汝副教授和彭博副教授任副主编。赵红卫教授负责全书的章节架构、教材内容、图表设计和教材资源的收集整理，并对全书进行审校。本教材共分六章，第一章和第六章主要由贾宏汝副教授编写；第二章和第四章主要由魏娇娇副教授编写；第三章主要由王敬副教授编写；第五章主要由彭博副教授编写。

本教材同时也是河南省首批本科高校课程思政样板课“经济伦理”的教研成果之一，受到河南省高校科技创新人才计划（2020—CX—029）的支持。教材坚持将课程思政知识传授、能力培养和价值引领相结合的育人目标贯穿始终，可作为大中专各类院校财经类专业通识课教育教学使用；对于将职业和职业道德作为研究对象和内容的学者而言，也可以作为参考用书。

作者在编写过程中，引用、借鉴了国内外道德、职业道德研究领域诸多专家、学者已有的研究成果，整理、采用了国内外政府、组织、协会、企业等编撰的资料成果和官方网站的一些图片和内容。在此，请允许我们致以最诚挚的感谢。

由于我们的知识结构、学术能力有限，教材中难免有错误或不当之处，敬请各位专家、学者、学生批评指正！

编者

2023年10月26日

CONTENTS

目　录

1 Part 第一章

追根溯源：道德与职业

道德

道德萌发于人类早期的劳动和简单的交往，起源于社会分工的出现。随着生产的发展，社会分工使个体劳动在生产过程中的作用有所提高，人们逐渐意识到了个体的存在，人的自我意识增强了。同时，社会分工和交换又加强了劳动过程中的联系和协作。一方面是自我意识的增强，另一方面是劳动过程的协作。在这一过程中，难免会有个人与个人、个人与整体之间的矛盾，这就自然而然地产生了调解个体矛盾的自觉要求及维护整体利益的义务观念，产生了履行义务和享有权利之间的道德意识。因此，社会分工是道德形成的关键。

职业

职业是社会发展到一定阶段的产物，是伴随着社会分工而逐渐产生的社会现象，是社会分工的体现形式。职业是社会存在和发展的重要基础，人们要满足自身的物质文化生活需要，从而推动人类文明不断地向前发展，就必须从事各种职业活动，并遵守一定的职业道德。职业道德作为伦理道德体系的重要组成部分，在社会思想道德建设中占有十分重要的地位，是我国推进社会主义精神文明建设的重要内容。

第一章内容结构图

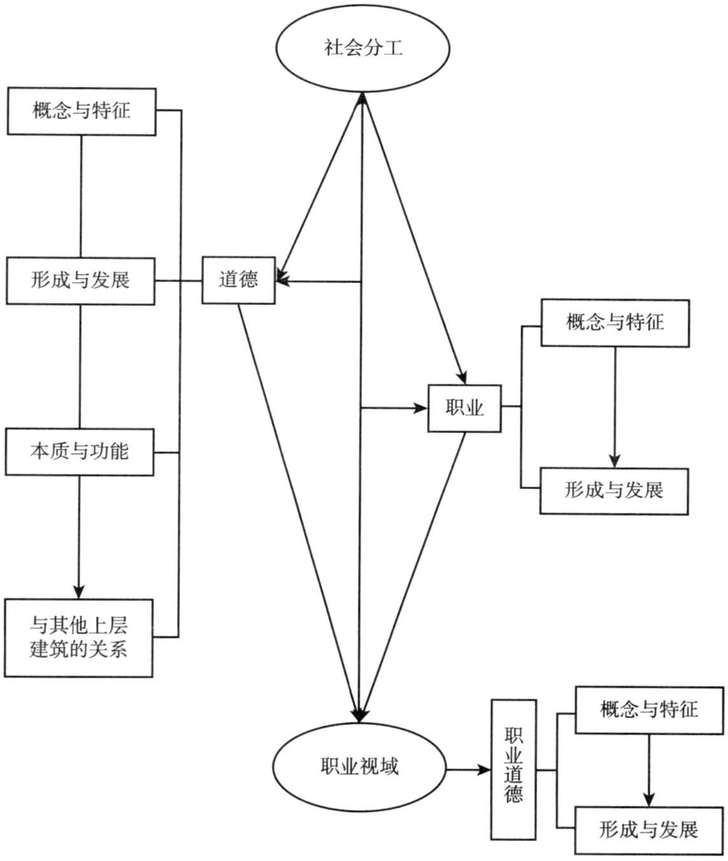
社会分工
概念与特征
形成与发展
道德
本质与功能
与其他上层建筑的关系
职业
概念与特征
形成与发展
职业视域
职业道德
概念与特征
形成与发展

亚瑟·叔本华
Arthur Schopenhauer
1788—1860年

宣扬道德是容易的，但要找出道德的根源和理据则很困难。

——[德]亚瑟·叔本华

弗里德里希·冯·恩格斯
Friedrich Von Engels
1820—1895年

实际上，每一个阶级，甚至每一个行业，都有各自的道德。

——[德]弗里德里希·冯·恩格斯

第一节 社会分工：道德与职业

道德是什么？道德是社会制定或认可的关于人们具有社会效用的行为，要求应该而非必须如何的非权力规范①。道德，既是人们行为应该遵循的规范，又是评价人们行为的尺度；既抽象地表现为道德心理和意识现象，也具体地表现为道德行为和活动现象。因此，道德可以理解为规范人们思维活动与社会行为的一般准则。道德规范存在于人类社会的各个历史阶段，关乎着国家、民族、社会、行业、集体和个人的社会生活，用以协调各类社会关系。

一、道德与职业

（一）道德及其特点

1. 道德

在社会发展过程中，人类自发地形成了道德意识和观念。道德作为意识形态领域的概念，通过对人的行为进行是非、善恶、美丑等评判，逐渐形成群体和社会中积极的社会舆论和公认的道德标准，对社会成员起到普遍规范和约束作用，引领着社会沿着健康正确的方向发展。因此，道德形成并发展于人类社会的各个阶段，存在于人类社会的各个环节。与法律的强制性不同，道德没有强制性。道德常依靠个体内心的信仰来约束个人行为，依靠群体共同的舆论来引导社会现象。

道德的起源可追溯至殷商时代，在甲骨文中就发现了“德”字。老子（前571—前471年）所著的《道德经》，上篇为“道经”，下篇为“德经”。老子认为，“道”与“德”是分开的。“道”是形声字，原始含义指道路、坦途，后来逐渐发展为道理，以表达事物的规律性。“道”是一切的源头，万事万物皆生于此；“德”强调人类要顺从自然、顺应规律。“道生之，德畜之，物形之，势成之。是以万物莫不尊道而贵德。道之尊，德之贵，夫莫之命而常自然。”②其中，“道”和“德”都强调了要顺应自然和规律，实现万物生长。

---

① 孙英.道德是什么？［J］.海南大学学报社会科学版，2008（04）：13-18.

② 老子.道德经［M］.北京：中华书局，1978：51.

（1）道德起源于自然。荀子（约前313—前238年）认为："故学至乎礼而止矣，夫是之谓道德之极"。在这里，"道德"强调的并非自然，而是从人的角度来强调人的行为，指人的品质和品德等。中国古代思想家认为，道德形成于天地之间，发展于人与人的关系之中，强调了天人合一，人要效法自然。

（2）道德依赖于知识。在西方文化中，"道德"一词源自拉丁语"Mores"，大意指风俗和传统习惯，认为道德形成于世俗生活中，强调的是习惯和品性等。[①]苏格拉底（Socrates，前470—前399年）指出，知识就是美德。他呼吁人们学习知识；掌握了知识，人们就具有了一定的美德。[②]亚当·斯密（Adam Smith，1723—1790年）认为，一切道德情操都形成于同情之中。

（3）道德决定于社会经济基础。马克思学派认为，道德由稳定社会的经济基础所决定，是一种特殊的社会意识形态，为特定的社会经济基础服务，属于上层建筑的内容。不同阶级，不同时代，人们对道德的认识和观念都会有所差异，所以在文化的影响下，人们的道德价值判断也会有所不同。

人只要生活在世界上，就必然要与他人、与社会产生各种各样的联系，如父母、兄弟姐妹、夫妻之间，同学、同事、师生、朋友之间，干群、党群、干部之间，个人与集体、个人与社会、个人与国家之间等。在以上这些联系中，必然会产生矛盾，在处理这些矛盾时，每个人也会有不同的思想活动和行为选择。

以上这些联系、思想、行为，有些是人们所希冀的，有些是人们所厌弃的。久而久之，便在一定范围内形成了人们普遍接受的行为规范，即道德。道德规定了人们应该怎样做，不应该怎样做；哪些允许做，哪些不允许做。道德是一种意识形态，属于上层建筑范畴，在阶级社会里道德具有阶级性。道德也是一种社会标准，以善与恶、美与丑、是与非、荣与辱、好与坏、正义与非正义、诚实与虚伪等观念来评判人的行为，因此，道德通过社会舆论、内心信念和传统习惯来维系。

总之，道德是一种行为规范，它以善恶为评价标准，依靠社会舆论、内心信念和传统习惯来调整并维系人与人、个人与集体、个人与社会关系的思想和行为的规范体系。[③]在众多的行为规范中，并不是所有的行为规范都是道德的范畴，只有以社会舆论、内心信念和传统习惯来维系并起作用的行为规范，才是道德规范。

2. 道德的特点

古往今来的伦理学研究，几乎都承认道德具有特殊性。但道德的特殊性究竟是什么，却众说纷纭。有人说，道德是连上帝也要遵守的准则，强调其适用范围的广

---

① 赵惜群，黄蓉. 加强和改进大学生网络道德教育路径初探［J］. 思想理论教育导刊，2014（04）：129–132.

② 陈菲. 论道德责任生成的主客观依据［J］. 学校党建与思想教育，2018（06）：12–14.

③ 罗国杰. 伦理学教程［M］. 北京：中国人民大学出版社，1985：8.

泛性；有人说，道德是“天不变道亦不变”，强调其稳固性；[①]也有人说，道德是济世救民的万能药方，强调其能动性。这些观点中的任何一个，至多只是接近了道德的某一个特点或特性，并没有完整、全面和科学地揭示道德的独特本质。马克思主义伦理学运用唯物史观，在对社会意识形态和上层建筑各种因素的比较中，清晰地阐明了道德的特点（见图1–1）。

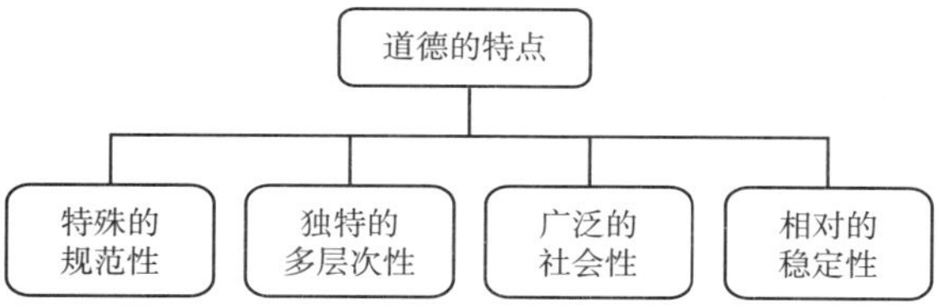

图1–1　道德的特点

（1）特殊的规范性。与科学和艺术把握世界的形式不同，道德是人们把握世界的一种特殊形式。科学把握世界，是通过构建概念和规律的逻辑体系，向人们提供关于真理和谬误对立的认识；艺术把握世界，是通过艺术形象的塑造，向人们展现美与丑；道德把握世界，则是通过道德评价和道德规范，是用“善”和“恶”来评价和调整人与人之间关系的准则和规范。

（2）独特的多层次性。道德具有独特的多层次结构。在人类社会历史上，无论哪一个阶级的道德体系中，都会有一些高于现实生活和理想的成分。因此，在道德体系中，既有崇高的理想道德规范，又有一般的具体道德规范；既有国家层面的道德，也有民族层面的道德；既有社会、集体、家庭层面的道德，也有个体层面的道德。我国社会主义核心价值观鲜明地体现了道德的多层次性的特点（见图1–2）。

图1–2　社会主义核心价值观的三个层面

掌握道德多层次的特点，有助于在当前社会主义道德体系建设及未来迈向共产

① 龙静云.马克思主义伦理学［M］.北京：中国人民大学出版社，2016：25.

主义道德更高阶段的过程中，对不同的对象提出不同阶段的道德要求，引导人们实现从道德觉悟由较低层次向更高层次循序发展。

（3）广泛的社会性。道德具有广泛的社会性，是道德区别于国家机器、法律制度和哲学思想等上层建筑的其他方面的显著特点。

第一，在人类社会发展的各个阶段，都伴随着道德的发展与演进。道德广泛的社会性，表现在道德不仅是人类社会生活的产物，而且贯穿着人类社会生活的始终。

第二，在人们社会生活的各个领域，都离不开道德的调节与规范。无论是社会生活中的政治、经济、军事领域，还是法律、宗教、艺术领域；无论是人们的物质生活领域，还是人们的精神生活领域，道德都渗透其中，起着或大或小的调节人们社会生活的作用。道德的作用范围几乎无所不包，具有广泛的社会性，这是上层建筑的其他因素难以企及的。

第三，在个人社会关系的各个方面，都弥漫着道德的影响和作用。道德广泛的社会性，表现在它还渗透于人们的各种社会关系中。例如，人们的政治、经济关系中有道德的因素；人们的婚姻、家庭关系中有道德因素；在构成人与人之间关系的地方也有道德的因素；在其他行为规范，如政治法律规范发挥作用的同时，道德也在发挥着调整人们相互关系的作用。

第四，道德广泛的社会性，还表现在其渗透于人的一切思想和行为中。每个个体在求生存、图发展时，总要在处理与他人、与社会的利益关系中，表明自己的立场和态度，时刻接受着道德的考验与挑战。同时，自身处理利益问题的态度、观念和行为，也正是人与社会的道德意识和道德观念互动的体现。

（4）相对的稳定性。道德作为上层建筑和意识形态，其相对稳定性是相对于经济基础而言，是上层建筑相对独立于经济基础的表现。在旧的社会制度和经济基础发生变化后，原来上层建筑中的某些意识形态，如政治观点、法律观点等，仍会在相当长的一段时间内，保持相对的稳定性；而道德比起其他意识形态，变化的速度更慢，表现出更持久的稳定性。我国封建专制王朝被推翻已有百余年，但在现实生活中和人们的思想观念中，封建特权等旧的阶级观念、家长作风等旧的封建思想、男尊女卑等旧的道德残余依然存在，这在一定程度上说明了道德具有相对稳定性。

（二）职业及其特征

1. 职业

谈起职业，人们可能会想到工厂、机关、学校等不同的工作部门，也可能会想到工人、公务员、教师等不同的劳动角色，或者想到科员、科长、处长等不同的工作职务。其实，这些只是职业范畴的一部分内容。在准确地理解职业的含义前，让我们先看一看“职业”一词的来源。

我国历史上很早就有“职业”一词。“职”指职务，即执掌之事，分管的事务。《尚书·周官》提到的“六卿分职，各率其属”，就是指设立六个卿官，分管不同的事务。“业”指业务，我国古代人民把要做的事以锯齿状刻到木棒上，每个锯齿代表一件事，每完成一件事情就去掉一个锯齿，这种做法叫“修业”。“职业”一词连用，最早见于《国语·鲁语》：“昔武王克商，通道于九夷、百蛮，使各以其方贿来贡，使无忘职业。”

在英语中，从语义和词源上看，“职业”一词都具有浓厚的宗教色彩。需要注意的是，在英语中“Vocation”曾专指以体力劳动为主的职业，如农业、手工业、工业、商业等，并将从事这些劳动的人称为“职业人”；而“Profession”则专指从事脑力劳动或受过专门训练的职业。当然，现在的“Profession”和“Vocation”都是中性词，不带有褒义或贬义色彩。

职业是人们在社会中所从事的相对稳定的、作为主要生活来源、以此服务社会并体现自我价值的专门工作。这个含义需要从四个方面来把握：第一，职业由社会分工产生，是为社会所承认的有益的工作；第二，职业是相对稳定的，不是临时的，有一定的连续性；第三，职业是“为群体服务”的，是服务于社会，也是为社会所必需的，职业也是个人发展和实现人生价值的主要渠道；第四，职业是“为己谋生”的，是个人获取生活资料的主要来源。

职业不是凭人们的主观臆想产生的，而是取决于人类社会生活的客观需要。从社会整体的角度看，无论生产劳动，还是生活服务；无论是政府官员，还是勤杂工人，都承担着某种不可缺少的社会职能。在现实生活中，不仅事事要有人做，而且专事也要有专人做。“专人做专事”就成了职业的一个显著特征。从个体的角度看，每个职业岗位都是个人在社会分工中获得和扮演的一个公共角色。人们就业的目的，不仅是希望获得一个被社会承认的正式身份，能够尽到一定的社会责任和义务；而且还希望通过职业获取某种生产和生活资料，掌握一些满足自己生存发展并享受生活的手段。因此，职业是人类“直接生活的生产和再生产”借以实现的基本形式，是人们的社会地位和社会角色的集中体现，是个人利益和自我价值实现的主要途径。“职业的本质，是社会职能专业化和人的角色社会化的统一。”①

2. 职业的特征

职业作为一种劳动的表现形式，在其产生和发展的过程中逐渐形成了独特的性质。其主要表现在以下六个方面：

（1）社会性。从其产生来看，职业是社会发展到一定阶段后，随着社会分工

---

① 李德顺.论职业道德［J］.中共山西省委党校学报，1996（06）：53-56.

逐渐产生的，没有社会分工就没有职业；从其组织结构看，任何一个职业都不是孤立存在的，它是社会整体中的一个子系统，与其他职业及其系统有着紧密的联系；从其服务面来看，职业是社会所必需的，职业服务的对象，分布在整个社会范围内。

（2）经济性。对个人而言，职业是个人获取生产与生活资料的主要途径；对社会而言，个人从事职业是促进社会经济发展与社会再生产的重要环节。

（3）专业性。任何一个职业，都随着社会的发展不断发展和完善，其专业化程度也不断提升。例如，专业化程度较高的职业有医生、律师、工程师等，社会对这些职业的专业性要求越来越高。而一些传统的职业，看似专业性不强，但随着社会的发展，对其专业性的要求也在不断提升，如环卫工作，不仅是传统意义上的打扫卫生，还包括垃圾分类、处理等，其技术性要求越来越高。

（4）多样性。随着社会的发展，社会的分工越来越细，职业的种类也越来越多，一些职业的专业性也越来越强，需要的知识、技术也越来越精深，职业的差别也越来越大。一个人容易在某个领域取得成功，成为专家，但要想成为精通各个领域、胜任各个岗位的全能型专家则非常困难，这是职业多样化的结果。

（5）层次性。职业的层次性，包括不同职业之间的层次和同一职业内部的层次。从社会需要角度看，职业并没有高低贵贱之分。但在现实生活中，由于不同的职业对职业素质要求不同，以及人们对职业的看法或舆论的评价不同，职业便有了层次之分。职业的层次性，往往是由不同职业工作过程中，体力和脑力劳动的付出比例、收入水平、工作任务量的大小、社会声望和权力地位等因素决定的。

（6）时代性。随着时代的变迁，职业也是不断发展变化的，新的职业不断产生，旧的职业不断消亡。由此也可以看出，每个时代都有自己的特色职业。随着时代的不断进步，经济的迅速发展，技术的日新月异，新旧职业之间的更替周期越来越短，一些之前还存在的职业，现在已经逐渐消失。如补碗匠、翻瓦匠、流动售货员、流动照相师等，如今只存在于人们的记忆中。

二、道德的起源与演进

（一）道德的起源

关于道德的起源，不同的国家、不同的学派之间，有着相同或不同的看法。

一是“神启论”。认为道德是上帝通过“启示”圣人而定下的不可逾越的规矩，把道德的起源归结为天。欧洲中世纪的神学家也认为，道德起源于上帝，是神的启示。如基督教的摩西“十戒”，这是客观唯心主义道德起源论。①

二是“天赋论”。认为道德是先天的、与生俱来的，是人心应有的“良知”，而不是后天形成的。我国古代思想家孟子（前372—前289年，见图1-3）说：“仁义礼智，非由外烁我也，我固有之也”。德国哲学家伊曼努尔·康德（Immanuel Kant，1724—1804年，见图1-4）认为，人生下来就有一种“纯粹的理性”，并且受这种理性支配，不以环境为转移，这是主观唯心主义者的道德起源论。②

图1-3 孟子

图1-4 伊曼努尔·康德

三是“感觉机能论”。认为人生来就有趋乐避苦的欲望，凡是能够满足人的欲望的行为，就能使人感到快乐；凡是不能满足人的欲望的行为，就能让人感到痛苦。道德就是从人的这种天生欲望中产生出来的。凡是快乐的就是善的，痛苦的就是恶的。换句话说，人的生理或心理的感觉机能是道德的源泉，趋乐避苦是道德的基础。这是旧唯物主义道德起源论，但仍然没有跳出历史唯心主义的圈子。③

四是“社会实践论”。马克思主义认为，道德的起源不是人先天固有的良知，也不是人的自然本性。道德归根结底是人类社会实践的产物，是社会存在的反映，是社会关系的产物。④道德的产生受到主观和客观两方面的制约。⑤

1.社会关系的形成是道德产生的客观条件

道德是人类社会特有的现象。人类与动物有着本质的区别。动物只能凭借自身的器官，从自然界取得现成的东西来维持生存，它们只能消极地适应环境，不能自觉地有目的地改造世界，所以动物之间不可能存在社会关系，也不可能意识到这种社会关系，更不可能自觉地去调整这种社会关系。

在漫长的社会发展过程中，劳动，使类人猿脱离了动物界变成人；劳动，又使

---

① 阿尔图·叔本华.作为意欲和表象的世界（第1卷）[M].上海：上海人民出版社，2020：62.

② ICMA. Code of Ethics [EB/OL].http：//icma.org/en/icma/ethics/code_of_ethics.

③ 马国泉.行政伦理：美国的理论与实践[M].上海：复旦大学出版社，2006：107.

④ 中共中央马恩列斯著作编译局.马克思恩格斯全集（第3卷）[M].北京：人民出版社，1972：3.

⑤ 肖恩·塞耶斯，贺来，刘富胜.马克思主义与道德[J].哲学研究，2007（09）：8-12+127.

类人猿的头脑变成思维人的头脑，使人们结成一定的社会关系。在劳动过程中，由于客观条件和人本身能力的限制，人类不得不结成集体，彼此交往，相互合作，形成一定的社会关系。孤立的个人是不存在道德问题的。正如18世纪法国哲学家克洛德·阿德里安·爱尔维修（Claude Adrien Helvétius，1715—1771年，见图1-5）所说，如果我生存在一个孤岛上，我的生活中就没有什么罪恶与道德了。只有在形成了人与人、人与集体之间的关系时，才有可能产生道德。因此，社会关系的形成，是道德赖以产生的客观条件。

图1-5　爱尔维修

2. 人类意识的产生是道德产生的主观条件

道德本身是一种意识形态，必须建立在人类意识产生的基础之上，同时，人类意识的产生，也使人类对道德产生了需求。[①]劳动使人们结成一定的社会关系，增强了人们改造自然的力量；同时，劳动也改造了人类的器官。随着发声器官的逐步发达，语言产生了。语言的产生，又促进了抽象思维能力的发展，人们从而对自然界以及人与人的关系产生了一定的认识。个人之间、个人与社会之间存在着各类矛盾，这些矛盾反映到人类思维中，被人类所认知，人类只有在意识到这些矛盾时，才能进一步产生调节这些矛盾的需要，从而催生出道德需求。因此，人类意识的产生是道德产生的主观条件。

3. 社会分工的出现和发展是道德形成的关键

道德的发展同一定的社会分工相联系，是一定社会分工的产物。原始人的分工发生在蒙昧时代，只有性别、年龄的分工。真正具有社会意义的分工，则是发生在原始社会后期，先是农业和畜牧业的分离，而后是手工业和农业的分离。

分工，使个体劳动在生产过程中的作用提高了；同时又使从事不同劳动的人们加强了彼此间的联系，使人与人之间的关系日趋复杂，交往日益频繁。而且，人们的社会组织形式也发生了变化，导致个人之间、个人与整体之间产生矛盾。一方面，群体内部逐步形成比较明确的调整个人与整体关系的自觉要求；另一方面，人们内心也逐步产生维护整体利益的责任感和荣辱观念，产生了义务和权利之类的道德意识，于是在人类的社会生活中形成了一些简单的道德准则。[②]

---

① 张梦圆，苑明亮，寇彧.论西方道德心理研究的新综合取向：道德基础理论［J］.北京师范大学学报（社会科学版），2016（01）：50-59.

② 唐凯麟.试论道德价值的生成——公民道德建设中的一个基本的理论问题［J］.伦理学研究，2004（5）：11-15.

总之，道德的产生经过了漫长的历史过程。在道德形成的过程中，劳动起了重要作用。劳动创造了人，劳动促进了人的器官的完善，同时劳动也使人们结成一定的社会关系。随着社会的发展，出现了社会分工，社会关系中的各种矛盾日益突出，为解决这些矛盾，道德也就随之形成了。道德在其产生的初期比较简单，随着生产和社会交往的发展，特别是随着脑力劳动和体力劳动的分工，以及阶级对立的出现，道德才从一般社会意识和社会关系中分化出来，成为独立的意识形态。

（二）道德的历史演进

道德作为人类社会的上层建筑，其历史演变的阶段性与人类社会发展的阶段性相适应。根据人类社会形态的发展演进和更替，可以把道德的历史演变大致划分为以下五个阶段：

1.原始社会氏族部落的道德

（1）维护氏族和部落整体利益。原始社会时，社会生产力水平非常低下，在恶劣的自然条件与强大的外来氏族部落侵略面前，任何一个氏族部落的力量都显得渺小脆弱，唯有协调一致、团结一心，以整体力量和集体行动才能求生存谋发展。个人与氏族部落整体之间的生存、安全和利益不可分割，任何个人都必须紧紧地与整体团结在一起。在这种环境下，原始社会的人们就形成了原始的集体主义观念，在此基础上产生了原始社会的一系列道德原则及规范。

第一，氏族部落的共同利益高于一切，是原始社会的基本道德原则。因此，无条件地服从和维护氏族部落的共同利益，是每个氏族部落成员的最高义务和神圣职责，为共同利益勇于牺牲自己的一切，是一种高贵的道德品质。

第二，氏族部落成员之间的平等和互助，是氏族部落社会成员重要的道德规范。氏族部落内部成员之间是平等关系，没有高低贵贱之分，在分配食物、生活用品或战利品时，严格按照平等原则进行。即便是大家选举产生的氏族部落的首领，也没有特权，必须参加生产劳动。

第三，勇敢坚强、吃苦耐劳，是氏族部落社会中普遍尊崇的美德。在生产力水平低下，生存环境十分严峻的条件下，凡是有劳动能力的人，不论男女老少，都必须尽力劳动、勤劳不息；都必须勇敢坚强、吃苦耐劳；如果有人怯懦软弱、怕累偷懒，就会被认为是可耻的，可能会受到物质享用方面的惩罚。

（2）道德观念的贫乏性、直观性和含混性。在原始社会，人们的思维和语言都不够发达，难以通过抽象思维和丰富多样的概念来把握各种道德现象。因此，一方面，他们的道德观念十分贫乏，仅仅包括“好的”和“坏的”、“有利的”和“有害的”、“应该的”和“不应该的”，以及“自己人”和“敌人”、“吉”和“凶”等；另一方面，这些观念的含义也十分直观，大部分是从具体事物的客观性质中演化而来。

他们运用对立的道德观念来评价人的行为和人与人的关系；同时也用这种观念牵强附会地评价自然界，把自然力和动物也分成“好的”和“坏的”、“善良的”和“凶恶的”等。所有这些都表明，原始社会氏族部落道德观念的贫乏性、直观性和含混性。

（3）道德调节的狭隘性、外在性、权威性和简朴性。从蒙昧时代进入野蛮时代后，原始社会以血缘氏族为基础单位，连接人与人的纽带也是血缘，所以，人们之间的关系仍十分狭隘。正如恩格斯所言：“部落始终是人们的界限。”原始集体主义、团结互助和平等无私等一系列道德原则和规范，只适用于调节本氏族或本部落内部成员之间的关系，而对于其他氏族部落及其成员则是不起作用的。一切“我们的”都意味着善良和正义；一切“别人的”都意味着邪恶和不可容忍。因此，某个氏族部落的道德原则和规范，往往建立在对其他氏族部落的血亲复仇和战争杀伐，乃至斩尽杀绝的基础之上。

原始人的道德，并非现代意义上自由选择的结果，而是源自对外界力量的恐惧。在原始社会，人们支配自然界的力量极其有限，主体意识尚不发达。原始人以为，自己生活在万物有灵的世界中，将道德规范与风尚、习俗融为一体，视为“神灵的意志”而不敢违背，甚至连自己受到的良心谴责这样的内心活动，也理解为“神灵的警告”，乃至是“神灵的惩罚”。因此，原始社会的氏族部落道德对人们行为的调节，具有明显的外在性和权威性。此外，在“神灵观念”的支配下，原始社会道德调节所遵从的一系列准则，不可能也不需要任何推理和论证，只是直接地、简单地调节着人与人之间的关系。

综上所述，原始社会道德具有两重性，既有积极的一面，又有消极的一面。一方面，作为伦理史上第一个道德类型，原始社会道德标志着人类道德生活的开始；以维护氏族部落的整体利益为核心，以平等互助为重要原则，为后来道德的发展奠定了良好基础。[①]原始人习俗传统中的一些道德准则，以及体现在氏族部落成员行为上的一些优良品德，一直被人们赞扬和继承。另一方面，道德观念的贫乏、直观、含混，以及道德调节的狭隘性、外在性、权威性及简朴性，都表现出原始社会道德的极不成熟和极不完善。由于原始人刚刚脱离动物界，道德方面不可避免地带有动物性的印记，如血缘群婚、血亲复仇、食人之风等，这些愚昧、野蛮的成分，以及粗陋的道德关系、道德观念等，只能与当时极其低下的社会生产力状况相匹配。

2.奴隶社会的道德

（1）奴隶主阶级与奴隶阶级的道德针锋相对。第一，奴隶主阶级极力维护对奴隶阶级的绝对统治和人身占有关系；奴隶阶级则要进行强烈的反抗。在奴隶制社会，奴隶主奴役、买卖和屠杀奴隶，以及用奴隶殉葬等，被奴隶主阶级视为天经地义、合

① 章海山.西方伦理思想史［M］.沈阳：辽宁人民出版社，1984：68.

乎道德。对此，奴隶常常采取罢工、破坏劳动工具、逃跑甚至起义等形式，进行反抗。

第二，奴隶主阶级鄙视劳动和劳动者，视劳动和劳动者为下贱。受此影响，自由民也认为劳动是耻辱的、不体面的事情。正如恩格斯所指出，奴隶制，在它是生产的主要形式的地方，使劳动成为奴隶的活动，使劳动成为让自由民丧失体面的事情。奴隶则对奴隶主阶级不劳而获、荒淫无耻的行径，满怀强烈的道德义愤，并予以揭露、控诉和谴责。[①]

第三，奴隶主阶级要求奴隶主和自由民必须绝对忠于奴隶制国家，能够忍受战争的痛苦，并要在战争中英勇杀敌以“保卫祖国”；奴隶阶级则在反对奴隶主奴役的斗争中，形成了顽强勇敢、团结互助的精神，是一种反对阶级压迫、反对民族压迫的美德。

（2）奴隶社会的道德进步。在表现形式上，奴隶社会的道德比原始社会的道德有很大进步，特别是奴隶主道德，已成为相对独立的上层建筑的成分，并具有了初步理论化意识形态。进入奴隶社会后，随着生产力的发展，脑力劳动与体力劳动开始分化，奴隶主阶级内部产生了一部分专门从事精神生产的人，加之人类的抽象思维能力有了较大提高，以及文字的形成，从而推动部分人对诸多道德现象和道德问题进行系统地抽象思考（即伦理思考）和提炼，并用文字记录下来，用理论的形式表现出来。[②]

人类道德的表现形式发展到新阶段，既有了必要性又有了可能性。与原始社会的道德相比，奴隶社会的道德，特别是奴隶主阶级的道德，在表现形式上有了如下进步：

第一，道德从一般的社会风俗中独立出来。人们不仅借助风俗传统，而且依靠道德教育和训练，依靠社会舆论、内心信念和道德自我意识，来调节人与人之间的关系。

第二，道德从混沌的社会意识中独立出来，形成了具有确切道德意义的概念和观点。例如，中国奴隶制时代已出现“孝”“德”“礼”“仁”“德行”等概念。古希腊也出现了所谓的智慧、勇敢、节制、正义“四大德性”。

第三，道德与法明显区分开来。奴隶社会有了法的形式，例如，出现了“德”与“刑”“德治”与“法治”等既相互联系又相互区别的概念。

第四，初创伦理学学科体系基础。通过对复杂的道德关系、道德心理和道德行为规范的概括和总结，奴隶主思想家们提出了一系列范畴和命题，为创建伦理学学科体系奠定了基础。例如，孔子（前551—前479年，见图1-6）的《论语》，亚里士多德（Aristotle，前384—前322年，见图1-7）的《尼可马科伦理学》。[③]道德扬弃了

---

① 寇东亮.马克思恩格斯道德哲学思想探要［J］.内蒙古社会科学（汉文版），2010（05）：84-89.

② 《伦理学》编写组.伦理学［M］.北京：高等教育出版社，2012：41.

③ 宋希仁.西方伦理思想史（第2版）［M］.北京：中国人民大学出版社，2010：313.

以往感性直观、笼统简单的风俗表现形式，具有了独立的意识和系统的理论表现形式，成为独立的社会现象。

图1-6　孔子

道德调节的范围日益扩大、内容日益多样化和复杂化。进入奴隶社会后，人与人之间的关系不再是原始社会简单、淳朴、彼此平等的血缘关系，而是产生了民族、阶级和国家，出现了多种行业及其从业人员，社会的阶级关系和道德关系日益多样化和复杂化。道德超出了部落氏族的狭窄范围，它不仅要调节民族之间、阶级之间、国家之间、阶层之间、行业之间、团体之间的关系，还要调节个人与这些整体之间的关系，以及调节君臣、主仆、父子、夫妇、兄弟、姊妹、朋友、师生等个人与他人之间的关系，道德进入了社会大舞台，道德调节的深度和广度均大大增加。

图1-7　亚里士多德

进入阶级社会后，人类精神文明的发展陷入深刻的矛盾中。

第一，相对于原始社会的氏族部落道德，奴隶社会的阶级道德既表现出倒退的一面，也表现出进步的一面。从整个人类社会的发展来说，由于奴隶主阶级的道德是从狭隘的阶级利益中引申出来的，它的一切都以本阶级的利益为转移。因此，它所表现出来的野蛮、自私、贪婪和残暴，较之原始社会质朴的氏族部落道德，是一个明显的退步。但是，它毕竟是新的生产关系的产物，抛弃了原始社会血亲复仇和食人的落后风俗，主张保全战俘的生命，这对保护和发展社会生产力有着积极作用。

第二，它消除群婚制度，使人类社会开始向相对稳定的家庭形态过渡，不仅有利于人类的健康和种族的繁衍，而且改善了人口质量，是人类社会更加文明的表现，这显然是道德的又一巨大进步。

第三，它摆脱了原始社会道德的直观和狭隘，让人类的道德第一次以理性的形式表现出来，产生了专门研究道德的伦理学说，使道德成为独立的社会意识形态；它使一部分人的个性与自我意识得到前所未有的发展，尽管这主要发生在奴隶主阶级成员身上，但对整个社会发展来说，仍具有一定的进步意义。

此外，奴隶阶级在改造自然的劳动和反抗奴隶主阶级的斗争中，也为人类伦理思想的宝库贡献了一批珍贵的遗产。[①]

① 《伦理学》编写组.伦理学［M］.北京：高等教育出版社，2012：156.

3. 封建社会的道德

（1）维护和反对封建宗法等级制度。封建社会的秩序结构，就像一座等级森严的“金字塔”，国王或天子高居塔顶，有绝对权威；在此之下，划分为由高到低的不同等级，各级依次依附于上级，而农民则处于社会的底层。由于封建社会实行以家族为中心、按血统远近区分亲疏的宗法制度。因此，人和人之间结成了一种牢固的人身依附关系。为了维护这种宗法等级关系，封建地主阶级确立了相应的道德要求和规范。

第一，等级森严。要求人们严格按照自己的等级地位“安分守己”，不能越位，否则就被视为大逆不道。中国封建地主思想家、东汉隐士尚子（生卒年不详）所强调的人们之间的“分”“辨”“别”的等级差别，就是这一要求的具体反映。

第二，忠君孝父。以忠君孝父为核心的“三纲”（即君为臣纲、父为子纲、夫为妻纲）是中国封建地主阶级道德最根本的道德规范。封建社会的经济关系和宗法等级制度，决定了皇帝是一国之首、父亲是一家之长；国是家的扩大、家是国的缩小，所以，忠君和孝父紧密相关。如果人人做到忠和孝，那么封建统治者的江山就可以永世长存了。因此，历代统治者都特别提倡忠君与孝父。

第三，男尊女卑。男尊女卑、男主女从是封建道德的重要规范之一。同奴隶社会一样，妇女在封建时代仍然处在社会等级制度的最底层，受到政权、神权、族权、夫权四种势力的重重压迫。中国封建地主阶级把男尊女卑的思想进一步系统化和规范化，提出了“三从”（未嫁从父、既嫁从夫、夫死从子）“四德”（妇德、妇言、妇容、妇功）等一整套束缚妇女言行的规范；编写了《女儿经》，宣扬妇女应当绝对顺从男子，给妇女加上了沉重的精神枷锁。

第四，劳动卑贱。轻视体力劳动，是封建社会特别是士大夫阶层普遍的道德意识。早在战国时期，思想家孟子就宣扬：“劳心者治人，劳力者治于人。治于人者食人，治人者食于人，天下之通义也。”后来的封建文人宣传所谓的“万般皆下品，唯有读书高”片面地强调，只有社会底层人民才从事劳动。这种错误的道德意识危害深远。

与地主阶级道德相对应的是农民阶级道德。在长期的社会生活和斗争中，农民阶级也形成了自己的道德观念。

第一，反对宗法等级制度，要求社会平等，成为农民阶级道德的基本原则。例如，中国封建社会历代的农民起义，都在一定程度上提出了平等的道德要求。

第二，农民作为劳动者，在长期社会生活实践中养成了勤劳、节俭、朴实、厚道、团结互助等美德。农民阶级这些纯朴的道德观念，是人类历史上劳动人民优良道德传统的重要组成部分，是封建社会道德进步的积极表现形式。

第三，由于农民阶级既是劳动者，又是小生产者，加之他们在政治、经济、文化活动中受到种种限制，因而，在道德上不可避免地存在一些消极的因素。如受封建主义的孝道和忠君思想的影响较深，难以摆脱传统旧俗的束缚，出现因循守旧、自私散漫、封闭保守等道德表现。

总之，从整体上看，地主阶级道德和农民阶级道德，在对待封建宗法等级制度上的对立态度，是封建时代道德的基本社会特征。

（2）道德进一步政治化、规范化、理论化和神秘化。封建社会道德的这几个方面，在中国和欧洲的表现有诸多相似之处。不同之处在于，欧洲主要是借助宗教力量来实现，中国则主要通过国家政权来实现。

第一，政治化。中国历代封建王朝，都十分重视道德在政治生活中的作用；封建统治者及其思想家们，都竭力将道德与政治融为一体，力求道德政治化和政治道德化。

第二，规范化。两千多年前，当中国从奴隶制社会向封建社会过渡时，孔子就为统治者宣传："为政以德，譬如北辰，居其所而众星拱之"。其"德治"思想后来不仅被许多封建统治者奉为基本国策，而且被许多地主阶级的思想家进一步发扬光大。

第三，理论化。进入封建社会后，为了维护宗法等级制度，在道德政治化和政治道德化的同时，许多地主阶级的思想家在道德规范和道德伦理的研讨上作了很大努力，使其成为完备的理论体系。①

第四，神秘化。封建统治者及其思想家将道德与"天人感应""天人合一"等朴素的哲学思想和宗教伦理结合在一起，以此来宣扬封建道德的合理性。西欧封建统治阶级一开始就主张"政教合一"，把道德与宗教紧密地结合在一起。道德与唯心主义、宗教的结合，给道德罩上了神秘的外衣。②

（3）道德调节功能的进一步强化。其一，政治化和神秘化强化了封建道德的权威性和制裁力量。在封建时期，违反封建传统道德，不仅要受到国家政权力量的严厉惩办，而且还要受到宗法势力（如族权、夫权）的严重迫害。

其二，规范化和理论化强化了封建道德的心理调节功能。中国封建时代十分重视道德教育、道德修养、社会舆论、传统习俗力量的运用和发挥，特别是历朝历代的统治者，都认可和提倡封建阶级"圣人"或思想家们对道德与人的关系所作的论述和说明，强化了人们道德调节的心理机制，如良心、义务感和荣辱感等，从而使封建道德内化为人们日常生活中一块神圣的"丰碑"。人们从内心深处服从封建道德，自觉或不自觉地为封建道德所奴役和吞噬。③

同样，封建社会的道德作为阶级社会道德的第二个历史类型，在人类伦理发展

---

① 章海山.西方伦理思想史［M］.沈阳：辽宁人民出版社，1984：470.

② 张俊芳.从康德道德哲学到马克思主义伦理学［J］.东北师大学报（哲学社会科学版），1994（05）：21-25.

③ 宫维明，罗德尼·佩弗与艾伦·伍德的"马克思主义道德观"之争及其启示［J］.马克思主义研究，2012（10）：150-154.

史上既有进步的一面，也有消极的一面。其进步倾向体现在：第一，全部封建道德表明，人类道德关系和人类对各种道德关系的把握，有了进一步的丰富和发展；第二，道德调节功能的强化，表明道德作为一种社会意识形态，已经比奴隶社会的道德处于更自觉的状态；第三，封建社会的道德比较重视个人的道德修养，尤其强调道德的自律性，重视道德的普及和宣传；第四，以占统治地位的地主阶级道德为标志，道德更加规范化、体系化和理论化；第五，封建道德在尊重劳动者的价值和尊严方面，较奴隶社会有所进步，农民阶级相对于奴隶阶级而言，他们的人身独立和自由得到了一定的承认和肯定；第六，农民阶级在道德上提出“均贫富，等贵贱”等要求，表现出劳动者对自己的历史主体地位和创造性有了初步的自觉认识；第七，劳动人民发展了勤劳、节俭等优良的道德观念和道德品质。

消极倾向体现在：第一，地主阶级道德更加体系化和理论化，更具有伪善性；道德的能动作用得以强化，更容易成为封建统治者在思想上奴役和禁锢人民的重要工具。第二，就农民阶级的道德而言，它所包含的狭隘性、自私性和散漫性等消极因素，极大地限制了农民阶级发挥自己的历史主体作用和创造性，其道德最终无法成为反抗封建地主阶级剥削和压迫的有力武器。①

4. 资本主义社会的道德

崇尚利己主义，是资本主义社会道德的基本特征。自私自利的理论表现即利己主义，它不仅是私有制的必然产物，也是奴隶主阶级、地主阶级和资产阶级道德的共同本质。尽管从奴隶主到资本家都信奉“人不为己，天诛地灭”的利己信条，但是，利己主义作为一个社会中占统治地位的道德原则，只有在资本主义条件下才可能真正实现。资本主义社会中，资产阶级无偿占有无产阶级的剩余劳动；剥削无产阶级和其他劳动者是资产阶级根本利益之所在。维护剥削制度，获取最大限度的剩余价值，成为资产阶级道德形成的根本基础，利己主义成为资产阶级道德的基本原则。从这一原则出发，资产阶级把追逐个人利益和满足私欲，作为他们一切行动的出发点和归宿，把追求个人自由和个人幸福的一切行为，都说成是高尚的。因此，一切利己主义的行为及其后果，都被认为是合理的、合乎道德的。

从上述道德原则出发，资产阶级确立并遵循着自己的一套道德规范。

（1）金钱万能、金钱至上。在资产阶级看来，金钱具有最神奇的功能，有了钱就可以得到一切，甚至连名誉、人格、尊严和爱情也可以买到。威廉·莎士比亚（William Shakespeare，1564—1616年，见图1-8）就说过：“金钱可以使黑的变成白的，丑的变成美的，错的变成对的，卑贱变成尊贵，老年变成少年，懦夫变成勇士。”既然金钱有如此神奇的力量，金钱自然就会被资产阶级奉为至高无上的圣物，

① 龙静云.马克思主义伦理学［M］.北京：中国人民大学出版社，2016：24.

拜金主义在资本主义社会发展到了顶峰阶段。

图1-8　威廉·莎士比亚

（2）自由、平等、博爱。在资产阶级革命时期，资产阶级提出了“自由、平等、博爱”的口号，它既是资产阶级的政治主张，又是资产阶级道德的重要内容。根据历史唯物主义的基本原理和客观的历史事实，这一口号的提出，不仅在政治上起到了推动历史进步的作用，而且在人类道德发展史上也是一个巨大的进步。因为它否定了人身依附关系，肯定了人身自由；否定了等级特权，肯定了人的平等；否定了把人不当人的非人道主义，肯定了人道主义的博爱思想。换句话说，它肯定了人的尊严、价值，以及个人对幸福的追求。所以，它对人的个性张扬和自我意识的发展，对人们挣脱禁欲主义、蒙昧主义、等级主义的枷锁，都起到了巨大的革命性作用。但同时也必须看到，资产阶级所倡导的“自由、平等、博爱”，只是资本主义经济关系和资产阶级的意志和愿望在道德关系上的一种反映，而且只在资产阶级范围内才有实际意义，一旦超出了这一特定范围，便立刻暴露出它的局限性和虚伪性。

在资本主义社会，除了占主导地位的资产阶级道德之外，还有无产阶级的道德。恩格斯指出：“工人比起资产阶级来，说的是另一种习惯语，有另一套思想和观念，另一套习俗和道德原则。”这是因为，在资本主义条件下，无产阶级除了自身的劳动力外一无所有，只能依靠出卖自己的劳动力来维持生计，他们饱受资本家的剥削和压迫。同时，他们又是社会化大生产的代表者。在社会化大生产劳动中，培养了他们完全不同于资产阶级的高尚的道德品质，他们遵循着一种完全与极端个人主义、利己主义、拜金主义相对立的道德，这种道德代表着对现状的变革，是代表着未来的新型道德。无产阶级和资产阶级道德的这种对立和斗争，贯穿于资本主义社会的整个历史过程。

在资本主义社会，占主导地位的道德是资产阶级道德。资产阶级道德作为剥削阶级道德发展的最高阶段，在一定的时间和范围内，特别是当资产阶级处于上升时期时，曾对人类的进步和发展起过积极的，甚至非常重要的作用。与封建社会道德相比，资产阶级道德无论在道德理论上，还是在道德规范方面都有所进步。但是，作为剥削阶级的道德类型之一，资产阶级道德从一开始就包含着若干消极的因素，以维护资产阶级利益为目的，以利己主义、个人主义为原则。所以，随着资产阶级走向反动和灭亡，其道德原则和规范必将丧失其历史进步性，逐步转化为落后腐朽的东西。它的内在矛盾日益加剧，调节功能每况愈下。虽然曾以道德的身份出现，并调节着人们之间的社会关系，但最终将导致人们走向反道德和不要道德的歧途。

与资产阶级道德相对立，无产阶级在自己的劳动和生活中，在同资产阶级的斗争中，逐步形成了本阶级特有的道德观念、道德感情、道德信念和道德规范。特别是在有了马克思主义的指导后，无产阶级道德不断成熟和完善起来，继承和发扬了人类特别是劳动人民的优良道德传统，把劳动人民的道德水平提高到一个崭新的阶段。

无产阶级道德的基本原则是集体主义，大公无私、英勇斗争、团结互助、遵守纪律等，是无产阶级特有的优秀道德品质。今天，无产阶级道德已成为人类历史上最进步的、科学的道德，它的优越性是任何剥削阶级的道德不能比拟的。在马克思主义的指引下，它会进一步成熟和完善，在未来社会的道德生活中居于主导地位，并成为全人类统一的道德。①

5.社会主义社会的道德

社会主义道德是以社会主义公有制为主体的经济基础的反映。是在无产阶级自发形成的朴素的道德基础上，以马克思主义的世界观为指导，由无产阶级自觉培养出的道德；是以为人民服务为核心，以集体主义为原则，代表无产阶级和广大劳动人民根本利益和长远利益的先进道德体系。它属于共产主义道德体系。②

（1）我国社会主义道德观的初步确立。1949年9月，《中国人民政治协商会议共同纲领》首次提出了“爱祖国、爱人民、爱劳动、爱科学、爱护公共财物”，即“五爱”。1982年“五爱”公德被写入《中华人民共和国宪法》，为“爱祖国、爱人民、爱劳动、爱科学、爱社会主义”。1956年，我国完成了对农业、手工业和资本主义工商业的社会主义改造，确立了社会主义制度，开始了全面、大规模的社会主义建设。社会主义和共产主义道德思想得到进一步传播和发扬。1963年3月5日，毛泽东（1893—1976年）同志高度赞扬了雷锋（1940—1962年）精神，号召全国人民“向雷锋同志学习”（见图1-9）。通过学习雷锋精神，推动了以“五爱”为基本要求的社会主义道德教育向前发展。广大青年在“向雷锋同志学习”中，提高了社会主义道德觉悟，弘扬了爱国主义、集体主义、全心全意为人民服务的精神，初步确立了社会主义道德观。③

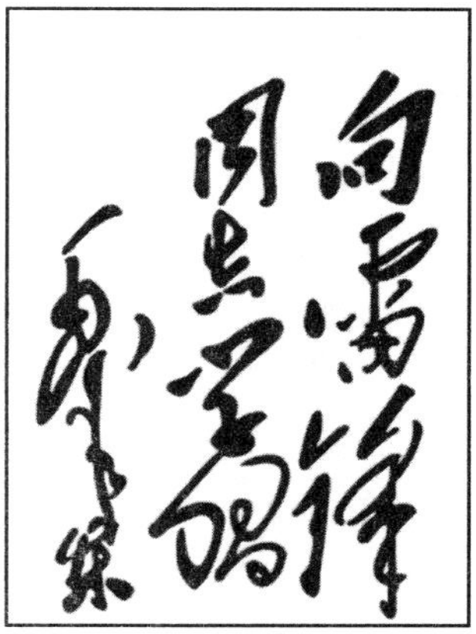

图1-9 毛泽东题词“向雷锋同志学习”

（2）党的十一届三中全会以来我国的道德实践。1986年9月，党的十二届六中全

① 李梅敬.理论层次视域中的马克思道德思想［M］.上海：上海社会科学院出版社，2019：145.

② 凯·尼尔森.马克思主义与道德观念——道德、意识形态与历史唯物主义［M］.李义天，译.北京：人民出版社，2014：276.

③ 庞士让.论爱国主义［M］.北京：人民出版社，2018：312.

会通过了《中共中央关于社会主义精神文明建设指导方针的决议》，对我国二十世纪末道德建设中的许多问题做了科学的界定：社会主义道德建设的基本要求是爱祖国、爱人民、爱劳动、爱科学、爱社会主义，特别强调“在道德建设上一定要从实际出发，鼓励先进，照多数，把先进性的要求同广泛性的要求结合起来”，这标志着我国道德建设进入了一个新的发展阶段。[①]

1996年，党的十四届六中全会通过了《中共中央关于加强社会主义精神文明建设若干重要问题的决议》，对新的历史时期加强社会主义道德给予高度重视，提出社会主义道德建设的体系结构，包括：一个核心，即为人民服务；一个原则，即集体主义；五个基本要求，即爱祖国、爱人民、爱劳动、爱科学、爱社会主义；三个道德领域，即社会公德、职业道德、家庭美德。进一步明确社会主义道德建设的总目的是要在全社会形成一种团结互助、平等友爱、共同前进的人际关系。这一道德体系的提出，是党总结新中国成立后中国道德建设的经验和教训，根据中国国情和道德实践中出现的新问题，实事求是，更新观念的结果，为社会主义道德发展指明了方向。

2001年9月，中共中央颁布了《公民道德建设实施纲要》（以下简称《纲要》)，《纲要》的制定与颁布，是我国社会主义道德发展与创新的一个新阶段。《纲要》对弘扬民族精神和时代精神，形成良好的道德风尚，保证社会主义市场经济健康运行和促进物质文明、精神文明协调发展，具有重要的现实意义，是中国社会主义道德建设的重要里程碑。

《纲要》在总结古今中外和中国道德传承的基础上，明确提出中国社会主义的基本道德规范：“爱国守法，明礼诚信，团结友善，勤俭自强，敬业奉献”，同时也对社会公德、职业道德、家庭美德、个人品德提出了明确的要求（见图1-10），[②]对提高公民道德素质，培养有理想、有道德、有文化、有纪律的社会主义新人具有重要的实践意义。

基本道德规范：爱国守法、明礼诚信、团结友善、勤俭自强、敬业奉献。
社 会 公 德 ：文明礼貌、助人为乐、爱护公物、保护环境、遵纪守法。
职 业 道 德 ：爱岗敬业、诚实守信、办事公道、服务群众、奉献社会。
家 庭 美 德 ：尊老爱幼、男女平等、夫妻和睦、勤俭持家、邻里团结。
个 人 品 德 ：友善互助、正直宽容、明礼守信、热情诚恳、自强自立。

图1-10 公民基本道德规范

《纲要》针对如何建立和完善社会主义道德体系，作出进一步指示：“从我国历史和现实的国情出发，社会主义道德建设要坚持为人民服务为核心，以集体主义为原则，以爱祖国、爱人民、爱劳动、爱科学、爱社会主义为基本要求，以社会公德、

---

① 秋石.正确认识我国社会现阶段道德状况［J］.前线，2012（04）：71-74.

② 郭广银，陈延斌，王云骏.中国市场经济体制下的道德建设［M］.北京：人民出版社，2004：300.

职业道德、家庭美德为着力点。”针对社会主义初级阶段的国情，以及人们的生活环境、受教育程度及诸多因素影响下，国民道德意识、道德觉悟有高有低的现象，《纲要》指出：“坚持从实际出发，区分层次，着眼多数，鼓励先进，循序渐进。”①总之，《纲要》的颁布，对我国社会主义道德建设具有重要的理论指导意义，对我国社会主义道德体系的完善与发展，产生了积极的推动作用。

（3）新时代道德纲要新要求。党的十九大报告中提出：“加强思想道德建设。”“人民有信仰，国家有力量，民族有希望。”②2019年10月27日，中共中央、国务院印发《新时代公民道德建设实施纲要》（以下简称《新纲要》），《新纲要》共有7个部分，主要包括新时代公民道德建设的总体要求、重点任务、深化道德教育引导、推动道德实践养成、抓好网络空间道德建设、发挥制度保障作用和加强组织领导等内容。③随着改革进入深水区，转型发展进入关键期，引导公民具备自尊自信、理性平和、积极向上的健康国民心态十分重要。④《新纲要》立足实践发展、突出问题导向，对于推动全民道德素质和社会文明程度达到新高度，有十分重要的意义。

我国社会主义道德价值体系的形成和发展，同社会主义政治、经济制度的确立与完善密切相关，其间几经曲折反复，通过几十年的探索和实践，为社会主义道德价值体系的发展积累了丰富的经验。《纲要》和《新纲要》的先后颁布与实施，是对我国社会主义道德建设的总结与创新，让我国社会主义道德一步步迈入健康、科学的发展轨道。

（4）党的二十大报告对道德建设新要求。党的二十大报告提出，要广泛践行社会主义核心价值观。社会主义核心价值观是凝聚人心、汇聚民力的强大力量。弘扬以伟大建党精神为源头的中国共产党人精神谱系，用好红色资源，深入开展社会主义核心价值观宣传教育，深化爱国主义、集体主义、社会主义教育，着力培养担当民族复兴大任的时代新人。推动理想信念教育常态化制度化，持续抓好党史、新中国史、改革开放史、社会主义发展史宣传教育，引导人民知史爱党、知史爱国，不断坚定中国特色社会主义共同理想。用社会主义核心价值观铸魂育人，完善思想政治工作体系，推进大中小学思想政治教育一体化建设。坚持依法治国和以德治国相结合，把社会主义核心价值观融入法治建设、融入社会发展、融入日常生活。

党的二十大报告指出，要提高全社会文明程度。实施公民道德建设工程，弘扬

---

① 郭广银，陈延斌，王云骏.中国市场经济体制下的道德建设［M］.北京：人民出版社，2004：78.

② 习近平.决胜全面建成小康社会夺取新时代中国特色社会主义伟大胜利——在中国共产党第十九次全国代表大会上的报告［M］.北京：人民出版社，2017：54.

③ 公民道德建设实施纲要［M］.北京：人民出版社，2001：6.

④ 习近平.习近平谈治国理政（第二卷）［M］.北京：外文出版社，2017：214.

中华传统美德，加强家庭家教家风建设，加强和改进未成年人思想道德建设，推动明大德、守公德、严私德，提高人民道德水准和文明素养。统筹推动文明培育、文明实践、文明创建，推进城乡精神文明建设融合发展，在全社会弘扬劳动精神、奋斗精神、奉献精神、创造精神、勤俭节约精神，培育时代新风新貌。加强国家科普能力建设，深化全民阅读活动。完善志愿服务制度和工作体系。弘扬诚信文化，健全诚信建设长效机制。发挥党和国家功勋荣誉表彰的精神引领、典型示范作用，推动全社会见贤思齐、崇尚英雄、争做先锋。

三、职业的形成与发展

（一）职业的形成与发展

职业是社会分工的产物。没有社会分工，就不会有各种各样的职业；相反，如果没有各种各样的职业划分，社会职能的分工也无从表现出来。

大量研究表明，职业并非人类社会一开始就有的。在原始社会相当长的时期内，氏族内部根据成员的性别、年龄差异形成自然分工。人们并不是专职从事某项工作，虽然有人打猎捕鱼，却没有专门的猎人和渔夫；有人烧饭缝衣，却没有专门的厨师与裁缝。那时候，人们可能今天上山狩猎，明天下河捕鱼。没有比较固定的、专业性的生产劳动，职业角色并不固定，所以也无职业可言。到原始社会末期，随着生产力的发展，生产分工和产品交换逐渐发展起来，畜牧业、手工业、商业先后从农业中分离出来，由此形成第一次社会大分工。一些具有专门业务的特殊劳动方式由此产生，人们也相应地被固定在一定的职业范围内，从事着相应的职业活动，职业也就产生了。

职业的出现，标志着社会生产力和生产关系发展达到了一个新的历史水平和历史阶段，它推动人类社会由野蛮时代向文明时代迈进。正如恩格斯（Friedrich Engels，1820—1895年）所说：文明时代是从分工方面的一个新的进步开始的。在野蛮时代的低级阶段，人们只是直接为了自身的消费而生产；间或发生的交换行为也是个别的，只限于偶然的剩余物。在野蛮时代的中级阶段，我们看到游牧民族已经有牲畜作为财产，这种财产到了畜群具有相当规模的时候，就可以经常提供超出自身消费的若干剩余；同时，我们也看到了游牧民族和没有畜群的落后部落之间的分工，从而看到了两个并存的不同的生产阶段，也就是看到了进行经常交换的条件。[①]在野蛮时代的高级阶段，又进一步发生了农业和手工业的分工，于是劳动产品中的一部分

① 埃米尔·涂尔干.职业伦理与公民道德［M］.渠东，付德根，译.上海：上海人民出版社，2006：8.

是直接为了交换而生产的，这就把单个生产者之间的交换提升为社会的生活必需。

文明时代巩固并强化了已经发生的各次分工，特别是通过加剧城市和乡村的对立，使之巩固和加强。此外，它又加上了第三次的、所特有的、有决定意义的重要分工：它创造了一个不再从事生产而只从事产品交换的阶级——商人（见图1–11）。这样，人类就走到"文明时代的门槛了"。[①]"文明时代是社会发展的一个阶段，在这个阶段中，分工、由分工而产生的个人之间的交换，以及把这两者结合起来的商品生产，得到了充分的发展，完全改变了先前的整个社会。"[②]

图1–11　三次社会大分工

在职业产生发展的初期，受社会分工及生产力水平低下的影响，其划分比较简单且不稳定。多数手工业劳动者同时又是农业劳动者。职业成为稳固的、普遍的社会现象，是从封建社会中后期手工业工场的分工开始的。这时候，工场逐渐脱离农业，成为一种新的生产方式，成为一种资本主义性质的经济组织，从而使人们可以长期从事某种专业性的劳动。从此，职业的分化越来越精细，越来越迅速，也越来越复杂。

这一时期的职业分化主要有两种途径：第一种途径是由不同的手工业者结合，在一个工场内生产同一种产品，而形成若干个职业或行业。比较典型的是马车制造业的形成与分化。马车是古代社会的重要交通和运输工具。制造马车需要铁工、木工、漆工、装饰工等20多个工种。这些不同工种的从业人员组合在一个工场里，一起为制造马车服务。各工种既保持自己的工艺特点，又相互协调配合，共同制造最终的产品——马车。后来，马车制造业的各个工种，通过不断完善自己的技术工艺，逐渐分化出独立于马车制造业之外的铁器制造业、木器制造业等。第二种途径是由同一种手工业者生产同一种产品，分化为生产若干不同产品的不同职业。这种职业

① 中共中央马恩列斯著作编译局.马克思恩格斯全集（第4卷）[M].北京：人民出版社，1995：165–166.

② 中共中央马恩列斯著作编译局.马克思恩格斯全集（第4卷）[M].北京：人民出版社，1995：174.

分化的典型是针的生产。原始的制针业，从原材料——铁坯，到成品——针，整个生产过程都由一个职业者完成。后来，在分工的直接推动下，制针业逐渐分化成铁条业、铁丝业、制针业等多种行业。

当工场手工业发展为机器大工业后，工场内部的生产专业化，又逐步向社会生产的专业化发展，出现了生产部门内部乃至全社会生产部门之间的职业分工体系。职业的高度分化，不仅大幅度地提高了劳动生产率，而且有力地推动了社会化大生产的发展。在社会化大生产的条件下，各种职业的服务范围不断扩大，随着全球化时代的到来，社会分工在全世界范围内进行，职业服务的范围也扩大到全球。一位在美国的消费者打电话寻求售后服务，接线员可能远在数千英里之外的印度孟买；而英国用户购买的一部手机，生产这部手机的工人则可能位于中国的深圳。

在现代科学技术和市场经济体制的推动下，职业发展的方向、规模和形式日益多样化、复杂化，职业之间纵向和横向的联系也越来越紧密。其中，最突出的特点有两方面：一方面，职业分工越来越细，形成一大批专业性极强的新职业；另一方面，各种学科技术、工种相互交叉渗透，产生一系列综合性很强的新职业。经过无数次分化和组合，社会职业的种类和形式越来越多。

（二）职业的未来发展趋势

在知识经济和互联网经济的信息时代，新知识和新技术层出不穷，相应的产业结构将加快调整和升级，职业正面向未来表现出一些新的发展趋势。

1. 第三产业与高新技术职业比重提高

随着社会的发展，以服务为主的第三产业类的职业得到了全面发展，在产业结构中的比重得到了很大提高。

从20世纪70年代至今，我国产业结构发生了巨大的变化。第一产业GDP比重持续下降，第二产业GDP比重在40%~50%浮动，第三产业GDP比重稳步上升，从1970年的547.2亿元增长至2019年的534 233.1亿元，逐渐占据优势地位。此外，根据相关数据统计，发达国家第三产业占国内生产总值的平均比值约72.9%，美国则高达81%。在《中共中央关于制定国民经济和社会发展第十四个五年规划和二〇三五年远景目标的建议》中提出，2035年我国人均国内生产总值达到中等发达国家水平。可以推算，我国2035年国内生产总值将达到203.2万亿元，其中，第三产业产值约142.24万亿元，第三产业未来具有极大的发展空间。[①]

2. 职业呈专业化、综合化和多元化趋势

随着科学技术的发展，有些职业的专业化越来越强，若不具备一定的专业能力

① 黄晓家，赵潭，等.我国第三产业发展与节水研究［J］.中国给水排水，2022（04）：50–51.

就达不到职业要求，不能适应职业需要。职业分工除了专业性越来越强以外，开始向综合化、多元化方向发展，打破了以往每种职业都有相对固定范畴的界限，职业与职业之间相互交叉延伸，界限模糊。就从业者来说，以前的研究人员只专注科研成果，但现在的研究人员，既是研究者，又是市场开拓者和经营者，甚至还是管理者。从生产部门来说，现在很多企业变成一业为主、兼营别业，这些企业的工作人员虽然在一个职业岗位工作，却同时具有几种职能和几种身份。

3. 新旧职业的更替速度加快

任何一个职业都是在不断发展中走向消亡的，新的职业会不断涌现。当前，职业的发展、变化及更替更加迅速。现代化大生产的显著特点之一，就是市场竞争激烈，产品更新换代速度加快，不断催生出新的职业。

2021年3月，人社部等三部门发布了集成电路工程技术人员、企业合规师、公司金融顾问、易货师、碳排放管理员、二手车经纪人、汽车救援员、调饮师、食品安全管理师、服务机器人应用技术员、电子数据取证分析师等18个新的职业。而在我们身边，一些新职业也在不断产生。比如，还有老年健康评估师、会展设计师等。

四、道德范畴与其他范畴

（一）道德的本质

道德的本质，即道德区别于其他事物的根本性质，是回答道德到底是什么的问题。不同的阶级有不同的道德观，人们对道德本质的看法也有所不同。马克思主义诞生以前的思想家和伦理学家，并没有全面认识到道德的本质，他们的局限主要表现在以下方面，如图1-12所示。

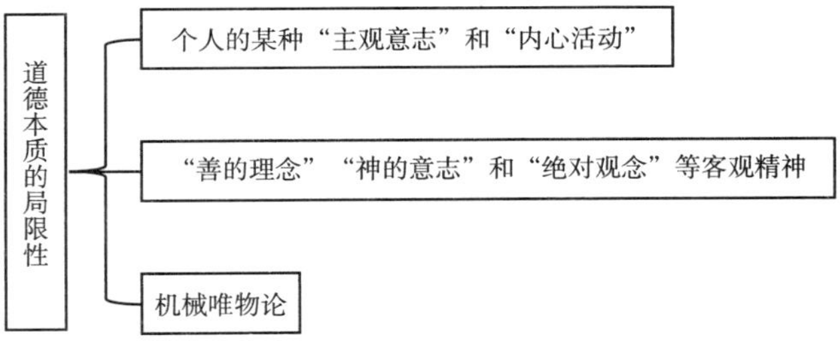

图1-12 道德本质的局限性

1. 主观唯心主义道德观

主观唯心主义（Subjective Idealism）是唯心主义哲学的基本形式之一。主观唯心主义把个人的主观精神如感觉、经验、心灵、意识、观念和意志等，看作世界上一切事物产生和存在的根源与基础，而世界上的一切事物则是由这些主观精神所派生的，是这些主观精神的显现。因此，在主观唯心主义者看来，主观的精神是本原的、第一性的，而客观世界的事物则是派生的、第二性的。主观唯心主义者把道德的本质纯粹归结于个人的某种“主观意志”和“内心活动”。

西方主观唯心主义代表有英国的乔治·贝克莱（George Berkeley，1685—1753年）、德国的约翰·戈特利布·费希特（Johann Gottlieb Fichte，1762—1814年）等。17世纪荷兰著名哲学家贝内迪特·斯宾诺莎（Benedictus Spinoza，1632—1677年）认为，情感欲望是道德的基础；德国哲学家伊曼努尔·康德（Immanuel Kant，1724—1804年）把“善良意志”解释为先验的、绝对的。[①]中国主观唯心主义代表人物有孟子（约前372—前289年）、庄子（约前369—前286年）、陆九渊（1139—1193年）、王守仁（1472—1528年）等。孟子从“性善论”出发，把道德的“善”解释为先天就有的，这都是主观唯心主义的观点。

2. 客观唯心主义道德观

客观唯心主义（Objective Idealism）与主观唯心主义相对，把某种“客观”精神（“宇宙”“理念”“绝对精神”“天理”等）当作世界的本原，认为现实的物质世界都是这种“客观”精神的产物。神学唯心主义也是一种客观唯心主义。客观唯心主义把道德的本质归结为“善的理念”“神的意志”和“绝对观念”等客观精神。如被认为是客观唯心主义创始人的古希腊先哲柏拉图（Plato，前427—前347年，见图1-13）认为，“善的理念”是超乎“存在”之上的，事物只不过是理念的影子；德国哲学家格奥尔格·威廉·弗里德里希·黑格尔（Georg Wilhelm Friedrich Hegel，1770—1831年，见图1-14）的“绝对理念”是一种客观精神；我国南宋时期著名理学家朱熹（1130—1200年，见图1-15）提出的“天理”，不过是把封建道德神秘化，其宣扬“天理”的目的，是为封建等级制度的合理性作辩护。以上这些都是客观唯心主义的观点。[②]

图1-13 柏拉图

图1-14 格奥尔格·威廉·弗里德里希·黑格尔

图1-15 朱熹

① 康德.道德形上学探本［M］.唐钺，译.北京：商务印书馆，2012：38.

② 康德.道德形上学探本［M］.唐钺，译.北京：商务印书馆，2012：46.

3. 机械唯物论的观点

图1-16 路德维希·安德列斯·费尔巴哈

德国旧唯物主义哲学家路德维希·安德列斯·费尔巴哈（Ludwig Andreas Feuerbach，1804—1872年，见图1-16）认为，道德产生于人们社会交往的必要性中，但这种必要性的基础，是一种对自己有利，同时又对他人有利的“合理利己主义”。康德认为，费尔巴哈认识到了“生活的基础也就是道德基础”，但是他把物质生活水平看成影响道德的决定性因素，则显得有些极端。[①]这种观点离开了人的社会性，离开了社会存在，尤其是用经济关系对人本质的决定性影响来讨论道德本质及其发展规律，必然会得出片面或者错误的结论。

马克思主义运用科学的唯物史观，深刻揭示了道德这一社会现象的本质：道德本质上是由社会经济基础所决定，是上层建筑中的一种意识形态。主要表现在以下三个方面：[②]

第一，道德体系的内容是由经济结构的内容决定的。道德作为一种意识形态，是现实经济关系在意识中的反映。经济结构中包括分工的不同、经济地位的区别和阶级的划分等，不同的划分必然会产生若干的矛盾。矛盾的存在，提供了解决矛盾的现实需要；而要解决矛盾，必须使道德规范适应现实的经济结构，以及不同的阶级社会；从而，不同的经济结构，决定了不同的道德内容。[③]例如，奴隶社会、封建社会和资本主义社会，都有不同内容的道德。

第二，在阶级社会中，同一经济结构下的道德体系，其内容大体一致。但是，处于不同经济地位的人的道德观念，受其地位的影响，要代表这一阶级或阶层的利益，因此，不同的阶级，其道德意识是不同的，甚至在一些观念上严重对立。例如，封建社会中的地主阶级认为，道德应维护其对财富的统治地位；而位于底层的贫民则认为，应该“无贵贱，均贫富。”马克思认为：“占统治地位的思想，不过是占统治地位的物质关系在观念上的表现，不过是表现为思想上的占统治地位的物质关系。”[④]经济结构中处于统治地位的阶级，在道德意识中也占据统治地位。

---

① 康德.道德形上学探本［M］.唐钺，译.北京：商务印书馆，2012：49.

② 路德维希.费尔巴哈.费尔巴哈哲学著作选集（下卷）［M］.荣震华，李金山，译，北京：商务印书馆，1984：95.

③ 胡海波，郭凤志.马克思学说历史性理解的历史主义原则［J］.马克思主义研究，2013(12)：98-110.

④ 中共中央马恩列斯著作编译局.马克思恩格斯全集（第3卷）［M］.北京：人民出版社，1972：52.

第三，当经济社会的结构改变时，道德观念总会相应地调整，以适应社会发展。道德观念可以在一定范围内超越社会经济的发展水平，或者滞后于社会经济的发展，但从长期来看，道德必须适应社会经济发展的需要。

社会主义道德也是由社会主义经济基础决定的，它具有如下的本质特征：

第一，社会主义初级阶段的基本经济制度，是以公有制为主体、多种所有制共同发展。占主体地位的公有制生产关系，决定了当代中国经济制度的社会主义性质。经济关系决定道德体系的内容，与经济制度相适应，社会主义道德处于支配地位，起着主导作用，而其他道德体系就处于从属地位。

第二，恩格斯指出："每一个社会经济关系，首先是作为利益表现出来的。"①社会主义初级阶段，经济制度以公有制为主体，社会主义道德主要调整个人利益和集体利益的关系，这就决定了我国社会主义道德建设，要以为人民服务为核心，以集体主义为原则。社会主义道德建设的主要目标，就是要做到个人利益和集体利益的统一。

（二）道德的功能和社会作用

道德作为一种独特的社会现象，一旦从社会生活中分化出来，就与其他社会现象，特别是与它赖以产生和存在的经济关系，相互作用、相互影响。道德由经济基础决定，对社会经济关系具有一定的能动作用，否则，它的存在就没有必要。一般认为，道德的功能主要有以下几个方面，如表1-1所示。

表1-1　道德功能表

功能	解释说明
调节功能	道德通过评价等方式来指导和纠正人们的行为和活动，以协调人们之间的关系
认识功能	通过以道德原则、道德规范和道德范畴组成一个伦理思想体系，为人们提供辨别功能善恶、美丑、荣辱、是非的客观标准
教育功能	通过造成社会舆论、形成道德风尚、树立道德榜样、塑造理想人格等方式，来影响人们的道德观念和道德行为

1. 调节功能

"调"是调整行为，变换、改变行为。"节"是节制，自我对行为的控制，是某种让步、牺牲。道德调节，指的是当个人与他人之间、个人与社会之间，在利益上发生矛盾时，人们以道德的力量自觉改变自己的行为，节制自己的欲望，以消除矛

① 中共中央马恩列斯著作编译局.马克思恩格斯全集（第3卷）[M].北京：人民出版社，1972：537.

盾，使相互关系保持和谐一致。

道德的调节功能与法律的调节功能是不同的。法律是权力规范，是应该而且必须如何的行为规范；道德根本上是非权力规范，是应该而非必须如何的行为规范。例如，“不应该杀人放火”是法律规范，而“应该让座位给老弱病残孕的乘客”则是道德规范。一般认为，道德调节是一种内在的强制性，而非外在的强制性。其实，道德也具有一定的强制性，即舆论强制。当然，这种强制性是以人们的内心接受或部分接受为前提的；没有道德主体在道德内容和道德结构方面的认同或部分认同，道德的调节功能就不会发生。

调节功能所具有的内在强制性特征，为其在社会领域中发挥作用带来了正、反两个方面的影响。尽管道德调节是广泛的、重要的，但道德调节却不是万能的。道德所调节的社会关系，主要是非对抗性的矛盾，以及对抗性矛盾中的非对抗行为。道德的调节功能只有和其他调节手段结合起来，才能在社会实践中发挥更大的作用。

2. 认识功能

道德的认识功能表现在，道德能够反映自己的特殊对象——现实生活中人与人之间、人与社会之间的利益关系。其反映的结果，往往以道德观念、道德准则和道德理想等形式表现出来，为人们的思想和行为提供道德价值指向，是“善”还是“恶”，是“应当”还是“失当”，是“正价值”还是“负价值”等。

道德的认识功能同科学的认识有明显差异，它的目的不在于认识客体本身，而是通过客体，来找出它与社会、与他人的相互关系和价值方向，从而作出符合实际的道德选择，引导人们依照趋善避恶的原则，去创造完美的社会关系和完善的人格。道德的认识功能服从于道德的调节功能，为人们提供了理想的道德原则。

3. 教育功能

道德的教育功能，也是道德的一种重要功能。道德的教育功能，是指道德通过评价、激励等方式，造成社会舆论，形成社会风尚，树立道德榜样，塑造理想人物，以影响和培养人们的道德观念、道德境界、道德行为和道德品质。[①]

道德作为一种规范，为人们提供了一个标杆和目标，成为引导人们追求至善、催人奋进的良师。它教导人们正确认识自己，提出了对家庭、对他人、对社会、对国家应负的责任和应尽的义务。

人在社会化的过程中的一个重要的环节，就是要适应社会道德的要求，规范自己的行为，知道自己应该做什么，不应该做什么，正确地选择生活道路。在这一过程中，道德中善、荣誉、正义和幸福等观念，在社会舆论的维护下，可以使人们抵御不良思想的侵蚀，使受教育者成为道德纯洁、理想高尚的人。

---

① 韩进之，王宪清.德育心理学概论［M］.上海：上海人民出版社，1985：87.

道德的教育功能和调节功能是不可分割的。道德要在社会生活中起到调节人们行为的作用，就必须在社会成员个人的意识中稳定下来，成为人们自觉的意识和行为的准则，否则，道德就不能很好地发挥它的调节功能。[①]道德教育的重大意义就在于，它能够启迪人们的道德觉悟，培养人们道德上的自觉性和主动性。从这个意义上说，道德的教育功能是调节功能的思想基础。另外，道德的教育功能又离不开道德的调节功能。道德的教育功能的发挥，是在对人们的行为进行道德调节中实现的。

道德教育是非强制性的，只有被教育者从内心真正接受了，道德教育才能真正发挥作用。道德的教育功能需要借助家庭教育、学校教育、媒体宣传、社会舆论等力量，才能更好地发挥出来。[②]

道德以上三个方面的功能，起到了维系和平衡人与人、人与集体、人与社会、人与自然关系的作用，为人类社会的和谐发展提供了保障，起到了维护社会稳定，促进社会和谐的作用。

（三）道德与其他上层建筑范畴的关系

道德由社会的经济基础决定，反过来又对经济社会有能动作用，这是上层建筑范畴的共有特点。除此以外，与政治、法律、艺术、宗教等相比，道德还具有自己的特殊性。

1. 道德与政治

关于道德与政治的关系，有两种截然不同的观点。一种观点认为，道德与政治没有关系；另一种观点则认为，道德与政治有关系。那么，从我们的日常认知看，说政治与道德没有关系，恐怕需要一定的前提和语境。

关于两者关系的看法，历史上形成了所谓道德决定政治论和政治决定道德论。前者认为，政治制度、政治思想都是由道德原则、道德意识决定的；后者则认为，道德起源于政治，是由政治决定的。这两种观点都片面地强调了一方面否定另一方面，犯了以偏概全和绝对化的错误。现在，从以下四个方面全面看待道德与政治的关系：

（1）政治变革和道德发展相互促进。由于道德和政治都根源于当时的社会经济关系，所以，它们之间不存在谁决定谁的问题。然而，因为政治是统治阶级或集团利益的集中反映，道德又总是为政治服务，所以，尖锐的道德冲突，常常是政治变

① 郑航.学校德育概论［M］.北京：高等教育出版社，2007：20–21.

② 辛治洋，张志华.“道德底线”不是道德——道德教育最重要的基础理论问题［J］.中小学德育，2013（03）：10–16.

革的前奏；而重大的政治变革运动，又是道德发展的强大推动力。历史上许多重大变革的发生，都以抨击旧道德为前导，又在政治变革运动的发展过程中，加速了旧道德体系的衰落，推动新道德体系的形成。比如，在“五四”运动前爆发的新文化运动，就把提倡民主与科学，反对旧道德、旧礼教作为主要内容。

（2）政治制度和道德体系相互影响。政治制度制约着各种道德体系的社会地位及行为规范；而不同的道德体系，对当时政治制度或政治秩序的巩固和发展也起着积极或消极的影响。哪个阶级掌握着国家政权，其阶级的道德体系就居于社会的统治地位。换句话说，一个阶级要巩固其国家政权，稳定政治秩序，除了强化国家机器外，还必须用道德来“教化”社会成员，培养相应的道德责任感和义务感。正如18世纪法国唯物主义哲学家霍尔巴赫（Paul Heinrich Dietrich，1723—1789年，见图1-17）指出的：伦理若无政治的支持，便毫无力量；政治若无美德的支持和协助，便岌岌可危，迷失方向。

图1-17 霍尔巴赫

（3）政治路线、政策与社会道德风尚相互影响。正确的政治路线和政策可以激发人们的能动性，促进人们保持一个安定的社会环境，推动社会道德风尚的改善。同样，社会中好的道德风尚，不仅有助于正确的政治路线和政策的实施，而且可以在一定程度上抵制或减轻错误的政治路线和政策的消极作用。反之，政治路线和政策的不正确，不仅会扰乱社会正常秩序，而且会破坏社会良好的道德风尚。如果社会道德风尚不好，也可能成为实行正确政治路线的障碍。

（4）个人政治觉悟和道德品质相辅相成。在西方伦理思想史上，美德和政治总是联系在一起的。[①]对于无产阶级来说，政治觉悟高的人，道德境界往往也高；道德境界高的人，政治觉悟也往往比较高，这两者之间有许多相通的地方。在一些杰出人物身上，更能看出这一点。

2.道德与法律

道德与法律的关系十分密切。统治阶级为了巩固其政权，维持社会秩序，既要运用法律手段，也要发挥道德的作用。“德治”与“法治”的作用是互补的，两者缺一不可。

（1）两者在内容上相互吸收。在阶级社会中，统治阶级的道德规范体系和法律体系的许多内容是互相通用的。比如，自汉武帝“罢黜百家，独尊儒术”后，儒

① 吴群.社会主义道德论［M］.呼和浩特：内蒙古大学出版社，2013：44.

家的“纲常礼教”一直是我国封建法律的重要内容。而我国现行《宪法》所规定的“五爱”，也是社会主义公德的主要行为规范。一般来说，凡是我国法律所禁止的行为，也是社会道德谴责的行为。

（2）两者在社会功能上相互补充。在阶级社会里，统治阶级的道德和法律，归根到底都旨在把人们的行为限制在一定秩序范围内。它们在维护统治阶级的利益和秩序方面，常常是彼此补充的。当某些行为还不能用法律制裁时，便采用道德手段来加以调整；一旦这些行为已经不能靠道德调整时，就可能要采用法律制裁。例如，家庭关系中的夫妻矛盾，一般先进行道德调节，但当矛盾激化到一定程度时，则需要进行法律裁决。

（3）两者在实施过程中相互支撑。法律规范的实施带有强制性；道德规范的实施则不带强制性。道德可以为法律的施行“鸣锣开道”；法律则成为道德的坚强后盾和保障。从历史上看，不论哪一个统治阶级，都一方面借助本阶级的道德来为他们的法律规范及其实施进行辩护；另一方面又借助本阶级的法律来维护和推行他们的道德规范。所谓“礼者禁于将然之前，而法者禁于已然之后”。这就是说，道德可以引导人们尊重和信守法律，防范尚未发生的违法行为，而法律则可以用来制裁已经发生的违法行为。

3.道德与艺术

艺术包括文学、绘画、雕塑、影视等多种表现形式。在上层建筑中，道德与艺术同属思想范畴，它们往往体现着一个民族、一个国家的文化水平和文明程度。两者的相互关系表现在以下两个方面：

（1）道德是艺术的主要表现内容，艺术也是道德的重要传播载体。文学、绘画、电影等艺术表现形式的素材，来源于社会生活，以人作为主要的反映对象，体现一定社会的道德生活和人们的道德品质。同时，道德也需要各种文艺形式作为传播和教育的手段。一定社会的道德要求，只有转化为人们的信念和行为，才能真正在社会生活中发挥作用。艺术可以通过对典型形象进行某种品质的渲染，使人们在美的陶冶下，引发感情共鸣，在潜移默化中，使人们接受其蕴含的道德要求和善恶观念，从而端正人们的品行。

（2）道德是艺术社会价值的衡量标准，艺术能够引领社会的道德风尚。合乎礼仪规范的艺术才有价值。孔子强调，艺术要“乐而不淫”“思无邪”。如果艺术宣扬的内容与社会道德标准背道而驰，那么它也就丧失了社会价值。艺术的社会价值是多方面的，其中一项重要的社会功能，就是艺术引领社会风尚的功能。东汉王充（27—97年）认为，文要“劝善惩恶”；唐朝的韩愈（768—824年）明确主张“文道合一”“文以载道”。艺术主要通过刻画具有高尚道德情操的人物形象，或者揭露具有丑恶灵魂的人物形象，达到感染人、教育人的目的，进而提高人的道德修养，影响社会的道德风尚，这也是艺术的道德价值。

4. 道德与宗教

道德与宗教的关系比较特殊。西方中世纪的经院哲学认为，道德从属宗教，道德之善以信仰上帝为标准。近代资产阶级启蒙思想家则对此观念进行了改进。在阶级社会，特别是实行“政教合一”的国家，宗教观念渗透着道德规范，道德宗教化，且宗教教义成为道德规范，道德依附于宗教。统治阶级可以借助宗教力量来推行本阶级的道德，谴责被统治阶级的道德；宗教又以这一阶级的道德戒律、箴言为重要内容，以推行某种道德为重要职责。这些宗教道德都宣扬逆来顺受，安于现状和来世生活的观念，影响着人们的人生观和生活态度。

社会主义社会允许宗教存在，但宗教不能对道德起支配作用。公民的宗教活动必须在《宪法》允许的范围内进行，任何人都不能利用宗教进行政治活动和干预正常的社会生活。

5. 道德与伦理

（1）道德与伦理的区别与联系。“道德”与“伦理”这两个概念有着极为密切的联系，它们意思相近，甚至可以在部分场合互换。[①]伦理学也称为道德哲学或道德学。道德行为和道德现象是伦理学的主要研究对象。

两者存在一定的区别，不能简单地画等号。第一，道德的范畴要广泛得多，伦理是从道德中抽离得来的，更突出“条理”，更具理性层次，更具概括抽象性。相比之下，道德则更具体、更细致，泛指处理人与人之间、人与社会之间关系的行为规范的总和。第二，道德更多地与实践相联系，渗透在人们的具体行为中。作为一种规范，道德强调的是应该怎么做，其较少直接回答这样做的合理性、合法性。伦理除了作为一种规范，规定应该怎么做之外，一般还要回应人们的行为方式背后的动机、联系等。伦理学作为研究伦理的学科，虽然是以道德行为和道德现象为研究对象，但并不是简单地记载道德规范本身，而是更侧重以哲学方法来分析道德行为和道德现象。现代伦理学更多地运用了其他相关学科，如心理学、社会学、管理学、组织行为学等学科的观点和方法，进一步分析道德行为和道德现象，提出解决问题的建议，以便人们在实践中更好地应对道德问题。

（2）私利与道德。第一，关于人作为一般动物性的“私利”。基于演化的人类行为的理论，把个人的私利看作首先要讨论的东西。它比合作性的社会互动更为首要、更为基本吗？答案既是肯定的，也是否定的。当然，自然选择的逻辑，保证了生物体更本能地做出增加他们繁殖适合度的事情，或做至少不减少他们繁殖适合度的事情，人们可以把这叫作私利。但我们通常讲的私利，不是从人类种群的角度，而是

---

① 石克里. 伦理学问题［M］. 北京：商务印务馆，1997：168.

从人的个体出发，指一个个体在诸多选择中作出一个积极的选择。地球上的大多数生命体并没能作出这样的选择，大多数生命体的行事，只是为了达到它们的繁殖目的。对于达成目的的动物来说，这些目的与他们能够继续生存和繁殖是一致的。但它们并没有心理机制来说明，为什么它们应该优选它们自己而不是其他动物。因此，私利这个问题，对它们而言根本就不存在，说它们是出于私利而行事，就等于是混淆远因和近因机制。

第二，社会性复杂动物的私利。对于一些社会性复杂的动物来讲，包括灵长类动物和其他哺乳动物的确产生了私利问题。一方面有证据证明，类人猿在某些有限条件下，会优选其他同类而不是它们自己。或许可以从进化的角度和从某种回报方面的因素解释这一行为，但行事的生物体完全不懂什么是回报。例如，它只是通过帮朋友梳毛或在打斗中站在朋友一边来帮助它的朋友，只是因为是它的朋友。另一方面也有证据证明，在其他一些情况下，类人猿可能会优选它们自己而不是其他同类。例如，即便它们知道另一个个体也想要这一资源，它们还是会占用这一资源。在针对近因心理机制的研究中，只有像这样的事情才可能被称为出于私利而行事。总之，有很好的实证研究证明，类人猿常常做有利于它们自己而不是利于其他同类的事情（即便它们知道这样做是在阻碍其他同类的目标追求）。可以说，类人猿常常是出于私利而行事的。

第三，关于人类的私利。显然，人类也有能力出于私利而行事，并常常这样做。但也有证据证明，很多时候，人们甚至幼童，真正关心他人的幸福，并不是出于策略性的考虑：他们帮助他人达成目的，他们与他人公平地享有资源，他们作出共同承诺，要征得允许才能违背承诺，他们行事是为了“我们”或群体利益，他们基于可能的群体意识、动机而对第三方实施社会规范、他们具有真正的道德情感——从同情到憎恨，到忠诚再到内疚——这些根本不是源于任何自私的考虑，表明了人类已经从生物学的角度逐渐发展到能重视他人并关心他人幸福的角度。对这一情况的解释是，人类个体意识到他们与他人的相互依存，以及这些依存关系对他们作出社会决策的意义。他们在合作上变得理性，因为他们在做决策时会考虑以下因素：第一，只要有可能就帮助合作伙伴和同伴是正确的事情；第二，他人与他们自己一样是真实的，是应得的（而同样，他人反过来也会这么认为）；第三，因社会承诺而形成的“我们”，会为自己以及重要的他人作出合法的决策。而这些因素，便让道德共同体中具有道德认同的人，产生了合法的义务。

第四，关于私利与道德。在道德共同体中，个人对自己和他人的道德判断，总体来说，是合法的、应得的。因此，我们可以推测，多数人，如果给了他们柏拉图的吉格斯戒指（Plato's Ring of Gyges，见资源库1-1中的图1-18），从而让别人看不见他们的行为，那么，在大部分时间他们依然会表现得有道德。“隐形人”毫无疑问会违背许多与他们的第二人称道德没有关系的社会规范，如果他们自私的动机很强，就会毫无疑问地表现得没有道德。相反，在没有强烈的自私愿望时，“隐形人”会经常帮助他人，并公平地对待他人，如果他们不这么做，甚至可能会感到内疚——当然，他们把这些看作他们道德共同体的一部分。

第五，关于道德冲突。道德根植于社会发展的文化习俗之中，是在不同的历史时期、不同的文化群体、反复发生的情况下渐渐形成的，所以具体的道德之间会存在冲突。面对新情况时，个体必须创建有助于对这些冲突裁决的道德原则，从而形成保持道德认同的决策。问题是，似乎真的存在像内克尔立方体（Necker cube）这样的道德困境：当从一个角度看时，某些行为在某方面是道德的；但从另一个角度看时，某些行为在不同的方面是不道德的。它们没有通用的解决办法，代表了道德力量的冲突。如果必须找到某种方式来调和，几乎总是通过抑制或推翻某物来调和这些冲突。人类道德在生物适应和文化产物的多样化历史中，每一样产物都在各自的“恰当的领域”很好地起着作用，但它们在新的情况下又会相互冲突，而这是自然或文化都不能预见的。

很多人会认为，我们在此描绘的，是人类的合作和道德的不切实际的美好景象。在我们看来，做某事是为了表示同情和平等；然而这些人却认为，这是为了达到私利而采取的聪明的策略。[①]当我在街上把钱捐给乞丐时，他们会说，我这么做其实就是为了提高我在别人眼中的名声。我为什么不能同时得到道德和名声呢？没有什么比能同时达到这两个目的更好的行为决策了。我帮助穷人，是因为我是真的关心他们，而同时又能提升我的名声，这是双赢。我有策略性动机，这是毫无疑问的，但我也有慷慨的平等的动机。只要有可能，我就会同时实现这些动机。当这些动机有冲突时，我会在慎重考虑后决定选择哪些动机。但在特定情况下，我的慷慨的或平等的动机原则会占上风，正如人们为他人做牺牲时所表现的那样。

也有些人认为，我们对人类道德的描绘太过美好，世界新闻里展示的才是现实的道德。例如，每天每时每刻都有人通过撒谎、欺骗、偷盗来获取自己的私利，并且在特定的时刻有多场战争在进行。但是，人们撒谎、欺骗、偷盗，不管什么原因，只是说明个体的自私动机占了上风。或许撒谎者、欺骗者、偷盗者在做这些事时感到有罪，然后想通过对自己的所做所为进行解释，为自己的行为辩解。但是，这些人在其他场合、其他情况下或许做了许多道德的事情，他们对家人和朋友做的事情，甚至百分之百是道德的。至于战争，以及当今世界几乎所有大的冲突，它们都是发生在“我们”对“他们”的私利对立。例如，一个国家对另一个国家。

另外，在不同的种族群体之间，也会发生许多其他的冲突（常常涉及外来的影响，如殖民主义）。由于各种原因，这些群体被迫在同样的政治“保护伞”下共同生存。这些群体就是内群体或外群体冲突的例子。同样，几乎可以肯定，卷入这些冲

① 迈克尔·托马塞洛.人类道德自然史［M］.王锐俊，译.北京：新华出版社，2017：254.

突的人，每天都与他们的同伴做着许多道德的事情。尽管如此，从历史角度讲，像战争这样的冲突，以及许多其他类型的暴力行为，正逐渐衰落。

显然，要做到有道德是很难的。人类对他人天生具有同情和公平的倾向，但有时候我们依然会自私；尽管有人会因为我们的自私而用社会规范来鞭策我们，在我们背后说闲话来诋毁我们的名声，但有时候我们依然会自私；虽然我们违背了自己的道德，使我们有负罪感，削弱我们的身份感，但有时候我们依然会自私；虽然无所不知的上帝用宗教原则来承诺，要对违背道德的行为进行永久的诅咒，政府法律也会对这个物质世界给予更多的直接且具体的惩罚形式，但有时候我们依然会自私。然而，我们仍然具有道德。

总体而言，道德似乎对我们人类物种、我们的文化以及我们自己是有好处的，至少到目前为止是这样。

资源库1-1

吉格斯戒指（图1-18）

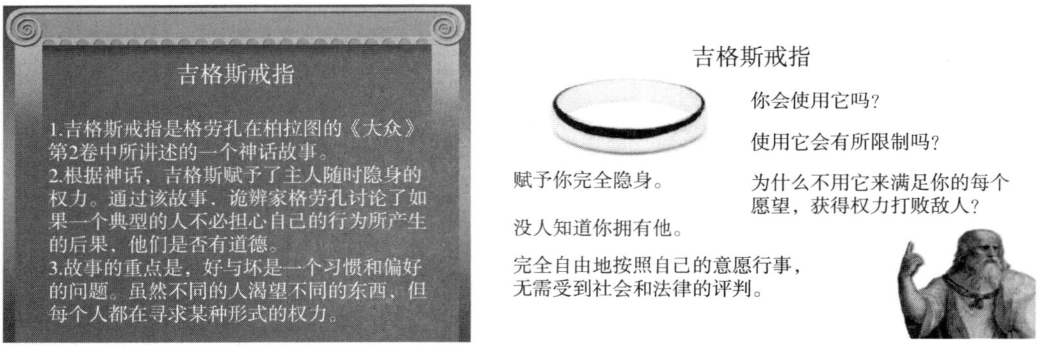

图1-18　吉格斯戒指

思考

1. 查阅相关资料，谈谈关于吉格斯戒指的传说。
2. 如果拥有了吉格斯戒指，你会做什么？

注：该案例，要求课前学生查阅相关资料，参与课堂讨论。

第二节 职业视域：职业道德概述

一、职业道德

（一）职业道德的内涵

职业道德，是指从事一定职业的人们，在一定的职业活动中所应遵守的道德准则和行为规范。它通过人们的职业活动、职业关系、职业态度、职业作风以及他们的社会效果具体表现出来，是人们在长期的职业实践中逐步形成的，是人类文明意识在职业活动中的体现和延续，是一种高度社会化的角色道德。①职业道德的实质与核心是处理和协调职业活动中的责、权、利，及个人、集体和社会之间的关系。

职业道德是社会发展和社会分工的产物，它存在于各种职业活动之中。尽管社会中的职业千差万别，职业道德也各不相同，但仍然有一些共同的基本要求，如爱岗敬业、诚实守信、廉洁自律、客观公正等。

（二）职业道德的特征

职业道德作为一种特殊的道德范畴，有区别于其他道德的一些特征（见图1–19）。

1. 从范围上看，职业道德具有特定性

职业道德在范围上的特定性，是指职业道德的职业性和具体性。职业道德同人们的职业内容和职业生活实践相联系。因此，从范围上讲，每种职业道德只能在特定的职业范围内起作用，只能规范从事该从业人员的职业行为，它不可能也不应该伸展到该职业之外。这是因为，职业道德是一定职业范围内道德调整的特殊方式，其观念、规范、习俗是由各种职业或行业的具体利益、义务和业务内容决定的，是在特殊的职业生活实践中形成和发展的；离开了具体从业人员的职业活动，职业道德的规范和要求也就无从谈起。

---

① 汪荣有，徐迎红. 职业道德引论［M］. 北京：中央编译出版社，2004：71–75.

职业道德与职业活动紧密联系在一起，使职业道德具有独特的职业色彩。比如，师德作为教师的职业道德，由教师这一职业的特殊性决定。教师是人类灵魂的工程师，他们要授业、传道和解惑，既要传递知识又要育人，这就使师德的主要内容为“教书育人”和“为人师表”，即教师必须要处处以身作则，规范自己的言行举止，做好对学生进行思想、道德方面的培养和教育。

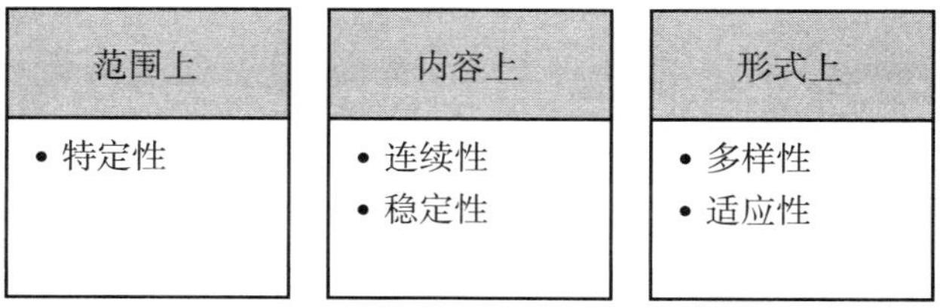

图1-19　职业道德的特征

2. 从内容上看，职业道德具有连续性和稳定性

职业道德作为一种意识形态，受社会经济关系制约，随着经济关系的变化而变化，并且，每一个历史时期的职业道德，又受该时期占统治地位的阶级道德的影响，这是职业道德在历史发展过程中所遵循的规律。但是，职业道德在内容上又具有相对的稳定性和连续性。

因为职业道德在内容上与每种职业自身的特点相联系，所以它区别于其他职业的特殊的道德要求。即使在不同的社会形态中，同一职业也有大体一致的特定的利益和义务，有一定的活动内容和活动方式，有自身的服务对象和服务手段，只要职业连续存在，与该职业相适应的基本职业道德就会存在。

在职业活动中，由于人们长期从事某种职业，因而逐渐形成了某种被世代继承和延续的比较稳定的职业心理和职业习惯，形成稳定的职业传统，铸成该职业的工作人员稳定的品德。例如，司法人员的“刚直不阿”“清正廉明”；教师的“无私奉献”“为人师表”；军人的“坚毅勇敢”“服从命令”等，都在对应行业中代代相传。由此可见，职业道德在基本内容上具有稳定性和连续性。

3. 从形式上看，职业道德具有多样性和适用性

所谓多样性，是指职业道德的内容因职业或行业而异。因为在人类社会生活中，职业是多种多样的，而每一种职业道德都是这种职业的道德要求，因而职业道德也表现出多样性。比如，农民以辛勤耕种，发展生产为己任；干部以廉洁奉公，服务群众为原则；军人以服从命令，保家卫国为天职……可以说，有多少种职业，就有多少种职业道德。随着社会生产和科学技术的不断发展，新兴行业不断产生，与之对应的职业道德也不断涌现，共同丰富和发展着整个职业道德体系。另外，职业道德的表现形式也是多样的，如规章、条例、守则等，以简明扼要、便于记忆、方便遵守为原则。

职业道德的适用性，是指各种职业道德只适用本行业的具体条件和人们的接受能力。各种职业从本职业的要求出发，概括提炼出一些十分明确具体的道德准则并公之于众，用以教育和约束本职业的工作人员。

二、职业道德的形成与发展

职业道德作为一种社会意识形态，是社会发展的产物，是伴随着社会分工和社会职业的出现而产生的。职业的形成和划分是社会分工的结果，是社会发展的客观要求。

（一）原始社会和奴隶社会的职业道德

原始社会由于生产力水平低下，人们共同采集食物，没有专门的社会分工，当然也没有职业，没有职业也就无所谓职业道德。原始社会末期，随着生产力的发展出现了剩余产品，一部分用来交换，另一部分用来种植或养殖，出现了农业和畜牧业的第一次社会大分工。随着生产力的发展，又出现了原始的制陶业和纺织业，于是手工业从农业中分离出来，形成了农业和手工业的第二次社会大分工。同时，在生产领域形成了原始的职业，与此同时也出现了职业道德的萌芽。随后，经过相当长的一段历史时期的发展，铜器和铁器的使用，使生产力有了很大发展，剩余物逐渐增多。这时，社会产能可以供养专门从事科学、艺术、商业活动和管理活动的人。因此，出现了体力劳动和脑力劳动之间的更大的分工，这种分工导致历史上第一个有阶级的社会——奴隶社会产生。同时，随着各种社会行业和职业的出现，调整行业和职业关系的职业道德也应运而生。

（二）封建社会的职业道德

封建社会自给自足的自然经济，使各种职业分工多囿于封建地主庄园内，如铁匠、木匠、织布匠等，都是为满足地主阶级的需要服务的。但是，随着社会的进步，为了适应社会各方面发展的需要，手工业也不断地发展，就逐步形成了各种不同的行业，从而也就需要调整各个行业内部关系的行为规范，职业道德也迅速发展。在奴隶社会发展的基础上，封建社会不但存在着脑力劳动和体力劳动的分工，而且农业、畜牧业、医疗事业、教育事业等都有大幅发展。为了适应各项事业的发展，调整各从业人员行为规范的职业道德也逐渐发展起来。医疗、教育、军事、政治等领域都提出了职业道德的要求。例如，唐代医药学家、被后世誉为“药王”的孙思邈（541—682年，见图1–20）著有《大医精诚》，精辟地阐明了医生应有的道德。作为一名医生，既应医术高超又应品德高尚。医生的职责是治病救人，不应以自己的医术为资本去谋取私利，而应一心为患者看诊治病。因此，不论贫富贵贱、老幼美丑，也不论是否是亲朋好友，只要是病人，均应一视同仁。

图1-20　孙思邈

（三）资本主义社会的职业道德

在资本主义社会，不仅医务道德、商业道德、军人道德、艺术道德得到了进一步完善和发展，而且还增加了如新闻道德、体育道德、律师道德等新的职业道德。从一定意义上说，只有在资本主义社会，职业道德才形成一个独立的体系，成为整个社会道德的一个有机组成部分。资产阶级所创造的社会生产力潜伏在社会劳动中，表现为广泛的社会职业活动，使人们的道德关系呈现了具体性、多样性，形成了比以往社会更加广泛、更加完善、更加独立的社会职业道德。但是，在资本主义时期，职业道德受个人主义、利己主义的影响，打上了阶级烙印，具有一定的阶级局限性。只有在社会主义时期的职业道德才是在生产资料公有制，以及人与人平等互助合作关系的基础上形成和发展起来的。它既是社会主义职业活动经验的总结，又批判地继承了历史上职业道德积极因素的结果，因而社会主义职业道德是社会主义和共产主义道德的组成部分，是职业道德发展到目前的最高成果。

（四）社会主义社会的职业道德

在社会主义社会，我们所遵循的职业道德，是共产主义道德体系的重要组成部分，是共产主义道德原则和道德规范在职业行为和职业关系中的特殊要求，这是因为“我们的道德完全服从无产阶级阶级斗争的利益，我们的道德是从无产阶级阶级斗争的利益中引申出来的。”[①]与以前社会的职业道德相比，社会主义职业道德具有以下四个显著的基本特征，如图1-21所示。

---

① 中共中央马恩列斯著作编译局.列宁全集（第3卷）[M].北京：人民出版社，1995：258.

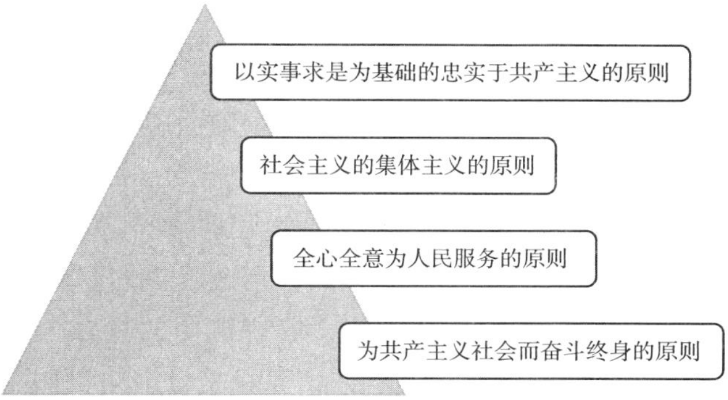

图1-21 社会主义职业道德的基本原则

第一，社会主义的职业道德，既是共产主义道德规范的重要组成部分，又是社会主义公德的组成部分。从本质上说，它体现了共产主义道德的性质；从内容上看，它是共产主义道德的有机组成部分。它的主要内容包括：坚持社会主义的集体主义，实事求是，全心全意为人民服务，为人类的解放事业而奋斗的献身精神。

第二，社会主义的职业道德，是同广大劳动者的共产主义劳动态度密切相联的。它是从业人员投身社会主义事业，及其社会利益、集体利益、高度责任心的体现。它的最高标准是全心全意为人民服务和为革命事业献身。有了这种精神，社会主义劳动者不论在劳动中还是在工作中，都能正确处理个人和他人、个人与社会和集体之间的相互关系。因此，社会主义的职业道德是我们一切言行的最高的道德准则。遵守社会主义的职业道德，要求人们必须具有坚定的无产阶级革命意志，树立为共产主义奋斗的远大理想；要求人们暂时利益服从长远利益、局部利益服从全局利益、个人利益服从整体利益；要求劳动者在各自的工作岗位上忠于职守，钻研技术和业务，具有为人类的解放事业而奋斗的献身精神。

第三，社会主义的职业道德，作为共产主义道德原则和道德规范在社会主义职业行为和职业关系中的直接体现，它本身有特殊的原则和规范。在社会主义社会，人们既是职业的主人，又是社会的主人。从业人员的个人利益、职业利益和社会利益具有内在一致性，这使社会主义职业道德和社会道德也具有一致性，社会主义的职业道德规范、道德原则与共产主义的道德原则、道德规范也具有一致性。

然而，道德的基本原则，并不等同于这一道德体系中各项规范的核心。所以，作为一定社会条件下道德的基本原则——社会主义职业道德的基本原则，它必须具备以下三个要素：①它能正确处理个人利益与社会集体利益的关系；②它能够贯穿于该道德体系的一切规范和范畴之中；③它能够表示该道德体系与其他道德体系的本质区别。因此，它的基本原则是：社会主义的集体主义原则；全心全意为人民服务的原则；以实事求是为基础的忠实于共产主义的原则。以崭新的共产主义劳动态度对待工作、学习和劳动，努力、自觉、自愿地为促进社会生产力的发展，取得更大的社会经济效益，创造高度的社会主义物质文明和精神文明，为实现人类崇高的理想——共产主义社会而奋斗。

诚然，道德是社会生活中不可缺少的一个因素。因为道德可以调节个人与他人、个人与社会、集体之间的相互关系，指导人们的社会行为，维护社会生活的正常秩序。社会主义职业道德更是如此，它是人们职业生活的指导者。指导人们在职业岗位上确立具体的生活目标，选择具体的生活道路，形成具体的职业理想和道德品质。那么，在今天对社会主义劳动者加强社会主义职业道德的教育，对改革有何意义呢？概括地说，这不仅是搞好改革的重要保证，而且是社会主义四个现代化建设的重要保证。

随着经济体制改革的深入推进，我国的生产力得到了发展，我国人民的精神面貌、道德品质也产生了积极的影响。但这并不是说，社会主义的物质文明和精神文明在任何情况下都能始终如一地同步前进。我们只有不断地加强社会主义道德教育，才能使我们在社会主义物质文明的基础上，建设高度的社会主义精神文明。职业道德作为社会主义精神文明建设的内容之一，与建设高度的物质文明的关系最为密切和直接，从某种意义上讲，进行社会主义职业道德的教育，不仅为提高整个社会的精神文明水平奠定了坚实基础，而且为造就和培养下一代共产主义新人奠定了坚实的思想基础。

三、职业道德的作用

职业道德是在社会和职业发展过程中逐步形成的，对社会一般道德和职业具有积极的作用。主要表现在以下几个方面（见图1–22）。

（一）有助于社会一般道德具体化

社会一般道德的要求，对社会生活的各个领域都是普遍适用的，是对具有普遍性的某些根本问题作出的原则性规定。而职业道德则使这种原则具有本职业活动的特点，即结合不同职业活动的特点，根据社会或阶级道德的要求，提出一些具体的职业行为准则，把社会或阶级道德的要求具体化、职业化。例如，爱国主义这一规范要求，是所有人在个人与本民族关系上都应当普遍遵循的。[①]但其在职业道德中就被赋予了与各种职业特点相联系的具体内容，如在军人道德中，把这一原则具体化为保家卫国。

① 庞士让.论爱国主义［M].北京：人民出版社，2018：272.

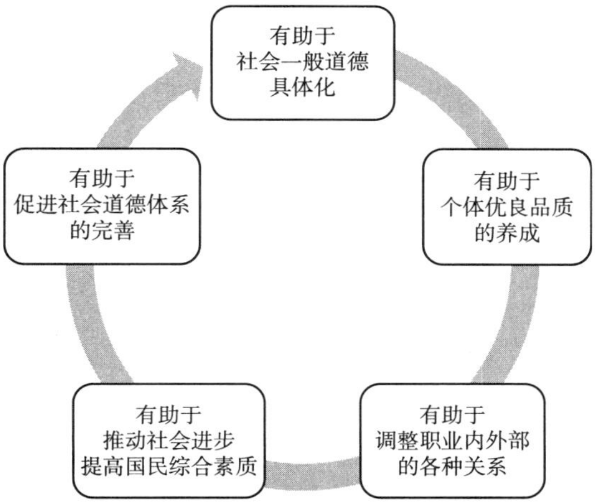

图1-22 职业道德的作用

（二）有助于个体优良品质的养成

职业道德的内容丰富，包括职业认识的提高、职业情感的培养、职业意志的锻炼、职业理想的树立以及良好的职业行为和习惯的养成等。人们在职业实践中，职业道德时刻影响着人们的思想和行为。职业道德规定了具体职业的社会责任，指导人们在具体的岗位上确立具体的职业生活目标、选择具体的职业生活道路、形成具体的人生观、职业理想和培养具体的职业思想品质。

一个人能够成才、成功的重要原因，在于其是否注重个体优良品质的养成。职业生活中的虚伪、浮躁、狭隘、狡诈、固执、虚荣等表现，往往导致一个人碌碌无为、一事无成，误入歧途；而坚守勤奋、诚实、守信、细心、勇敢、宽厚等职业道德，则会使一个人在人生和事业的道路上不断前进，取得成功。所以，在职业生活中努力培养、锻炼坚守职业道德，对于个人优良品质的养成具有重要意义。

（三）有助于调整职业内外部的各种关系

各行各业内部都有着一系列的关系，如职业劳动者之间的关系、职业劳动者与集体的关系、职业劳动者与上级的关系等。由于职业劳动的复杂性，总会产生这样或那样的矛盾。虽然各行各业都制定了一些必要的制度，但制度并不是万能的，它不能代替对人职业道德的思想教育和道德教育。树立社会主义的职业道德对于打击破坏社会主义经济的各种违法犯罪活动，纠正走后门、拉关系、铺张浪费等歪风邪气有着不可忽视的作用，有利于调节人与人之间的关系和不同职业从业者之间的关系。

（四）有助于推动社会进步，提高国民综合素质

科技的进步和由此带来的职业活动领域的拓展，无疑会使人们的社会公共生活及婚姻家庭生活越来越多地卷入职业生活领域，由此，职业道德的作用和影响也将进一步强化和扩大。具体而言，职业道德一方面使整个社会的生产和服务质量不断提高，社会物质财富不断增加；另一方面又使全行业风气不断改善，进而带动整个社会风气的改善。而社会环境的不断净化和优化又为国民素质的提高创造了良好的客观环境，两者相互促进。

（五）有助于促进社会道德体系的完善

在社会生活中道德要求的普遍性表现较强，只有当它结合各个职业或行业的特点具体化为职业道德，才能真正渗透到社会生活中。例如，党和政府为了加速发展生产力，促进社会主义现代化建设，号召各行各业紧密围绕经济建设这一中心履行自己的职责，要求全国人民同心同德，克服困难，发扬中华民族勤劳勇敢、艰苦朴素的精神。具体到职业道德中，就是要求大家爱岗敬业、诚实守信、坚持原则、维护国家利益等。所以，职业道德弥补了公共道德过于原则化的不足，使国家的道德体系和内容更加具体和完善，在实际生活中也更具有操作性。

资源库1-2

雷锋——时代的楷模①

雷锋，原名雷正兴，1940年出生在湖南省鹿城县（现长沙市望城区）一户贫困的农民家庭。他7岁时成为孤儿，在乡亲们的帮助下活了下来。1949年8月，雷锋的家乡解放了。在党和政府的关怀下，雷锋加入儿童团，进入小学读书还加入了中国少年先锋队。1960年1月，雷锋应征入伍。同年11月，他加入了中国共产党。他以甘当“螺丝钉”的精神，干一行、爱一行、钻一行，在平凡的岗位上做出了不平凡的事迹。1962年8月15日，雷锋在执行运输任务时不幸殉职，年仅22岁。雷锋的模范事迹和高尚思想产生了巨大影响。1963年3月5日，毛泽东同志题词：“向雷锋同志学习”。雷锋的一生，没有惊天动地的壮举，却以一件件平凡事、日常事，彰显了高尚的人格，凝聚成伟大的雷锋精神。

2014年3月4日，习近平总书记在给“郭明义爱心团队”的回信中指出：“雷锋精神，人人可学；奉献爱心，处处可为。积小善为大善，善莫大焉。当

---

① 央视新闻网：跟着总书记学党史 · 精神印记 雷锋是时代的楷模，雷锋精神是永恒的［EB/OL］. https：//news.cctv.com/2022/08/11/ARTIMtSDgrkqopHGP2PZlgD5220811.shtml.

有人需要帮助时，大家搭把手、出份力，社会将变得更加美好。我国工人阶级应该为全社会学雷锋、树新风作出榜样，让学习雷锋精神在祖国大地蔚然成风。希望你们努力践行社会主义核心价值观，积极向上向善，从‘赠人玫瑰、手有余香’中感受善的力量，以实际行动书写新时代的雷锋故事，为实现中国梦有一分热发一分光。”

思考

1. 你的职业理想是什么？
2. 你怎么看待雷锋精神？自己会在未来的工作中如何践行雷锋精神？

2 Part

第二章

现实层面：财经职业道德

现实

国家政治清明，社会经济腾飞，人民安居乐业。然而，与其他社会的发展阶段一样，有人在物欲横流的社会中，视权利为己有，视信仰为虚无，视享乐为至上，无视国家、社会、人民的利益，信仰缺失、道德沦丧。这些现象，在各行各业中也均有发生。

财经

财经职业与国计民生休戚相关。财经职业关乎着国家的经济命脉，影响着国家经济的建设和发展，财经政策和法规的贯彻与执行，社会经济资源的协调与配置；财经职业还牵动着人民的经济生活，呵护着人民群众的钱袋子、菜篮子、富日子。财经职业的特殊性，要求其从业人员不仅要有较高的专业技能，还必须具有良好的职业道德。

第二章内容结构图

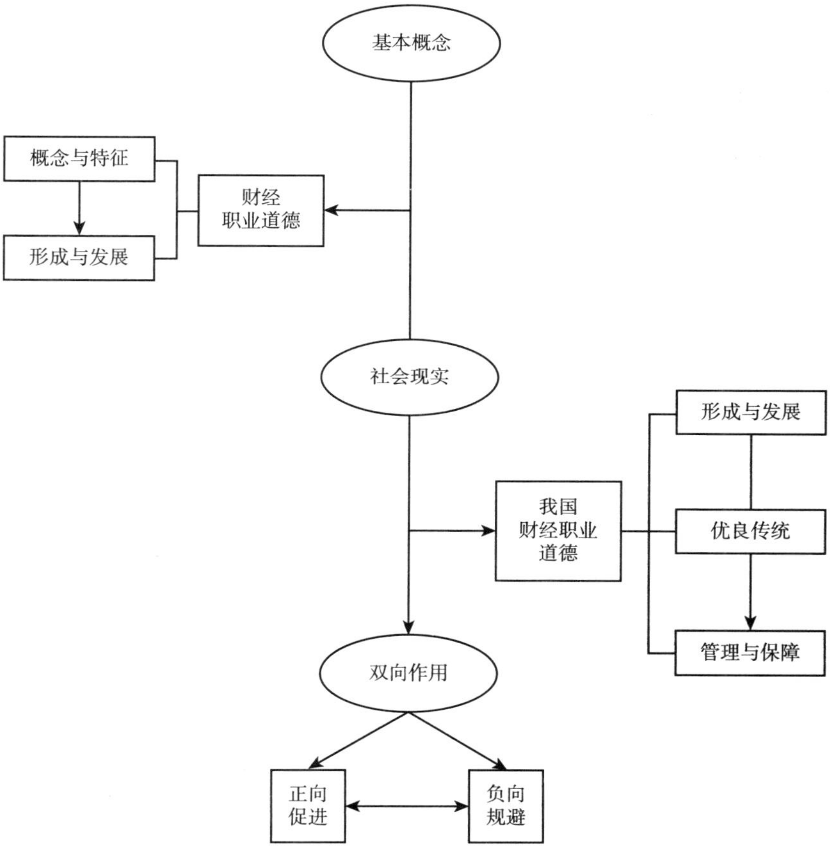
基本概念
概念与特征
形成与发展
财经
职业道德
社会现实
形成与发展
我国
财经职业
道德
优良传统
管理与保障
双向作用
正向
促进
负向
规避

曾子
前505—前434年

是故君子先慎乎德。有德此有人，有人此有土，有土此有财，有财此有用。

——曾子

纳撒尼尔·霍桑
Nathaniel Hawthorne
1804—1864年

金钱并不像平常所说的那样，是一切邪恶的根源；唯有对金钱的贪欲，即对金钱过分的、自私的、贪婪的追求，才是一切邪恶的根源。

——［美］纳撒尼尔·霍桑

第一节 基本概念：财经职业道德

一、财经职业道德

财经职业作为一种社会职业类型，是指专门从事经济管理具体事务的职业，它广泛存在于多种具体的、实务性的经济管理活动中，包括会计、统计、审计、金融、财政、税收、保险、银行、证券、外贸、商务、企业管理、工商行政管理等。财经职业并不是固定不变的，它会随着社会的发展有增有减。

财经职业道德是职业道德在财经领域的体现，并具有财经职业的特殊性，用来调整财经工作者与服务对象之间，财经活动与各企业之间，企业内部之间，财经企业与其他社会职业之间，财经工作者与国家、集体之间以及与其他个人之间各种关系的基本原则和规范。①

二、财经职业道德的对象

关于财经职业道德的对象，可以有两种不同的理解。一是从学术研究的角度，指财经职业道德研究的对象；二是从社会实践的角度，指财经职业道德所规范的对象。

财经职业道德所规范的对象是财经职业活动，指用成文或不成文的财经职业道德规范和观念，来引导、规范财经职业活动，使财经职业从业人员形成符合财经职业道德的财经职业行为。

财经职业道德的研究对象，是财经职业活动中的道德现象，以及人们在履行财经职业职责过程中的道德问题。通过研究财经职业道德，揭示其本质，掌握其规律，了解其特点，发挥其作用，推动财经职业道德建设，更好地为财经工作和经济建设服务。

财经职业道德研究的对象是稳定的，但财经职业道德研究的具体内容则是不断

---

① 边慧敏，朱世宏.财经职业道德（第四版）[M].四川：西南财经大学出版社，2011：10.

发展变化的，研究的方法也是不断发展完善的。社会在进步，经济在发展，财经工作也在不断发展，作为与财经工作紧密联系的财经职业道德，也必然是发展变化的。因此，要用发展的观点去研究财经职业道德，防止静止不变地看问题。同时，在研究中要坚持知与行的统一，坚持理论与实践相结合的原则。

三、财经职业道德的形成与发展

（一）财经职业道德形成的条件

1. 客观条件

财经职业道德是随着财经职业的出现而产生的。1935年，英国经济学家阿伦·费希尔（Allan George Barnard Fisher，1895—1976年）在其《安全与进步的冲突》（*The Clash of Progress and Security*）一书中把人类生产活动的发展过程划分为三个阶段：第一阶段为第一产业，包括农业和畜牧业；第二阶段为第二产业，以大规模发展的工业为主；第三阶段为第三产业，以服务业为主。1985年，我国国家统计局第一次对我国三大产业作出明确的划分：第一产业是农业；第二产业是工业；其他各业为第三产业。[①]根据这一划分，财经部门属于第三产业，是为社会生产和人民生活服务的。

财经职业的形成是社会分工日益扩大的结果。随着社会生产力的发展，人类的职业生活也日趋复杂，社会分工越来越细，一部分人开始专门从事财政经济的管理与实践工作，财经职业也就逐渐形成。事实上，从国家产生之日起，就有了税收，有了税收就有了财政，也就有了财经，只是当时的财经范围比较狭窄，内容较为单一。随着社会的发展，财经职业的内容日渐丰富，财经职工队伍不断壮大，这就为财经职业道德的产生提供了客观条件。[②]

2. 主观条件

在为社会工农业生产和人民生活提供服务的过程中，财经职业不断地发展。财经职业内部个人与个人之间、财经从业人员与服务对象之间的各种关系，需要与之相适应的道德规范来调整。为了做好财经的相关工作，财经工作者要在自己的职业实践中，自觉接受财经职业训练，培养财经职业兴趣，形成财经职业责任心、职业荣誉感和职业使命感，从而对履行财经职业的义务、维护本行业的信誉和尊严的重要性，有更进一步的认识。以上这些对财经职业关系的能动认识是财经职业道德产

---

① 苏楠.三次产业发展与就业增长——基于重庆地区的实证研究［D］.重庆：重庆工商大学，2009.

② 刘家林.财经职业道德（第二版）［M］.北京：经济科学出版社，2007：29.

生的主观条件。

（二）财经职业道德的发展

财经职业是从事社会经济管理活动的职业，为经济基础服务，由经济基础决定，要适应经济基础的要求。因此，财经职业必然随着社会经济的发展而向前发展。

财经行业对其从业者不仅要求具有一定的专业技术能力，还要求承担一定的管理职能，财经职业的特殊性很容易通过其从业人员体现出来。因此，财经职业从业人员也要主动适应社会发展的要求，并随着社会经济管理活动的发展而不断发展。

有职业的地方，就有职业道德。随着财经职业从社会职业中分离出来，逐渐形成一种独立的社会职业，财经职业道德就随之产生。随着社会经济和财经职业的发展和完善，财经职业和财经职业道德经历了一个从无到有、从简单到复杂、从不完善到日渐完善的发展过程。

财经职业道德作为调整财经活动领域社会关系的职业道德，不可避免地带有不同国家民族、不同阶段时期、不同地域文化的特征。因此，财经职业道德的内容既具有专业技术的自然属性，又具有体现文化差异的社会属性。在我国和西方国家的财经职业道德中都有其精华的部分，需要我们批判地继承、借鉴，并不断地创新、发展。

第二节 社会现实：我国的财经职业道德

一、我国财经职业道德的特征

财经职业道德，是道德在财经职业活动中的直接体现和具体运用。它突出体现为财经职业活动中的各种道德现象，以及人们在履行财经职业职责过程中遇到的各种道德问题，同时它也反映了当时社会的道德情况。财经职业道德既有一般社会道德的共性，又有财经职业道德本身的个性，具体表现在政治性、科学性、利益性、发展性、服务性、廉洁性六个方面。

（一）政治性

道德是一种意识形态。道德作为上层建筑，为经济基础服务，具有阶级性。财经工作与国家的经济、政治紧密相关，因此，财经职业道德具有鲜明的政治色彩。

中国特色社会主义制度下的财经工作，既具有精准的经济目的，又具有鲜明的政治目标。社会主义财经职业道德是在党的路线、方针、政策的指导下，为完成一定的目标和任务而逐步形成的。它不能独立于政治之外，而且必须服务于社会主义经济制度。

改革开放以来，我国经济持续快速发展，经济建设取得了举世瞩目的成就，人民的物质生活水平得到了极大的提升。但是，随着经济的增长，人们的精神生活、道德水平却没有及时跟上。在经济活动中，诚信缺失、假公济私、贪污受贿、损人利己等现象时有发生，对经济健康发展和社会稳定造成了不好的影响。这些行为的出现，与个人的职业道德素质有着密不可分的联系。在财经行业中，违背职业道德的行为也屡见不鲜，如财务人员做假账，银行职员窃取客户信息、公职人员滥用职权挪用公款等，成为我国经济建设改革与发展过程中亟待解决的问题。

财经工作是一项政策性很强的工作，与国家和社会公共资源的资源配置有着千丝万缕的联系。财经工作要体现和贯彻国家的意志，从而落实财经方针和政策，规范利益主体的行为。有相当一部分社会主义财经职业道德不是自发形成的，而是借由国家以及财经部门颁布的财经法令、政策、条例等形式出现，并形成财经领域各行业的职业道德规范。经过宣传、培训、继续教育等学习形式使这些政策法规逐步转化成财经工作者的自觉行动，并且进行长期实践。

我国颁布实施了一系列财经法律法规，如《中华人民共和国预算法》《中华人民共和国统计法》和《中华人民共和国会计法》等，建立了财经领域各行业自己的职业道德规范，这不仅明确了财经职业“应该怎样做”，而且规定了财经工作者“必须怎样做”。如有违背了财经职业道德的从业者，轻则通报处分，重则受到法律的严惩。

因此，财经工作者在职业活动中，必须严格按照一定的财经方针、政策、制度、法令和纪律办事；在处理各种利益关系时，要坚持集体主义原则，把人民利益放在第一位。这既是社会主义财经职业活动自身特点和要求的体现，也是社会主义制度本质的体现。

（二）科学性

财经工作直接或间接地参与社会的生产活动，这就要求财经工作者必须按照经济发展的客观规律，采取科学的组织管理方法，高效有序地为社会主义生产服务。

财经工作是科学的管理活动，要求财经工作者全面提高管理能力和管理水平。第一，财经工作者需掌握科学管理的知识和方法；第二，财经工作者必须掌握社会主义市场经济运行的规律，刻苦钻研并熟悉经济管理业务；第三，财经工作者须具有实事求是的工作态度和严肃认真的工作作风。因此，财经职业必须蕴含着科学的因素，特别是要求财经工作者要秉持实事求是的科学态度，及时、准确、完整地掌握各基层单位的经济活动情况，做出科学规范的分析，并及时向上级部门反映，使之成为国家检查微观经济活动情况以及进行宏观经济调控的重要依据。①

财经职业的科学性还要求财经工作者不能因循守旧、不能一切从“本本”出发，要防止思想僵化，不断创新进取、锐意革新。比如，在财政分配和税收政策中，既要兼顾国家利益，也要考虑地方利益和其他经济实体的利益。同时，还要学会按照政策的要求，灵活地处理问题。

财经工作者必须杜绝弄虚作假、欺上瞒下的行为，杜绝为了迎合某种需要而报喜不报忧，甚至谎报实情的现象。一些单位为了小团体利益，夸大成绩，集体造假，这不仅是财经职业道德所要谴责的行为，也是违法的行为。

“中国现代会计之父”潘序伦（1893—1985年，见图2-1）就是一位在会计学领域勇于革新的典范。在辛亥革命前，中国工商企业会计一直沿用传统的收付簿记法，而对于西方复式借贷簿记法，几乎无人知晓。为顺应当时生产发展的需要，潘序伦先生大胆改良旧式会计、建立新式会计，并大胆地引用西方复式借贷簿记法。他先后为许多工商企业单位进行了新式会计制度的设计工作，同时还兴办会计学校，开展新式会计教育，传授西式会计知识，使新式借贷会计在中国蓬勃发展，开创了我国会计事业的新局面。②

图2-1 潘序伦

资源库2-1

中西会计改良之争③

潘序伦（1893—1985年），江苏宜兴人。我国杰出的会计学家、审计学家、

① 刘家林.财经职业道德（第二版）[M].北京：经济科学出版社，2007：34.

② 叶陈刚，吴卫星，张建军.商业伦理与会计职业道德[M].大连：东北财经大学出版社，2019：197.

③ 宋雅仙.潘序伦与近代会计师职业的演进[D].武汉：华中师范大学，2008.

教育家，被誉为“中国现代会计之父”。历任立信会计师事务所主任，上海立信会计金融学院校长、名誉校长，立信会计图书用品社社长。潘序伦作为中国现代会计事业的奠基人，在近代审计事业开拓和发展中扮演着重要的角色。

20世纪初，中国爱国知识分子普遍存在改革或改良的思想，形式虽不同，但都是为了振兴中国。有的呼吁重视中国工商业，和外国相抗衡，自强自立；有的拿起笔杆子，通过文字改变中国的国民精神；有的为了杜绝贪污，要求整顿财政，从会计着手。

图2-2　徐永祚

当时，在帝国主义的侵略和官僚资本的压榨下，民族工商业出现萧条现象。中国会计界的爱国人士意识到，所用会计方法的落后也是民族企业萧条的一个原因，因而迫切需要改变这种现状。1933年，徐永祚（1893—1961年，见图2-2）在《改良中国会计问题》中指出：“今日国家财政之不整理，工商事业之不发达，其原因虽有种种，而会计不良，实为其中最主要之一原因。故会计改良问题，实较任何问题为重要。”[①]1934年，潘序伦也指出：“我国目前之会计，唯有急起直追，舍己之短，取人之长。则桑榆之收，尚可不嫌其晚。幸也。近年以来，国人为时势环境之所迫，经会计学家之倡导，对于簿记重要之认识，已渐见普遍。以簿记为研究讨论之对象者，亦日渐增多，各机关及工商企业之采酌欧美成法，以实施其簿记改良者，尤多纷纷而起。”[②]

会计学界对于传统中式簿记存在的诸多问题，如账簿无一定格式、账目无适当分类、账簿组织无一定系统、记账程序无一定规则等弊端持相同或类似的看法，但是采用何种方法来消除弊端，会计学界因未能达成共识，产生了纷争。围绕改革和改良，会计学界分为两大派别：一派是以潘序伦为代表的改革派，主张全面引进并推行西式簿记，采用借贷记账法，根据中国国情，利用西方会计思想取代中国传统的簿记；另一派是以徐永祚为代表的改良派，主张保存中式簿记，将西方借贷簿记原理融入中式收付簿记中进行改良。

潘序伦和徐永祚等会计师参与“会计制度改革与改良”之争，理论上的探讨促进了近代会计学术的进步，办理具体业务时的实操则增加了会计师的业务量，因此，促进了近代会计师职业的进步。

---

① 魏文享，岳奎.专业群体与知识转型——1933年前后职业会计师关于改良中式簿记的论争［J］.近代史学刊，2011（08）：110-124.

② 管静.《会计杂志》研究［D］.济南：山东师范大学，2013.

思考

潘序伦先生的哪些职业思想和精神值得我们学习和借鉴？

（三）利益性

财经职业是一种管理资财、直接参与资源配置的务实性经济管理工作。财经职业涉及社会经济活动的各个方面，渗透在生产、分配、交换和消费的各个环节。它涵盖了全社会的经济活动，其职业活动特点是直接与钱物打交道，关系着大至国家社会、小到家庭个人的利益，具有明显的利益性。

经济资源天然地具有稀缺属性。经济建设需要钱，技术改造、扩大生产、发展事业需要钱，改善职工待遇需要钱，社会福利保障也需要钱。金钱代表着社会财富，具有与任何商品直接交换的能力，这使得金钱具有了一种特殊的诱惑力。财经工作者要为群众、为集体、为国家找钱、管钱、用钱，并且直接对国家、集体、群众的利益负责。

经济资源还天然地具有机会成本。财经工作者通常要与大量的钱财、物资、商品打交道，这就包含着大量资金的集中和分配使用。一定的经济资源用在基本建设上，就无法再用于社会保障中。财经工作既要为经济发展筹集资金，又要保证资金的合理利用；要增加收益，防止浪费；要在生财、理财、聚财和用财的各个环节上坚持原则。而资金和钱财在任何时候都是有限的，要统筹兼顾把它用好，取得效益。

对经济资源的筹集、管理、分配、使用，实际上就是处理资源关系。在大量、具体、复杂的财经工作中，存在许多钱财流通、商品交换、资金变换的关系，而在这些钱、财、物的关系中，体现的是收益、分配和再分配的关系，是个人、集体、国家三者之间的利益关系，是人与人之间、人与单位之间、单位与单位之间的利益关系。

当个人利益、经济主体利益、国家利益、社会公众利益之间出现矛盾时，便有可能产生财经职业道德危机。面对经济利益和道德观念相悖的困境，财经职业道德要求财经工作者在财经职业活动中，更多地关注社会公众利益，保持廉洁奉公、客观公正的职业品德。因而，财经职业道德具有利益高度相关性的特点。①

---

① 边慧敏，朱世宏.财经职业道德（第四版）[M].四川：西南财经大学出版社，2011：10–11.

（四）发展性

一个国家的经济发展水平，不仅影响着人们的行为，也影响着人们的生活，更影响着人们的道德。社会生产力的不断发展，极大地丰富了财经职业活动的内容，使得财经职业关系日趋复杂，人们对财经职业行为准则和规范的要求不断更新，从而促进着财经职业道德的发展和完善。

当社会经济发展水平较低时，企业之间不存在激烈的竞争，商业秘密问题并不突出，因此也无需提出保守秘密的财经职业道德规范。随着社会生产力的迅速发展，企业之间的竞争越发激烈，为了保持企业的竞争实力，客观上要求财经工作者保守商业秘密，这就使财经职业道德规范的内容得以丰富和发展。

无论社会经济关系如何变迁，财经工作者在职业活动中，始终要诚实守信、客观公正，这一要求始终不会改变。因为没有任何一个社会制度能够容忍虚假财经信息，也不会允许任何一个行业利用经济不确定性随意操控财经信息。在市场经济活动中，任何一个财经部门、机构、组织、个人的财经政策和财经工作方法，都必须遵循客观经济规律，顺应经济社会发展的要求。财经职业面对的客观经济规律的继承性和发展性，决定了财经职业道德的继承性和发展性。①

（五）服务性

"为人民服务"是我国社会主义财经职业道德的本质特征。财经工作既要为经济发展服务，也要为人民生活服务，这是财经职业道德服务性的体现。即使是政府部门的财经工作，比如宏观经济调控、调查统计、审计评估、社会保障、经济政策、发展规划等，也都是服务性的工作。离开了有效的服务，财经各行业就失去了生存和发展的基础。

在财经的各种职业中，具体的服务对象、服务内容、服务手段、服务方式会有差别，但服务态度（工作热情、待人诚恳、遇事不怕麻烦、耐心解释、接受监督）、服务效率（及时、准确、有效）、服务质量（符合政策法规、规章制度、规定程序、客观实际）则是共同的。

社会主义财经职业道德的服务性，是"为人民服务"在财经工作中的具体化。一切为了人民，全心全意为人民谋福利，是我国财经职业的宗旨，具有鲜明的服务性。要关心群众的切身利益，做好各种服务，树立起为国家经济建设和人民利益作贡献的职业理想，充分发挥自己的主观能动性，用高效优质的服务来满足经济和社会日益增长的要求。财经工作者不论是为经济主体服务，还是为社会公众服务，都

---

① 会计从业资格考试辅导教材组．财经法规与会计职业道德［M］.北京：中国财政经济出版社，2007：82.

要摆正自己的工作位置，认真地履行职能，在服务过程中不但要文明，还要讲质量，达到服务的基本要求。

一是强化服务意识。做好服务的根基在于始终树立服务意识。不要认为自己管钱管账就高人一等；不要认为自己在工作中可以参与管理决策，就自命不凡。要树立正确的职业观，管钱管账是职责，参与管理是义务。财经职业受社会尊重，是因为财经职业在社会上的信誉高。财经工作者要在内心深处树立服务意识，为管理者服务、为所有者服务、为社会服务、为人民服务。只有树立了强烈的服务意识，才能更好地完成财经工作，履行财经职能，为单位和社会经济的发展作出应有的贡献。

二是提高服务质量。强化服务的关键在于不断提高服务质量。提高服务质量没有止境。不同的财经岗位，掌握的财经信息不同，服务的对象也不尽相同，这就需要财经工作者充分运用财经理论、财经方法、财经数据，为单位决策层、政府部门、投资人、债权人以及社会公众提供真实、可靠的财经信息。[①]一个高尚的人、有道德的人，必定是讲文明懂礼貌的人。财经职业服务于社会，接触面广，必须懂得尊重他人、待人有礼、言语文明、行为高尚、衣着得体、服务热情，财经工作者绝不能高高在上，端架子，拿派头；绝不能利用国家和人民赋予的权力，出现“门难进、脸难看、事难办”等现象；不给好处不办事，爱贪爱占，敲诈勒索，到处“吃、拿、卡、要”这些行为也应该严格杜绝。以上这些行为，都严重违背了“为人民服务”的宗旨，对个人和财经职业都会造成极恶劣的社会影响，损害财经职业的良好社会声誉。

（六）廉洁性

财经职业活动中管理的钱财和物资，都归公共和集体所有，是财经职业的对象，不属于财经工作者个人的财产。财经工作者要能经受住金钱的诱惑，坚定树牢“常在河边走，就是不湿鞋”的道德防线。少数财经工作者在职业活动中贪污挪用，监守自盗，甚至集体贪污。究其根源，就在于这些人忽视了世界观的自我改造，放松了职业道德的自我修养，弱化了职业道德的自律。财经工作者在职业活动中必须廉洁自律、奉公守法。无论在怎样的社会环境中，都要保持清醒的头脑，不能利用手中的特权谋取私利，也不能利用工作方便中饱私囊，真正做到不取“不义”“不法”“不正”和“不明”之财。

财经职业道德的廉洁性要求财经工作者做到以下三点。

第一，要清醒地认识到，手中的财经管理权是人民赋予的神圣权利。财经工作

---

① 会计从业资格考试辅导教材组. 财经法规与会计职业道德［M］.北京：中国财政经济出版社，2007：86.

者要严格履行职责，维护人民的利益，尽到自己的义务，不能利用任何职权和工作之便为个人和小团体谋私利。任何情况下，都不能侵吞国家一分钱，不能以任何形式损害国家利益。

第二，不仅自己要做到洁身自好，还要严格履行监督经济活动的职责。财经工作者要严格遵守《中华人民共和国宪法》和各项管理规定，坚决维护财经纪律；要敢于同一切损公肥私、假公济私的行为作坚决的斗争，不能对损害人民利益的行为视而不见。

第三，不断加强思想道德意识的自我磨炼，时刻防范“糖衣炮弹”的侵袭。财经工作者只有严格约束自己，树牢思想防线，身正影正，才能理直气壮地阻止和防止别人侵占集体利益，履行岗位职责，否则，很容易成为钱财的俘虏，滑向犯罪的深渊。财经工作者要彻底摒弃“金钱万能”的人生哲学，抵制行业不正之风，处理好职业权利和义务的关系，防微杜渐，接受监督。

二、我国财经职业道德的优良传统

我国财经职业道德是在继承中国历史上财经职业道德传统的基础上，发展起来的一种新道德。

（一）中国古代财经职业道德

中国古代财经职业道德是当时社会一般道德在财经职业中的体现，是适应当时经济发展和职业发展的反映，具有古代财经职业道德的一些特征（见图2–3）。

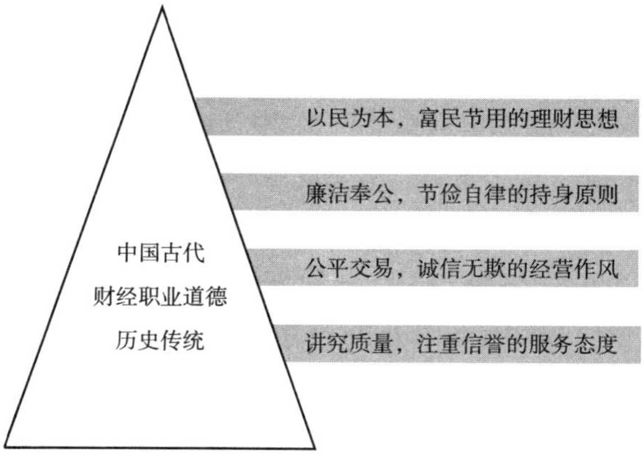

图2–3　中国古代财经职业道德

1. 以民为本、富民节用的理财思想

我国早在先秦思想家的著述中，就提出了“以民为本，富民节用”的理财、用

财思想。春秋末期的孔子提倡“爱民”“养民”“惠民”“裕民”，成为我国古代治国富国的重要指导思想。为了富国富民，又提出反对奢侈，节制消费。

中国历代封建统治多接受来自儒家的“民本主义”思想，“为政以德”，以“仁政”治国，治民要“宽仁”，即对民众以道德教化为主，政令刑罚为辅。而在经济上减轻人民负担，使百姓丰衣足食，民富则国强。孔子说：“百姓足，君孰与不足？百姓不足，君孰与足？”“节用爱人，使民以时”。孟子认为：“易其田畴，薄其税收，民可使富也。”荀子在《富国篇》中也说过“下贫则上贫，下富则上富。”[①]

在大力提倡“富民”的同时，先秦思想家们还竭力宣传“强本节用”的观点。孔子强调“政在节财”，把“财”和“人”联系起来，强调“以人守位，以财聚人”。曾子在《大学》中进一步提出首先是“生财”，然后才是“节财”的主张，指出“生财有大道，生之者众，食之者寡；为之者疾，用之者舒，则财恒足矣。”即从事生产的人要多，而消费的人少，生产的速度快，用的慢，使用从缓、节约，财富才永远不会匮乏。荀子主张：“养其和，节其流，开其源，而时斟酌焉。”这些虽然都是论治国之道，但却包含了丰富的用财之道和理财之德。

2. 廉洁奉公、节俭自律的持身原则

古人说：“不受曰廉，不污曰洁。”孔子曾说过，“因民之所利而利之”“君子喻于义，小人喻于利”“见利思义”“义然后取”。孔子充分认识到满足人民物质需求的重要性，同时他把伦理准则视为对待物质财富问题的思考依据。三国时期著名政治家、军事家诸葛亮（181—234年）曾提出：“夫君子之行，静以修身，俭以养德，非淡泊无以明志，非宁静无以致远。”

在中国历史上，历代统治者都把“廉洁奉公”作为评价财税官吏和职员道德品质的重要标准，并对贪赃枉法者实施了严格的制裁措施。从秦朝开始，统治者就公开把“廉洁”作为评判官吏的品性的重要标准，因此才能到“竭天下之资财以奉其政”，才有了修筑万里长城的伟大壮举。战国末期法家代表人物韩非子（前280—前233年）强调，立法的目的在于废私。“夫立法令者，以废私也。法令行而私道废矣。”[②]西汉时期就规定，贪赃枉法者一律处死，并陈尸示众。到了北魏时期，法律已有了具体的治贪条款，规定“枉法十匹，罪之以死。”唐太宗李世民（599—649年）鉴于隋炀帝杨广（569—618年）穷奢极欲的亡国教训，得出了“为主贪必丧其国，为臣贪必丧其身”的结论，采取了一系列反腐惩贪的措施。明太祖朱元璋（1328—1398年）对朝廷中管财政的官吏要求更为严格，如财经官吏在廉洁方面出现问题，轻则处以杖刑，发配边疆；重则处以死刑，枭首示众。清世祖顺治皇帝（1638—1661年）认为，“朝廷治国安民，首在严惩贪官。”他规定，对地方官每三

①② 刘家林.财经职业道德（第二版）[M].北京：经济科学出版社，2007：30.

年进行一次甄别考核，第一次就有900多个大小官员被革职、降职。惩治贪官，也为更好地坚持廉洁奉公、节俭自律原则创造了条件。

在中国古代，也出现了许多廉洁自律、办事公道的清官。曾任唐代四朝检察御史的刘晏（716—780年）就是中国封建时期杰出的理财家。他提出“办集众务，在于得人，故择通敏、精悍、廉勤之士而用之。”在他掌管财政期间知人善用，把精明能干、忠于职守、廉洁奉公作为用人标准。在“安史之乱”之后，国家残破、财政开支主要靠江南地区供应，加之军费浩繁、骄兵悍将随时可能截留中央税收的极端困难情况下，他进行了包括转运、盐法、税利、平准等四个方面的改革，取得了显著成效。刘晏为官20年，始终过着简朴的生活，体现了良好的职业道德素质。明朝两袖清风的海瑞（1514—1587年）也是廉洁自律的楷模，受世人景仰。

3. 公平交易、诚信无欺的经营作风

在中国古代，真正善于经营的成功者，都非常重视公平和诚信，以诚信来发展自己的事业，拓展聚财理财的路子。人们提倡诚实待人、童叟无欺的经营作风，赞扬以货真价实、秤足斗满、一视同仁、公平交易为美德，贬斥那些以次充好、掺杂使假、短斤少两、克扣民众的不良经营作风。

春秋时期著名的政治家、军事家、经济学家范蠡（前536—前448年，见图2-4）曾经“富而好其德”“十九年之中三致千金”。西汉政府的官营盐铁业就要求“总盐铁，一其用，平其贾，以便百姓公私”。明清时期的徽商，商业活动遍及江南各地，有的甚至远涉重洋，经商于异国他乡。徽商在兴盛的几百年中形成了独具徽商特色的“以忠诚立质、以厚摄心、以礼接人、以义应事”的商业道德。徽商的成功之处就在于他们的诚实之德。

图2-4 “商圣”范蠡（河南省南阳市淅川县）

4. 讲究质量、注重信誉的服务态度

早在春秋时期，古人就已经认识到商品质量对于商业活动的重大意义。无论官营还是私营，都已经认识到保证商品质量是经营者必须认真遵守的一条法则。为了长远的利益，古人宁可暂时承受一定的经济损失，也不愿损伤自身的信誉。

我国古代经济学家计然（生卒年不详）就提倡“务完物”，他认为是“积著之理”，即务必保证货物质量完好，这是货物进行交易的原则。西周时期，防止出售假货、劣货，“伪饰之禁”的规定多达48条，并设有专门检查服饰物品是否合乎规定的“司稽”，专门辨别货物真伪的“胥师”，专门掌管收税、罚款的“廛人”，专门掌管征税收入、处理赊欠事宜的“泉府”等。[①]我国历史上这些良好的经营方式，经过一代又一代人长期的实践和发展，逐渐形成经营者的良好道德风尚。

以上这些诚信务实、勤劳节俭、优化服务、注重信誉、严格自律、清正廉洁等理财思想和优良的财经职业道德传统，促进了社会经济的不断发展，并为中国现今的社会主义财经职业道德规范所借鉴、继承和发扬光大。

资源库2-2

刘晏的清廉为官之道[②]

刘晏（716—780年），字士安，曹州南华（今山东菏泽）人。后世称之为“唐代理财第一人”，多次拯救国家经济于水火。在掌握唐代财政大权的20年中，刘晏在漕运、税收、赈灾方面都有杰出表现。代宗到德宗时期，大量资金经由他运作，水利、转运等大型工程交给他操办，可谓掌管着天下的“钱袋子”。但刘晏从未中饱私囊，在他晚年蒙冤去世时，被政敌抄家，搜查的家产既没有金银珠宝，也没有古董书画，所能找到的不过是“杂书两乘，米麦数斛，人服其廉”。

史书记载，刘晏“通百货之利，自言如见地上钱流”，巨大的财富近在眼前，刘晏没有心动，没有“伸手”，而是用“理家以俭约”的准则规范自己和家人。

公元763年，47岁的刘晏被唐代宗任命为河南、江淮等地的转运使，这个职位主要负责把江南地区的粮食物资运送到都城长安。从江淮到关中，如此远距离运输，走陆路翻山越岭劳民伤财；“安史之乱”后，漕运环境非常糟糕，走水路要面对叛乱爆发后汴水堙废的困境。刘晏在南下细致考察后，组织人员着

---

① 刘家林.财经职业道德（第二版）[M].北京：经济科学出版社，2007：31.

② 廖靖靖.“富其国而不劳于民，俭于家而利于众”——刘晏的清廉为官之道[J].旗帜，2020（4）：92-93.

重疏浚汴水，同时在扬子县建立船厂，打造能够承载千石粮食的大船2000艘，雇用船工组成沿途有军官督查的官方运粮体系，并且根据实际情况，分段接力运输，各段雇用熟悉地形和水文环境的船工，减少途中粮食的损失，降低沉船风险。

在督办漕运的过程中，《旧唐书》记载他“见一水不通，愿荷锸而先往；见一粒不运，愿负米而先趋。”也就是说，刘晏看到一处地方不通畅，就亲自带上铁锹去疏浚堵塞的河水，见到一粒米无法运输就急着跑去肩挑背扛。

对于刘晏的功绩，《新唐书 · 刘晏传》这样评价：“因平准法，斡山海，排商贾，制万物低昂，常操天下赢资，以佐军兴，虽挐兵数十年，敛不及民而用度足”。《旧唐书》称他“富其国而不劳于民，俭于家而利于众”。这些功绩都是以刘晏“俭于家而利于众”的廉洁自律作为支撑，在“小家”勤俭节约，在“大家”亦要为天下公利精打细算。没有对于一条汴水、一粒米的关注，就不会有“富其国而不劳于民”的功绩。

思考

1. 作为掌管唐朝财政大权20年的刘晏是如何做到清正廉洁的？
2. 谈谈你在日常生活中关于清正廉洁的见闻故事。

（二）革命根据地时期财经职业道德的优良传统

我国的社会主义财经职业道德，是在革命根据地财经职业道德基础上发展起来的。1932年，江西省第一次工农兵苏维埃大会通过了《财政与经济问题的决议案》，其中规定了理财工作“严禁一切浪费”。这是我们党对财经工作职业道德的最初要求。在新民主主义革命时期，由于中国共产党人的奋斗和奉献，在革命根据地形成了与国民党统治区截然不同的财经管理方式和财经职业道德规范。主要表现在以下四个方面。

1. 发展经济、保障供给的理财原则

革命根据地时期，我们党为了取得革命的胜利和人民翻身解放，要求财经工作者在自己的职业活动中，始终把关心人民解放、帮助人民摆脱剥削和压迫制度，以及关心人民物质利益和精神文明生活的需要，作为自己工作的出发点和归宿。

1942年，毛泽东同志在《经济问题与财政问题》（见图2–5）的报告中指出：“如果不发展人民经济和公营经济，我们就只有束手待毙”“我们一方面取之于民，一方面就要使人民经济有所增长，有所补充。这就是对人民的农业、畜牧业、手工业、

盐业及商业，采取帮助其发展的适当步骤，使人民有所失同时又有所得，才能支持长期的抗战。”[①]

为了适应当时革命斗争环境的需要，毛泽东提出的“发展经济，保障供给，是我们经济工作和财政工作的总方针”，成为革命根据地时期的理财原则。正是坚持了这一原则，中国共产党才能够团结和带领广大群众，克服重重困难，战胜强大的敌人，取得革命的胜利。

图2-5 《经济问题与财政问题》

2. 法纪严明、自觉遵守的职业规范

革命根据地时期，虽然条件极为恶劣，但是财经纪律和制度却非常严格，并要求财经工作者自觉遵守。浪费公款是绝对禁止的。凡未经上级批准而故意浪费者，除依照财政条例处罚外，还责令机关赔偿。中央根据地开展反对贪污浪费的斗争，不仅严肃了财经纪律，达到了预期的经济效果，而且纯洁了革命队伍，教育了干部和群众，发扬了红军和政府工作人员克己奉公的优良思想和廉洁的作风。

据记载，1933年中央政府发出的《关于惩治贪污浪费行为的训令》规定：“凡贪污公款在五百元以上者，处以死刑；公款在三百元以上五百元以下者处以二年以上五年以下的监禁；贪污公款一百元以上三百元以下者，处以半年以上二年以下监禁；贪污公款在一百元以下者，处以半年以下强迫劳动。”[②]1946年，陇东分区办公费每人每月麻纸20张，铅笔半支，毛笔两月1支，墨5钱，灯油8两。这样微薄的经费标准，财经干部也必须带头遵守，违者必究。为了加强整个财经工作的管理，当时的财经工作者经常到部队和机关检查经济收支情况，审查财政预决算情况，及时发现问题，作出适当处理，维护财经纪律和制度的严肃性。

3. 艰苦奋斗、勤俭节约的职业风尚

把艰苦奋斗、勤俭节约作为财经职业道德规范，既体现了无产阶级革命者的本色，又适应了当时革命斗争条件十分艰苦和财政极度困难的需要。

毛泽东同志在《中国的红色政权为什么能够存在？》（见图2-6）一书中提出：“节省每一个铜板，为战争和革命事业，为着我们的经济建设，是我们会计制度的原则。”[③]在这项原则的指引下，从事财经工作的同志坚持艰苦奋斗、勤俭节约的理财方针，千方百计解决军队的给养问题，并大力扶持群众发展生产，开辟税源，支持

---

①③ 刘家林.财经职业道德（第二版）[M].北京：经济科学出版社，2007：32.

② 邓友梅，雷扶超.浅谈土地革命时期毛泽东财政思想 [J].江西财经学院学报，1985（04）：82-87.

艰苦卓绝的革命战争。

1932年2月，中央政府以人民委员会的名义发布《帮助红军发展战争、实行节俭经济运动》的第三号通令，要求各级政府立即开展节省运动，所有经费开支必须尽量减少，不必要的工作人员一律裁减，一张纸、一支笔都不得浪费。这次运动是以节约各机关经费开支为主要内容的。毛泽东还指出“节省每一个铜板为着战争和革命事业，为着我们的经济建设，是我们的会计制度的原则。”苏维埃政府机关报《红色中华》发出“为四个月节约八十万元而斗争”的号召。①

图2-6 《中国的红色政权为什么能够存在？》

4. 敬业守职、精于业务的职业精神

在革命战争年代，财经工作者常常处于特殊的工作环境，许多同志冒着生命危险筹集粮饷，购买药品枪械，表现出不怕牺牲、敬业守职、精于业务的忘我精神。他们响应陈云同志“党员要积极带头参加经济和技术工作”的号召，树立当家理财的事业心，以主人翁的态度做好财经工作。他们按照周恩来同志提出的对待工作要“专、精、广”的要求，刻苦学习本职业务，坚持边干边学，在实践中锻炼提高，努力做到精益求精，为人民的解放事业尽职尽力。这种默默奉献、忠于职守的精神，给后人留下了宝贵的精神财富。

革命根据地时期的财经职业道德，是一种新型的无产阶级财经职业道德，体现了新的政治制度和经济结构对财经工作者思想行为的新要求。它继承和吸收了我国历史上财经职业道德的优良传统，集中体现了劳动人民的勤劳勇敢、艰苦奋斗和为共同利益献身的精神。继承和发扬革命根据地时期的财经职业道德传统，对于我们建设社会主义市场经济条件下的崭新的财经职业道德，具有积极的推动作用。

资源库2-3

精准扶贫的治国财政理念②

2012年以来，城乡居民基本医疗保险财政补贴标准和覆盖范围不断提升。到2017年末，全国基本医疗保险已覆盖13亿多人口，基本实现全民医保。在教

① 邓友梅，雷扶超. 浅谈土地革命时期毛泽东财政思想［J］. 江西财经学院学报，1985（04）：82–87.

② 闫坤，史卫. 中国共产党百年财政思想与实践［J］. 中国社会科学，2021（11）：109–111.

育领域，财政性教育经费的GDP占比自2012年以来持续保持在4%以上。[①]财政部门在“保基本”的基础上不断优化支出结构，通过扩大覆盖面和补短板，保障教育公平，促进教育事业改革和发展。在完善义务教育的同时，加大对学前教育、高中教育、职业教育、特殊教育的支持力度，实现公共财政的全覆盖。在生态环境领域，国家先后设立大气污染防治资金、重金属污染防治专项资金、土壤污染防治资金，不断加大投入，支持打好大气、水、土污染防治“三大战役”；持续加大国家重点生态功能区转移支付力度；在标准支出中增加生态环保因素，加大均衡性转移支付力度；实施退耕还林还草、天然林保护全覆盖、草原生态保护补助奖励等政策。[②]到2020年，我国财政节能环保支出占国家财政支出的比重提高到2.57%。[③]

随着国家财政能力的增长，我国逐步加大对收入分配差距的调节力度。进入新时代，党中央将消除农村绝对贫困，上升到必须解决的首要重大问题。2013年11月，习近平总书记在湖南省湘西州十八洞村考察时首次提出“精准扶贫”概念。2014年3月，习近平参加两会代表团审议时，进一步阐发了精准扶贫的论断和要求。财政部门随之不仅持续加大投入力度，还推动制度创新，逐步构建针对贫困地区和贫困人口的财政综合扶贫政策体系，积极探索资产收益扶贫，确保脱贫攻坚战取得重大胜利。截至2020年11月23日，中国832个国家级贫困县全部脱贫摘帽，创造了人类减贫史上的奇迹。[④]随着国家经济实力和财政收入的增长，财政在民生领域的投入不断扩大，基本实现了幼有所育、学有所教、劳有所得、病有所医、老有所养、住有所居、弱有所扶，使广大人民的生活家园天更蓝、山更绿、水更清，使人民群众的幸福感、获得感日益增强。

2020年以来，突如其来的新冠疫情给世界经济社会发展带来极大冲击。面对冲击和压力，中国共产党始终把人民的根本利益放在首位，充分展现了中国共产党领导和社会主义制度的显著优势，国家财政在统筹推进疫情防控和经济社会发展上发挥了基础性的支撑作用。截至2021年6月底，全国确诊住院患者结算总医疗费用28.37亿元，医保负担16.31亿元，确诊患者人均医疗费用约2万元，全部由国家承担；截至2021年7月25日，我国医疗卫生机构已累计检测新冠病毒核酸样本逾22亿人份，接种新冠病毒疫苗15.5亿剂次，费用全部由

① 财政部科教和文化司.发挥财政职能作用 助推科教文事业蓬勃发展［J］.中国财政，2019（20）：14–17.

② 财政部自然资源和生态环境司.财政支持生态文明建设成效显著［J］.中国财政，2019（19）：30–33.

③ 中华人民共和国国家统计局编.中国统计摘要2021［M］.北京：中国统计出版社，2001：75.

④ 习近平.在全国脱贫攻坚总结表彰大会上的讲话［N］.人民日报，2021–02–26（2）.

国家承担。在财政收入大幅下降的情况下，坚持政府带头过“紧日子”，加大减税降费力度，积极促进构建新发展格局的战略转型，顺利复工复产，成为2020年全球唯一实现经济正增长的主要经济体。中国还为国际组织和其他国家提供援助。截至2021年6月，共为受疫情影响的发展中国家抗疫以及恢复经济社会发展提供了20亿美元援助，向150多个国家和13个国际组织提供了抗疫物资援助，向100多个国家和国际组织提供5.2亿多剂疫苗，累计组派33批抗疫医疗专家组赴31个国家协助抗疫。①

思考

1. 举一些例子，谈谈你感受到的人民生活水平的变化。

三、财经职业道德建设的社会管理

财经职业道德建设是一个复杂的社会系统工程，加强对财经工作者的职业道德教育，除了依靠职业道德教育这个软性工具，还必须依靠法律、政策和规章制度来对财经工作者进行必要的社会管理。

（一）财经职业道德建设的法律支持

道德与法律都是调控社会关系和人们行为的重要机制。法律隶属于社会制度的范畴，是由国家制定并强制实施的行为规范；道德隶属于意识形态的范畴，是调节人与人、人与社会、人与自然关系的规范体系。在调整社会关系方面，道德和法律有着各自的优势与局限。

道德调整，主要通过人们内心信念和社会舆论，来感化、促进人们对道德规范的遵守，建立在社会主体的伦理认同，以及道德评价的基础之上；而法律调整，则具有国家权威性，主要通过有组织的国家强制力来保证实施，若行为人违反法律规范，必然会受到相应的法律制裁。

1. 财经职业道德建设获得法律支持的必要性

（1）法律的制度性支持。法律，将基本的道德义务通过一系列的政策、法规、条例等形式确认下来，这使得法律具有一定制度性的优势。良好的制度规范可以强化财经工作者的道德意志，鼓励其自觉地“抑恶从善”，保证财经职业道德建设取得实效。

① 中共中央宣传部. 中国共产党的历史使命与行动价值［N］. 人民日报，2021-08-27（1）.

（2）法律的权威性支持。在现代社会中，法律的权威性表现在，国家机关的一切职权根源于法律，并要依法行使职权；一切政党、组织、公民个人均必须在法律范围内活动；当法律与道德发生冲突时，法律高于其他一切社会规则和观念。

法律权威性的意义主要在于保障法治畅行。保障法律所体现的人民意志被忠实地执行，保证法律所规定的公民权利得到切实维护，保证违法犯罪行为被依法追究。正是基于法律的权威性，才使财经工作者在面对道德权利和义务的冲突和困境时，做出明确的裁断，这比道德冲突时的两难和舆论裁断的乏力要干脆得多。

（3）法律的强制性支持。道德与法律在社会调控方面各有所长，但在以市场经济为基础的现代社会，道德对人们的控制力明显减弱，道德是软性的要求；而法律作为强制性的手段，能有效的推行和维护一定的道德规范。一旦道德原则与规范被法律予以确认，就获得了国家的强制力，就会在一定程度上保障道德规范的实现。

以法律制度建立的一系列财经职业道德规范，能够帮助财经工作者确立正确的道德观，使财经职业道德规范成为普遍的、带有某种强制性的、能够约束财经工作者行为的力量。

2. 财经职业道德建设获得法律支持的方式

（1）以法律形式确认和强化财经职业道德建设的地位和要求。财经职业道德建设的地位和要求，需要得到权威的确认，需要有系统的制度和有力的后盾，通过法律的形式确认财经职业道德建设的地位。赋予财经职业道德建设以制度化和法律化的特性，对政府、社会、家庭、学校、社区在公民道德建设的参与协同作用以及实施程度等方面做出法律规定，将有利于促进财经职业道德建设的方针纳入依法治国的轨道，保证财经职业道德建设的可持续发展。

通过立法将道德上升为法律规范，会极大地保障社会文明，推动道德进步。美国统一法学的代表人物之一埃德加·博登海默（Edgar Bodenheimer，1908—1991年）说："那些被视为是社会交往的基本而必要的道德正当原则，当然是通过将它们转化为法律规则而实现的。"①将财经职业道德建设的地位和财经职业道德体系中带有根本性、普遍性的规范及要求，通过国家立法机关的立法活动从法律和制度上加以确认，使之上升为国家意志，并以国家强制力保证实施，使道德具有法律的属性。

（2）在立法过程中吸收和确认一些具有基础性和普遍性的财经职业道德规范。从社会发展的历史来看，道德先于法律而存在，道德的社会调控范围也比法律广泛。法律只有和社会道德价值取向基本吻合，才可获得普遍效力。正是在立法过程中吸收和确认了基本的财经职业道德规范，法律对财经职业道德建设的有力支持才得以实现。

---

① E.博登海默.法理学：法律哲学与法律方法［M］.邓正来，译.北京：中国政法大学出版社，1999：374.

（3）为财经职业道德建设创设良好的法治环境。法律实施的过程也是鼓励道德行为、惩戒失范行为、传播道德观念、维护道德风尚的过程，加强社会主义法制是财经职业道德建设健康发展的重要保证。在法律实施中对不道德的经济行为进行制裁，既是深刻的法制教育，也是生动的道德教育。社会中出现的有章不守、有规不循、有令不行的现象挑战着社会公正和法律尊严，必然会造成社会道德的沦丧。因此，要善于运用法律来规范财经工作者的行为，既要以正确的舆论引导财经工作者的行为，又要以公正的法律来规范财经工作者的职业道德，以完善的制度约束财经工作者，为财经职业道德建设创造良好的法治环境。

（二）财经职业道德建设的政策和制度保障

法律支持对于强化财经职业道德建设有重要意义，但法律支持的效力也有其局限性。财经职业道德可以分为三种不同类型：第一种是“应为”规范，是对财经工作者最高层次的道德要求，如全心全意为人民服务等；第二种是“可为”规范，是对财经工作者较高层次的道德要求，如诚实守信、恪尽职守等；第三种是“不可为”规范，是对财经工作者的道德戒律，如不得擅离职守等。通常情况下，面对前两种道德规范所涉及的行为，法律支持往往是无效力的。在这种情况下，法律以外的政策和制度则可以提供保障。

1.政策和制度对财经职业道德建设的作用

政策和制度介于法律硬约束和惯常的道德软约束机制之间，它们对于强化财经职业道德的规范性具有更大的有效空间。政策和制度主要是通过行政手段和奖惩措施来调节和引导财经工作者的职业道德行为，其力度强于一般的道德约束机制，而弱于法律的强制机制。

（1）政策和制度对财经职业道德建设起价值导向作用。财经职业道德建设，既要靠社会的正面引导和个体的内省自觉，也要靠政策导向和制度保障。以制度形式确认财经职业道德建设的地位，把财经职业道德建设的指导思想、方针原则、主要内容、领导体制、运行机制、政策保障等予以制度化、法律化，将有利于把财经职业道德建设纳入依法治国的轨道，保证社会主义经济建设的可持续发展。通过制度的形式，将财经职业道德体系中带有根本性、普遍性的规范及要求加以确认，并辅之以国家强制力保证实施，就使职业道德具有制度的属性。

（2）政策和制度对财经职业道德建设起维系作用。道德有一种心理暗示作用，即当有人率先做出某种道德行为或非道德行为时，别人往往会跟着效仿。要通过适当的制度安排，有效的惩戒非道德行为，激励道德行为，确立“德行有用”的价值理念，从而使那些做出道德行为的人能够得到实际利益，而使那些做出不道德行为的人得到应有的惩罚，而且这种惩罚高于其从事不道德行为时的成本，这样财经职业道德就具有了强大的威慑力，它迫使财经工作者在做出不道德行为之前，会基于利害的权衡而放弃做不道德的行为。

（3）政策和制度对财经职业道德建设起整合作用。评价个人利益与社会整体利益的轻重，仅靠单纯的道德说教或道德自律，是很难达到效果的。在实践中，政策和制度是个体品德生长不可或缺的外部动力，能够强化人们对道德规范接受和践行的程度。

获得政策和制度保障的财经职业道德，能更有效地确立德行有用的价值理念，进一步促进财经工作者的道德养成，并将其道德行为沉积于社会行为结构和规则体系中，形成全体公民的道德共识，使“个体善”向“群体善”转化，达到力量的整合和提升。

2. 财经职业道德相关制度

（1）信用管理制度。“人无信不立。”1986年，诺贝尔经济学奖获得者、公共选择理论代表人物、被誉为新政治经济学派创始人的美国经济学家詹姆斯·布坎南（James M. Buchanan，1919—2013年，见图2-7）认为：“市场经济的道德基础是信用”。生活中，无信用则无交换可言；无信用，市场经济就无法存在。信用制度，是指关于信用及信用关系的“制度安排”，即约束人们信用活动和关系的行为规则。信用管理制度是国家为确保信用活动的正常进行而制定的相关法律法规，如信用征集、信用调查、信用评估、信用保证等信用活动中的工具采纳、机构设置、法律责任、监督管理运行机制等。[①]包括社会信用管理和个人信用管理等制度。

图2-7 詹姆斯·布坎南

信用不只是一种心理现象，也不只是一种活动，它是“制度”。信用的心理特征是信任，信用的经济学意义在于它构成了社会的“信任结构”。信用往往涉及时间间隔，由于经济生活的不确定性和时间间隔的存在，信用是维系“现在”和“将来”之间行为空白的“纽带”。通常，对复杂的信用信息和关系进行管理，对财经工作者个人乃至单一组织都无能为力，必须依靠国家或其他行业组织的力量。

（2）社会监督制度。社会监督，是指由国家权力系统外部的广大人民群众和社会团体、组织，对国家机关及其工作人员进行的，自下而上的非国家性质的监督，又称群众监督、公众监督。[②]

① 边慧敏，朱世宏.财经职业道德（第四版）[M].四川：西南财经大学出版社，2011：225.

② 陆亚娜.当代中国社会监督研究[D].南京：南京师范大学，2004.

财经职业道德的社会监督，由群众监督、组织监督和法律监督三部分组成。它通过某种社会的、行政的和法律的手段，规范财经工作者的行为，保证财经职业道德的有效实施。群众监督是最经常、最普遍、最直接的社会监督，具有涉及面广、现实性强、作用力久的特点；组织监督是社会监督的关键，组织既是财经工作者工作、生活的基本单位，也是规范制约财经工作者言行的特殊场所，组织监督具有权威性、制约性、稳定性的特点；法律监督是对法律实施中严重违反法律的情况所进行的监督，它是社会监督的保障，是社会监督力量最强的一种方式，具有专门性、程序性和事后性的特点。

（3）道德赏罚制度。人们之所以能够在做出犯罪和违背伦理行为之前，就产生自我控制的想法，一方面是因为人们的内心仍旧拥有道德操守；另一方面则是因为国家和社会中皆存在严格的道德赏罚制度。

道德赏罚，实际上就是赏善罚恶，是社会对个体和组织行为进行善恶或高低的评价。道德赏罚是加强道德监督，实现权利与义务的统一，公正合理地满足社会成员正当利益需求的最直接、最有力的武器。它既包括“赏善”，即对道德行为进行正面激励；也包括“罚恶”，即对不道德行为进行正面打击，最终实现对人们行为的调节。

道德赏罚是一种以利益为手段，对个体行为善恶或其道德品质高低进行的一种特殊的道德评价和调节方式；其实质是在不公正的利益分配面前，恢复利益分配应有的公正。有些财经工作者之所以会出现违背职业道德的行为，并非他不知道这是不道德的行为，而是被利益所驱使。因此，对不道德的财经职业行为进行惩罚、对道德的财经职业行为进行奖赏，才能在整个社会中形成良好的道德风尚，从总体上推动财经职业道德水平的不断向前发展。

第三节 双向作用：财经职业道德的促进与规避

一、财经职业道德的正向促进作用

（一）促进中国经济更好地融入全球经济圈

经济全球化已成为当今世界不可逆转的趋势。经济全球化实现了各国间的贸易自由化、生产国际化、金融全球化和科技全球化。这是一场深刻的革命历程，任何一个国家都无法置身事外，唯一的办法是去适应它，在历史大潮中接受考验。

在经济全球化的背景下，市场经济的利与弊会被无限地放大和延伸。全球化的利处在于，各个国家可以在全球资源中实现优势互补，开拓扩大市场，分享科技成果，并协同解决环境、资源、人口等人类共同面临的问题。但与此同时，经济全球化也存在一些弊端，具体如下：

第一，经济全球化进一步加剧了因市场经济内在矛盾而引发的冲突。市场经济在本质上是商品经济，商品经济的固有矛盾源自商品自身的内在矛盾，即商品使用价值与价值之间的矛盾。商品生产出来之后，只有当使用价值得到让渡，价值得以实现时，矛盾才能得以解决。当商品的总供给与总需求在总量和结构上发生大的不平衡，即相对生产过剩导致供过于求时，就会引发经济危机。这种危机，随着经济全球化的脚步波及世界各地。因而，市场经济固有的内在矛盾及由此引发的冲突也逐渐全球化。2007—2009年，由美国引发而波及全球的金融危机就是一个典型的例子，是由市场经济的固有矛盾而衍生出的阶级矛盾、劳资矛盾和国与国的矛盾，增加了冲突的复杂性。①

第二，经济全球化进一步触及了因经济利益纷争而引发的冲突。各国和各地区的市场化发展程度并不一致，经济实力悬殊，就会产生“弱肉强食”的现象，如贫富分化、劳工状况、环境恶化等一系列问题。这种交织在发达国家和发展中国家之间的利益关系是复杂多变的，且极易发生矛盾和冲突。

第三，经济全球化进一步诱发了因文化不同而引发的冲突。从整体上看，在经济全球化的背景下，各国都是在一定的准则下进行交易的。但是，由于不同国家的文化的不同，商业准则也有所不同，在一个国家被允许的商业准则，在另一个国家可能被明确禁止。因此，在诸如劳工标准、劳工工资、环保成本、产品收益方面，需要协调好东道国与跨国经营的主体国之间的矛盾。

市场经济是法治经济，各市场主体在经济交往中都要遵守经济活动的“游戏规则”。每一种“游戏规则”的背后，都有一种强有力的经济道德观念在支撑，它可以使不同的国家、地区、民族、企业、阶级能够走到一起并进行合作。经济全球化引发的弊端，单靠市场和法律的力量无法完全解决，道德在这方面可以发挥重要的作用。遵守国际经济规则，法律手段和道德手段的力度是不同的。法律手段是外在约束和硬约束，道德则是一种内在约束和软约束。②

经济全球化的不断推进，不仅使经济基础发生重大变革，而且要求作为上层建筑的经济伦理产生相应的变化。中国的经济伦理状况不仅影响经济实体的生存和发展，而且还关系到整个国家和民族的形象。因此，作为经济伦理最直接的实践层面——财经职业道德的建设就变得任重而道远。

---

① 边慧敏，朱世宏.财经职业道德（第四版）[M].四川：西南财经大学出版社，2011：58.

② 边慧敏，朱世宏.财经职业道德（第四版）[M].四川：西南财经大学出版社，2011：82.

（二）教育和引导财经活动主体的道德水平

财经活动的主体，是指从事（或参与）社会财经活动的人。包括财经工作者，以及与财经活动有关的其他人。财经职业道德对财经活动主体的指导和教育作用表现如下：

第一，教育和指导财经工作者的职业道德行为。一个人的思想道德水平越高，就越能充分认识财经工作的社会意义和个人的责任感、使命感，并能够在工作中注意自己的一言一行，严于律己，严肃认真，奉公守法，充分发挥出自己的聪明才智，造福于社会与人民。一个人思想道德水平越高，就越能时常反省自己的行为，改正错误，改进工作。“吾日三省吾身”，一个好的道德行为反复进行，就形成了个人的内在习惯，从而内化为个人的职业道德品质。一个恶的道德行为，经过理论思考和内心反省，就会弃恶从善，更加坚定地践行职业道德。

第二，教育和提升财经服务对象的财经素养水平。财经服务对象在财经职业活动中，能够体验、感受和了解财经职业道德的规范和原则。一方面，他们会以此为标准，来衡量、评价和监督财经工作者的职业行为。另一方面，他们也在财经活动中，通过对财经职业道德的了解，熟悉财经活动中的利益冲突和风险条款，实现自我教育和指导，从而提升自己的财经素养。

（三）提高整个社会的道德水平

每一种职业道德，都既具有一般道德规范的共性，又具有具体道德规范的个性。财经职业道德的基本原则和基本规范，都是依据国家和社会公认的共同的道德观念和理想而制定的，是社会一般道德规范在财经职业领域的具体表现。

财经职业的服务对象是公众，其行为具有强烈的公众示范性，对提升全社会的道德水平具有积极的影响和促进作用。具体表现在：

第一，财经工作者个人对行业的影响。现代社会，每个个体既是职业人，又是社会人。财经工作者除职业活动，还要参加各种社会活动。他们会在社会公共活动中，有意无意地带上财经职业行为的特色，用自己好的职业行为，影响着整个社会的职业道德水平。

第二，财经工作者的服务对象，也会受财经职业行为的影响，促使社会成员形成良好的道德行为。人民群众是财经工作者基本的服务对象。财经职业道德对社会发生广泛而深刻影响的主要渠道之一，是通过服务对象这个中间环节来实现的。①

第三，财经工作者的家庭生活、家庭教育对社会的影响。财经工作者在职业活动中所形成的个人品质，会对自己的亲人、子女乃至邻居产生一定的影响。一个拥

① 杨建国.财经职业道德概论［M］.四川：西南财经大学出版社，2011：50.

有良好道德品质的财经工作者，在其工作单位的道德表现和在家庭生活中的道德表现应当是一致的。一个热爱本职工作、具有强烈责任感和事业心的财经工作者，也会具有强烈的家庭责任感和社会责任感，这种责任感也会表现在对子女的教育上和与邻里之间的相处上，在家里形成良好的家风，在邻里之间和睦相处，形成良好的人际关系。

（四）促进社会主义精神文明建设的发展

经济基础决定上层建筑。有什么样的物质生活条件，就会产生与之相应的意识形态。一定社会的道德状况，取决于一定的经济关系。马克思主义不但强调经济基础对上层建筑的决定作用，也强调上层建筑之间的相互作用，以及它们对经济基础的反作用。社会主义建设必须坚持物质文明和精神文明“两手抓、两手都要硬”的方针。职业道德建设是精神文明建设的重要组成部分，它的发展，既受整个社会精神文明的制约，又是精神文明发展水平的一个方面和一种表现。

意识形态的变化是为物质生产和物质交往的变化所决定的。探讨人类社会精神文明的发展历史，必须与整个社会物质生活条件的发展相联系。从总体上来看，物质文明的进步，为精神文明的提高奠定了基础；反过来，精神文明的提高，又推动了物质文明的进步。从精神文明的角度看，衡量一个社会精神文明发展的程度，要看多方面的因素。其中，社会的道德风尚，尤其是职业道德，常常是衡量整个社会精神文明的重要标志。

精神文明建设是我国社会主义建设的一个重要方面。我国的财经事业须臾离不开精神文明建设。加强社会主义财经职业道德建设、传播社会主义精神文明是我国财经工作本质的要求。财经工作者在办理各项业务活动过程中，通过履行财经职业道德来传播社会主义精神文明，是关系整个社会主义物质文明建设和精神文明建设的大问题。①

二、财经职业道德的负向规避作用

随着经济全球化，我国所处的时代背景愈加复杂。第一，人类社会进入了一个经过努力争取到的相对和平时期，而且有可能在一个较长时间内都维持这种相对的和平。和平与发展成为时代的主题仍将是未来世界的长期格局。第二，世界各国之间的竞争，将是以科技为先导、以经济为中心的综合国力的竞争。而经济的竞争，实质是科学技术的竞争，凸显科技对经济发展的决定性作用。第三，世界各国在经

① 杨建国.财经职业道德概论［M］.四川：西南财经大学出版社，2011：53.

济方面相互依存、相互渗透，尽管合作程度各不相同，但经济一体化的方向不变。新科技革命和知识经济迅速发展，产业结构将以高科技产业和知识密集型服务业为主导。

受经济发展不均衡和经济周期等因素的影响，国内利益冲突和矛盾多发，群体性事件和人民内部矛盾时有发生。在这样的时代背景下，充分发挥财经职业道德在财经领域的负向规避作用，就显得同样重要。

（一）调节并尽可能避免财经活动中的内、外部矛盾

社会再生产中的矛盾关系，突出的就是人与人之间的关系，最终都表现为利益关系。主要的表现为：财经工作者之间的利益关系，财经工作者个人与集体、国家之间的利益关系，上级部门和主管部门与基层单位之间的利益关系，财经单位系统内部各地区、各部门的利益关系，财经行业内各单位之间的利益关系，以及财经单位与其外部组织单位之间的利益关系等。

财经职业道德在指导财经工作者在处理职业活动关系时，可以自觉地选择有利于消除矛盾、调整相互关系的道德行为，避免相互之间矛盾的产生与扩大，不断地缓和、解决职业活动中的矛盾和理顺财经工作中的各种关系，保证财经工作的顺利进行。

（二）弥补“看不见的手”导致的“市场失灵”

市场经济体制下，市场“看不见的手”，既具有敏锐地捕捉市场机会的优势，也有市场信息判断滞后的劣势。同时，市场并没有心脏或大脑，它对于社会公平和社会福利事业充耳不闻、视而不见，我们不能指望市场自身能够自觉意识到它所带来的社会不平等问题，更不能寄希望于靠市场本身来纠正这种问题，而是需要政府在市场经济中发挥“看得见的手”的指导和调节功能。也就是说，市场并非万能的，不可能解决所有的经济问题及其衍生的社会问题。

道德具有修补作用，可以克服市场的弱点。正如美国堪萨斯大学哲学系教授理查德·T·德·乔治所言，西方发达国家的经验表明，自由企业的恶可以通过立法、舆论和公众监督，以及企业本身的自我约束来防止。有关这些限制的讨论、澄清和证明，就是研究经济伦理为己任的经济伦理学科所要做的。①

① P.普拉利.商业伦理学［M］.洪成文，等，译.北京：中信出版社，1999：34.

（三）化解财经职业活动领域的道德失范困境

伴随着物质文明高速发展，中西方财经领域都存在着许多“道德滑坡”现象。21世纪之初，美国安然公司（Enron Corporation，1930—2001年）财务造假案，安达信（Arthur Andersen，1913—2002年）审计失败案，美国世界通信公司（WorldCom，1983—2003年）财务欺诈案，纳斯达克前主席伯纳德·麦道夫（Bernard L. Madoff，1938—2021年）操作的超过600亿美元的“庞氏金融骗局”，2008年的美国次贷危机引发全球金融危机，导致美国全球性投资银行雷曼兄弟公司（Lehman Brothers，1850—2008年）破产。上述事件，严重透支了美国的国家信用，其背后更深层次的原因则是道德的滑坡。

（四）抑制社会腐败，维护财经制度

腐败是人类历史上长期存在的现象，是伴随着国家建立而出现的一种“顽症”。古今中外、历朝历代的统治者为了维护自身的统治，都为治理贪污腐败这一“顽症”做了艰苦的努力。中国历史上第一个奴隶制王朝——夏王朝建立后，就在其不成文的习惯法中规定，官吏收受贿赂要处死刑。到了唐朝，长孙无忌所著的法律典籍《唐律疏议》就较系统地规定了官吏贪污贿赂所受的处罚。

腐败与国家和人民的利益背道而驰。党的十八大以来，以习近平同志为核心的党中央领导全国人民开展了一场前所未有的反腐败斗争，坚持“老虎”“苍蝇”一起打，既坚决查处领导干部违纪违法案件，又切实解决发生在群众身边的不正之风和腐败问题。向全党全社会表明，不论什么人，不论其职务多么高，只要触犯了党纪国法，都要受到严肃追究和严厉惩处。[①]同时，惩建并举，国家加强反腐败立法，“把权力关进制度的笼子里”，不断完善建立不敢腐的惩戒机制、不能腐的防范机制和不易腐的保障机制。

---

① 叶陈刚，吴卫星，张建军.商业伦理与会计职业道德［M］.大连：东北财经大学出版社，2019：13.

3 Part

第三章

法规层面：财经职业基本规范

规范

“没有规矩，不成方圆。”“法律面前人人平等。”也就是说“规矩”是“方圆”的前提，“法律”是“平等”的前提。这里的“规矩”“法律”，都在广义的规范之内。规范不仅有正向的教育、引导的意义，而且还有负向的规制、惩戒的意义，对不合规范的行为及时预防、制止并进行惩罚，才能防患于未然。

实践

规范是对社会人的行为规范，其中必然含有道德的意义。就如火车要受轨道的约束，否则就要倾覆；飞机要受航线的约束，否则就要坠落；干部要受法纪的约束，否则就要腐败。随着经济社会的发展，每个行业几乎都建立起了自己的行业规范。行业规范都应建立在一视同仁的基础上，行业工作人员都应严格遵守和执行其所在行业的基本职业规范，这是工作人员具有职业精神和职业素养的表现。财经职业亦然。

第三章内容结构图

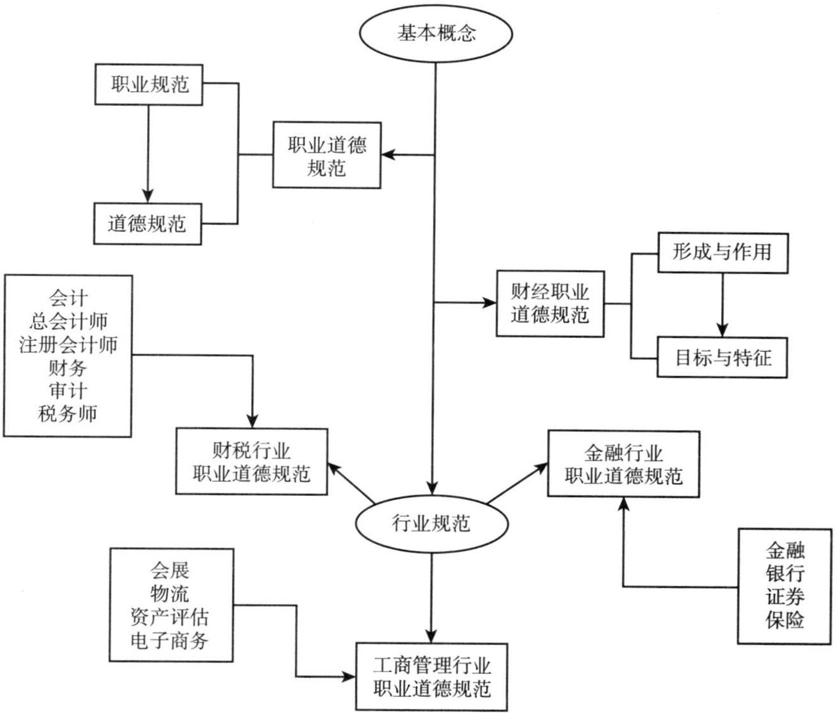

基本概念
职业规范
道德规范
职业道德
规范
财经职业
道德规范
形成与作用
目标与特征
会计
总会计师
注册会计师
财务
审计
税务师
财税行业
职业道德规范
金融行业
职业道德规范
行业规范
金融
银行
证券
保险
会展
物流
资产评估
电子商务
工商管理行业
职业道德规范

孟德斯鸠

Charles-Louis de, Montesquieu

1689—1755年

自由，是在法律许可的范围内做任何事的权利。

——［法］孟德斯鸠

黑格尔

Georg Wilhelm Friedrich Hegel

1770—1831年

秩序是自由的第一条件。

——［德］黑格尔

第一节 基本概念：财经职业道德规范

一、理解职业道德规范

（一）规范

规，指尺规；范，指模具。这两者分别是对物、料的约束器具；合用为“规范”，指对思维和行为的约束力量。规范适用于一定的行业、领域、团体，为引导、规定和约束人们的思想和行为，而形成的规则的体现形式。

《韦氏词典》中，将“规范”定义为：①一项权威的标准；②对团体成员具有约束力的正确行动原则，用于指导、控制或规范适当和可接受的行为；③被认为是社会群体行为的典型模式或特征；④广泛的或通常的做法、程序或习惯。此外，规范还有特定的数学模型的意思。

（二）职业规范

职业规范，是指在某个特定的职业领域内，得到大部分人认可的一些比较规范、重复、却又严谨的动作或准则等。因此，职业规范，既包含从事该职业应该遵循的技术规范，也包括对从事该从业人员思想、行为等方面的社会性要求。如职业技术规范、职业行为规范和职业道德规范等。

职业的规范性应该包含两层含义：一是指职业内部的技术操作要求。这是职业规范的技术性体现，属于职业规范的自然属性。在同一个经济发展水平下，职业规范的技术性，不因国家、地区的不同而不同；但职业规范会因为国家、地区间经济发展水平的不同而不同。二是指职业内部的社会规范要求。在职业活动过程中，每一种职业都具有特定的社会属性，是调整特定职业领域内的社会关系的产物与要求，因此，是职业规范的社会性体现，属于职业规范的社会属性。职业规范的社会属性是保证职业活动的专业性得以实现的根本要求。通常是职业规范在伦理范畴的规范性，即职业道德。

（三）道德规范

道德规范是社会规范的一种，是对人们的道德行为和道德关系的普遍规律的反映和概括。道德规范通常是从一定社会或阶级利益出发，用以调整人与人之间的利益关系的行为准则，也是判断、评价人们行为善恶的标准。

道德规范是道德意识现象的内容之一，是人们的道德行为和道德关系普遍规律的反映，是社会为了调整人与人之间以及个人与社会之间的关系，要求人们遵循的行为准则。因此，道德规范是人们的社会关系在道德生活中的体现。

道德规范源于人们的道德生活和社会实践，又高于人们的道德生活和社会实践。历史上不同时代、不同阶级的道德规范，都是从相应的时代要求和阶级利益出发，经过概括而形成的，并用以指导人们的道德生活和道德行为。道德规范是在人们社会生活的实践中逐步形成的，是社会发展的客观要求和人们的主观认识相统一的产物。因此，道德规范具有明显的社会属性。

道德规范因规范的领域不同而有不同的类别。如社会道德规范、职业道德规范、家庭道德规范、公民道德规范、个人道德规范等。

（四）职业道德规范

职业道德规范是从业人员处理职业活动中各种关系和矛盾行为的准则，是从业人员在职业活动中必须遵守的道德规范。职业道德规范既是道德的范畴，也是职业的范畴。因此，职业道德规范不能脱离职业和道德的双重范畴（见图 3–1）。

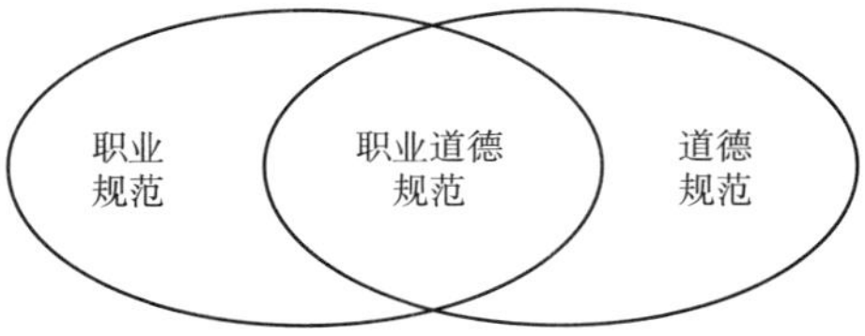

图3–1　职业道德规范范畴

职业道德规范是职业规范的重要组成部分，是职业规范在道德范畴的规定性体现。职业道德规范既具有一般社会道德规范的普遍特征，又具有一般社会道德规范的职业性特征，是一般社会道德规范在职业领域的具体体现。

职业道德规范通常包含爱岗敬业、诚实守信、办事公道、服务群众、奉献社会等共同内容。在不同的行业领域内，会有体现各行业职业道德和要求的职业道德规范。

二、财经职业道德规范的形成与作用

（一）财经职业道德规范的形成

社会是一个复杂的、有机的系统，每个子系统都有保持其运转的规则与轨迹。只有保持系统规范，社会发展才能平衡和协调。规范，是指人们在一定情境中应遵守的各种规则。例如，作为公民，必须遵守国家法律法规；作为从业人员，必须遵守职业规章制度，遵守职业道德等。这些规范都属于社会规范的范畴。①

职业人应遵守一般的社会规范，这是对社会中各行各业从业者提出的共同要求，并且适合于各种职业。社会中的每个职业也会有适用于各自的、具体的职业规范。财经职业道德规范就是以人民的根本利益为目的，对财经从业人员的职业品德、职业纪律、专业胜任能力及职业责任等方面，进行指引和约束的职业规范。②

2001年，中共中央印发的《公民道德建设实施纲要》中明确指出：“要大力倡导以爱岗敬业、诚实守信、办事公道、服务群众、奉献社会为主要内容的职业道德，鼓励人们在工作中做一个好的建设者。”因此，职业的基本规范标准是要以社会的道德为基础，要弘扬社会主义价值观念，要有坚定职场准则的思想，不断地严格要求自己成为一位合格的职场人。

（二）财经职业道德规范的作用

财经职业道德规范是职业道德的重要组成部分。在职业道德的整个发展过程中，它的作用至关重要。财经职业道德规范最为主要的作用，就是用标准化的职业道德规范引导财经从业人员进行职业行为，主要表现为以下三点（见图3-2）：

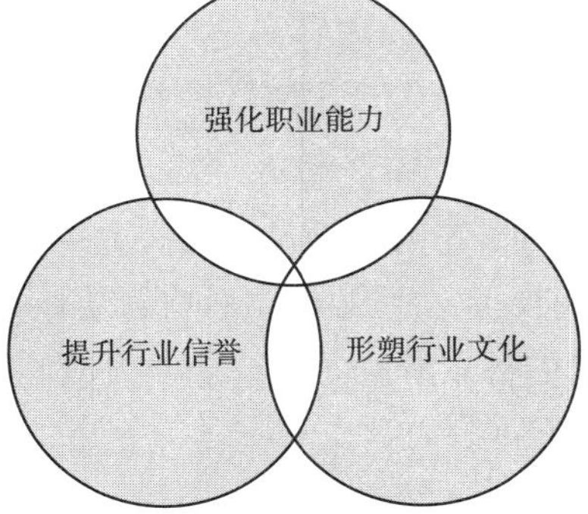

图3-2 财经职业道德的作用

① 郭汉祥，黄华.职业道德［M］.北京：中国劳动社会保障出版社，2018：14.

② 任庆凤.职业道德与职业能力［M］.北京：机械工业出版社，2012：26.

1. 强化职业能力

财经职业道德规范要求从业人员应具备专业知识、专业技能、职业形象和职业标准。其中，专业技能要求每一个行业及岗位都必须具备专业化的“能力”，这种能力往往表现在顾客对从业人员的依赖和信任方面。职业形象是对从业人员在职业活动中所展现的个体形象方面的要求，要求从业人员在仪表及服务等方面表现出统一化、标准化、系统化的职业特征。不仅社会公众可以以此来判断某一职业，而且从业人员也从衣着、谈吐、方式、态度等方面来展示个人的职业形象。职业标准就是要求从业人员根据行业技术规范、职业准则等开展职业活动，做到事事巨细、考虑周详，把份内工作做到完美的状态，用真心把事情做好。

在日常工作中，应建立健全科学的职业道德规范考核评价机制。职业道德规范建立之后，就必须有后续的职业道德规范考核和评价。考核评价机制可以提高专业化人才素质，利用考核评价机制对从业人员的职业道德情况进行检查、考核、评价、奖罚，并与岗位资格、聘任专业职务、提职、晋级、精神与物质奖励等结合起来，不仅有利于促进从业人员严格遵守职业道德，提高工作质量和工作效率，而且有利于德才兼备的优秀人才脱颖而出。

因此，“专业→敬业→职业”是公认的从业人员的职业化进程式。也就是说，“专业化”是职业化的前提，从业人员必须先有专业，并且具备对所从事职业的敬畏，愿意全身心地投入到工作中，而后才能真正成为专业、敬业的从业人员。

2. 提升行业信誉

行业内每一位从业人员、每一个行业组织，均代表着行业的声誉和形象，也反映着行业产品和服务在社会上的受信任程度。提高行业的信誉主要靠的是产品质量和服务质量，从业人员的职业道德水平是产品质量和服务质量的有效保证。

职业道德规范是职业化最根本的内容，是职业活动中最内核的规则和要求。职业道德规范是个人在职业过程中所表现出来的综合品质，其中包括个人的职业道德、角色意识、敬业精神、沟通技巧、团队精神等诸多方面。职业道德规范渗透在个体的日常行为中，影响着个体对事物的判断和行为，是从业人员职场发展的重要基石。从业人员是否遵守职业道德规范，不仅直接影响着从业人员在行业中的形象，还直接影响着行业的社会声誉和信誉，所以，规范从业人员的职业道德势在必行。

3. 形塑行业文化

发展先进文化是社会主义道德建设的重要内容。财经类行业文化也是社会主义先进文化的重要组成部分，是社会主义核心价值观的具体体现，是财经类行业事业传承发展的宝贵精神财富。

一直以来，财经行业系统紧紧把握社会主义发展大繁荣的历史机遇，坚持以总结传承好、创新发展好、切实运用好行业文化为己任，注重行业文化与工作相结合，广泛总结行业文化建设理论成果，高度提炼行业文化建设精神语言，进一步加深了对财经理论创新成果的理解，弘扬了“服务为己任，责任肩上扛”的行业精神，展现了从业人员昂扬向上的精神风貌。为进一步把行业文化建设引向深入，努力形成以科学的理论武装人、以崇高的理想鼓舞人、以正确的舆论引导人、以严格的规范塑造人的良好环境，在实践的基础上认真总结提炼，形成了财经从业人员职业道德规范。

财经职业道德规范是财经文化的组成部分，是践行行业理论创新成果的有效载体，体现了财经从业人员的职业道德标准和职业价值取向，对于引领从业人员履行行业职能、传承优良传统、创新财经文化、建设从业人员共有的精神家园、开创文化建设新局面必将起到巨大的推动作用。

三、财经职业道德规范的目标与特征

（一）财经职业道德规范的目标

职业道德规范的目标，就是培养和树立职业中行为主体的职业道德认知和责任意识，遵循职业道德规范的要求，履行符合职业道德规范的职业责任和社会责任。

随着现代社会分工的发展和专业化程度的增强，市场竞争的日趋激烈，对从业人员的职业观念、职业态度、职业技能、职业纪律和职业作风的要求越来越高。对于财经职业而言，要大力倡导以“爱岗敬业、忠于职守；遵章守纪、廉洁奉公；谦恭有礼、诚信是金；勇于担当，公私分明；团结友善，乐于奉献”为主要内容的职业道德规范，在工作中做一个好的建设者。①

资源库3-1

李建模——“财经战线红管家”②

“整个财政工作，日趋深入，必须具体而又合于政策，希在工作中随时注意，并吸（取）其他根据地的经验来充实自己，对于金坛的具体环境，亦应作深细分析和认识，这样定下方针，订出计划，（才）能不犯主观毛病……”

这是1945年担任江南财经处处长李建模（见图3-3）写给金坛县（今江苏省常州市金坛区）抗日民主政府财政局局长陶行的一封亲笔信。信只有巴掌大小，但正反两面都写满了字。字里行间皆流露着一位革命前辈对财经工作的认识和思考。

---

① 任庆凤.职业道德与职业能力［M］.北京：机械工业出版社，2012：52.

② 中国纪检监察报.李建模：财经战线红管家［EB/OL］.https://jjjcb.ccdi.gov.cn/epaper/index.html?guid=1524799477741780993.

图3-3 李建模

在之前的抗日战争中，李建模专职从事财经工作，使苏南东路地区抗战财政自给有余，被称为“财经战线红管家”。

1939年8月，常熟县财务委员会成立，李建模任主任，后又负责东路财经委员会的工作。为筹集抗日经费、保护游击区生产和安定人民生活，李建模根据实际情况，制定了适应游击区特点的税法和税率。货物流通税以价估征，一物一税。经过一系列努力，县财委会筹集到了可观的经费，保证了部队不断扩大的需要。

……

1942年春，李建模调到西路茅山根据地工作。茅山根据地地处宁沪日伪统治中心附近，对敌斗争异常艰苦，党政军实行一元化领导。李建模在部队和地方同时任职，这使他从全局角度更深刻地理解到，战争不仅是军事的较量，也是经济的较量，要想夺取战争的胜利，必须先做好供给保障。他抓紧时机发展生产，扩大税收，加强金融管理。还率先办起了党在苏南地区的第一家银行——惠农银行，明令禁止伪币在根据地内部流通，限制法币使用，鼓励使用自己设计、自己印刷的惠农币。惠农币的发行，对于稳定根据地的财经状况和保证部队经费使用发挥了积极作用，取得了良好效果。

开源与节流并重。李建模严格执行财经纪律，用好财政资金，节约每一个铜板。他从不搞特殊，一日三餐都和战士一样，吃少有油水的大锅菜。为节省军服生产用布，他经过严格计算，每匹布由裁八套单军衣增至九套。他还提倡一张纸两面用，一个信封用四次；晚上点灯记账用三根灯芯，开会点两根，不办公只点一根。当时，为了躲避敌人视线，夜夜都要转移宿营地。李建模将纸币换成金块，将装有金块的布袋制成腰带，肩上还扛着几斤乃至几十斤重的钱钞，虽然“腰缠万贯”，但他始终一尘不染。

李建模精打细算、艰苦朴素的作风，产生了非常大的积极影响。1941年，曾任新四军江南抗日救国军东路指挥部司令员兼政委的谭震林曾评价他：“建模的工作扎扎实实、勤勤恳恳、任劳任怨，组织观念强，对东路部队的供给是有贡献的。”

思考

1. 阅读资源库3–1，给你印象最深的是什么？
2. 李建模为什么会这样做？

（二）财经职业道德规范的特征

财经职业道德规范，是社会中一般职业道德规范的组成部分。它与其他行业的职业道德规范一样，既具有一般职业道德规范的共性，又针对财经工作领域的特点，具有自己的特性（见图3–4）。

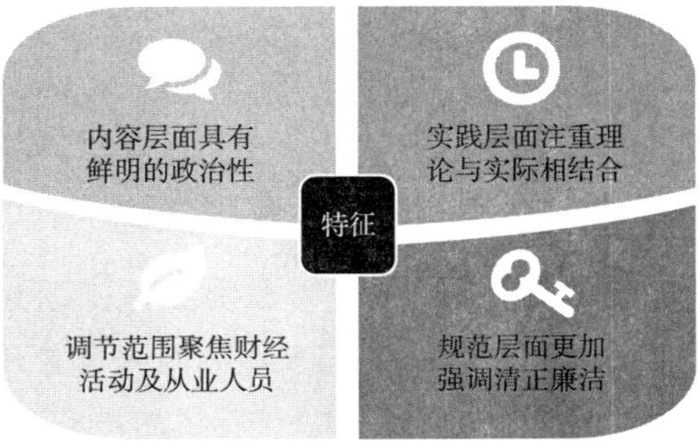

图3–4 财经职业道德规范的特征

1. 内容层面具有鲜明的政治性

财经工作体现国家意志，是一项具有高度政治性的工作。财经职业道德规范的基本要求，包括全心全意为人民服务，坚持正确的舆论导向，遵守宪法、财经法律和法规，以国家利益和社会效益为最高准则。

财经职业与国家政治和经济紧密联系，与国计民生休戚相关。在社会主义制度下的财经工作，既有明确的经济目的，又具有明确的政治目标，要求财经工作具有高度的政治原则性，政策观念要强，且要勇于坚持原则。

2. 实践层面注重理论与实际相结合

财经职业是在生产发展的历史过程中产生的，直接或间接地参与社会经济活动。同时，财经工作是一项科学的管理工作，应该按照经济发展的规律，采取科学的管理方法，对社会的生产进行科学管理。所以要注重财经理论和科学管理理论的学习与应用，理论与实践相结合。

3. 调节范围聚焦财经活动及从业人员

现代化社会中，几乎每一个行业都会有自己的职业道德规范，用以调整该行业中的职业活动及从业人员。财经职业道德规范是财经行业领域的职业道德规范，它所调节的对象是经济管理活动中财经活动和财经工作者。例如，从事会计工作的人员，必须具有会计的从业资格，并已取得初级会计师证书；从事银行工作的人员，必须具有在银行的从业资格，取得中国银行业从业人员资格认证；从事证券工作的人员，必须具有金融的从业资格，取得证券从业资格认证等。

4. 规范层面更加强调清正廉洁

财经职业与钱、财、物等资源密切相关，要求财经工作者在职业活动中，正确对待手中的资源和权力，以国家、集体的利益重于一切为最高原则，坚持廉洁自律，奉公守法，公平公正，公私分明的职业道德，时刻抵制违法乱纪、金钱至上、享乐主义、贪污腐败、见利忘义等与财经职业道德规范相违背的思想和行为。

资源库3-2

“美团七条”廉洁自律宣言[①]

2019年1月，美团召开年度战略沟通会，会上美团CEO王兴带领公司高管发布了“美团七条”廉洁自律宣言，美团联合创始人穆荣均和王慧文共同参与宣誓活动，并进行领誓。现场一百多名高管进行了庄严承诺。

据了解，美团在2015年成立集团监察部，2016年成立阳光委员会，并且在阳光委员会成立以来，先后出台了《阳光职场行为规范》《避免利益冲突制度》等十几项制度作为从业人员的行为准则，要求从业人员“坚守道德与法律底线，坚决不触碰阳光职场八条高压线”。同时，在组织能力建设方面，美团全面加强内控，通过权限梳理、流程优化、机制约束等措施，降低舞弊行为发生的风险概率。此外，美团还不断强化各级管理者的文化价值观建设，让管理者成为部门文化价值观的责任担当。

去年12月，美团发布生态反腐处罚公告称，2018年2月至12月，美团“重案六组”共调查违纪类刑事案件29起，移交公安机关查处89人。其中，内部从业人员贪腐及其他违纪刑案11起，涉案从业人员16人，社会人员14人；生态合作伙伴变相贪腐案18起，涉案生态伙伴人员59人。

美团表示，2019年将继续加大深度反腐、生态反腐力度，坚持反腐理念，继续深化反腐体系，推动行业健康持续发展。

思考

1. 美团为什么要成立集团监察部和阳光委员会？
2. 由美团2018年查处的案件，你想到了什么？

---

① 新浪财经：美团CEO王兴带领公司高管发布“美团七条”廉洁自律宣言［EB/OL］.http：//finance.sina.com.cn/stock/hkstock/ggscyd/2019-01-28/doc-ihrfqzka1747485.shtml.

第二节 行业规范：我国现行财经职业道德规范

一、财税行业从业人员职业道德规范

财税是财务、税务的简称。财务泛指财务活动和财务关系；税务是指税收事务的工作。财税行业从业人员的范围比较宽泛，概指在国家机关、企事业单位、行业组织、社会团体等机构中从事财务活动和税务事务的人员，包括会计人员、税务人员等（见图3–5）。

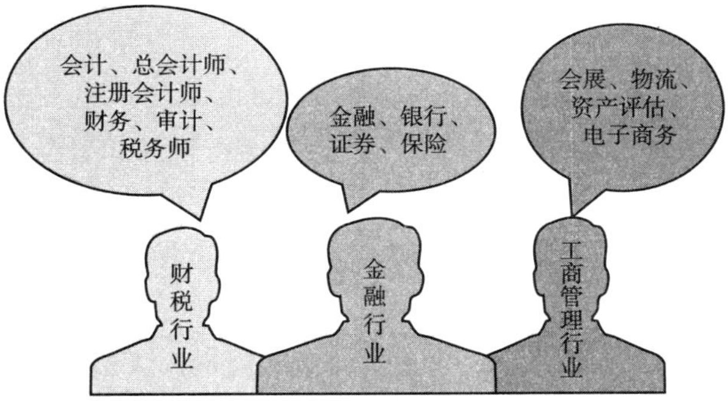

图3–5　我国现行财经行业

（一）会计从业人员职业规范

会计，是以货币为主要计量单位，运用专门的方法，核算和监督一个单位经济活动的一种经济管理工作。会计有两层含义，一是指会计工作，二是指会计工作人员。

我国自周朝开始就有了专设的会计官职，掌管赋税收入、钱银支出等财务工作，进行月计、岁会。每月零星盘算为“计”，一年总盘算为“会”，两者合在一起即成“会计”一词。随着社会的发展，会计已经成为经济社会中重要的经济管理活动之一。会计工作是根据《中华人民共和国会计法》《中华人民共和国预算法》《中华人民共和国统计法》及各种税收法规为法律依据来核对记账凭证、财务账簿、财务报表，从事经济核算和监督的过程；会计工作人员包括会计主管、会计监督和核算、财产管理和出纳等人员。

在我国过去相当长的一段时间内，会计从业人员须取得会计从业资格证书。2017年11月4日，第十二届全国人民代表大会常务委员会第三十次会议决定：对《中华人民共和国会计法》(以下简称《会计法》)作出修改，取消了会计从业资格证书，将第三十八条修改为："会计人员应当具备从事会计工作所需要的专业能力。"现行会计从业资格证只有初级、中级、高级会计证。

我国《会计法》规定，国务院财政部门主管全国的会计工作，县级以上地方各级人民政府财政部门管理本行政区域内的所有会计工作。我国会计工作行政管理体制实行"统一领导、分级管理"的原则。除财政部和地方各级人民政府财政外，我国还有全国和地方会计行业协会组织，如中国会计学会、中国总会计师协会、中国注册会计师协会等。

会计职业道德规范，是指从事会计的相关工作人员，在共同的职业兴趣、爱好、习惯、心理基础上形成的，规范和约束其思想和行为的职业道德规范。会计职业道德规范是社会一般职业道德规范在会计行业的具体化，既具有一般职业道德规范的共性，又具有会计行业的职业特性，如会计的职业责任、职业纪律等。

（二）总会计师职业道德规范

总会计师是在单位主要领导人领导下，主管经济核算和财务会计工作的负责人。总会计师是组织领导本单位的财务管理、成本管理、预算管理、会计核算和会计监督等方面的工作，参与本单位重要经济问题分析和决策的单位行政领导人员。总会计师协助单位主要行政领导人工作，直接对单位主要行政领导人负责。所以，总会计师不是一种专业技术职务，也不是会计机构的负责人或会计主管人员，而是一种行政职务。

在一些大、中型国有企业实行总会计师制度，有利于加强经济核算和会计管理。近年来，除了大、中型国有企业，政府部门、高等学校、公立医院等行政事业单位也开始设立总会计师岗位，体现了财务会计工作在我国行政机关和大、中型企事业单位中的重要地位和作用。

中国总会计师协会（以下简称"中总协"）是经民政部批准，成立于1990年的跨地区、跨部门、跨行业的全国非营利一级社团组织，业务指导单位是中华人民共和国财政部。中总协自成立以来，在推动中国总会计师制度改革、促进总会计师制度与国外CFO制度国际趋同，以及加强会计人才队伍建设方面发挥了重要作用。[①]

我国总会计师职业道德规范由中国总会计师协会制定并颁布。

---

① 中国总会计师协会.中国总会计师协会简介［EB/OL］. https：//www.cacfo.com/listcontent/2.html.

资源库3-3

中国总会计师职业道德与行为规范（试行）

为推动中国现代总会计师制度建设，中国总会计师协会对总会计师职业道德与行为规范进行全面系统的研究，形成了《中国总会计师职业道德与行为规范（试行）》。该试行规范在征求会员及国家相关部委意见的基础上，经中国总会计师协会第四届理事会第三次会议审议通过，中国总会计师协会2010年4月8日试行。①

第一章　总　则

第一条　为适应形势发展对总会计师提出的新要求，更好地发挥总会计师在企业发展和我国经济建设中的作用，提高总会计师职业道德水准，规范总会计师职业行为，维护总会计师职业形象，强化总会计师自律管理，特制定本职业道德与行为规范。

第二条　本职业道德与行为规范以《会计法》《总会计师条例》与《中央企业总会计师工作职责管理暂行办法》等相关法律、法规为依据，同时参照了国外首席财务官制度的有关规定。

第三条　本职业道德与行为规范系中国总会计师协会会员自律性文件，适用于中国总会计师协会全体会员。

第二章　职业道德

第四条　总会计师职业道德是总会计师思想道德修养在本职工作中的体现。

第五条　敬业、诚信、廉洁、公正、遵纪守法，是对总会计师职业道德的基本要求。

第六条　社会责任感、现代环保意识、全局观念，是新形势对总会计师职业道德的新要求。

第三章　行为规范

第七条　学习实践科学发展观，以科学世界观与方法论指导工作，做到尊重规律、尊重科学，按照事物发展规律与科学原则办事。

第八条　学习国家法律法规及相关方针政策，树立法规观念，做到守法经营，依法理财，依法办事，不做违法违纪和违反政策的事。

第九条　学习履职所需的专业知识并保持不断更新，总会计师要具备财务

---

① 中国总会计师协会.中国总会计师职业道德与行为规范（试行）[EB/OL]. https：//www.cacfo.com/details/24144.html.

与会计方面的专业知识与工作经验，具备现代管理方面的专业知识与经验，熟悉所在单位主营业务知识。

第十条　忠于职守，廉洁自律，保守秘密。严格执行《企业会计准则》和《企业财务通则》，坚守诚信原则，如实反映、报告企业财务状况与经营业绩，不做假账并勇于同一切弄虚作假、违法违纪行为作斗争。

第十一条　科学理财，精细管理。科学实施财务发展战略，充分发挥财务监督功能，建立科学有效的内部控制制度和风险管理机制，促进企业信息化建设。

第十二条　勇于开拓创新，虚心学习并借鉴国内外先进经验，与时俱进，更新思想观念，创新管理模式，提升财务与会计管理功能。

第十三条　增强社会责任感、树立现代环保意识和全局观念，正确处理单位利益与国家利益、全局利益的关系，积极促使所在单位承担必需的社会责任，为保护地球生态环境，实现经济社会全面、协调、可持续发展作贡献。

第十四条　以身作则，发挥表率作用，带好队伍，培养人才。

第四章　奖　惩

第十五条　对模范遵守职业道德与行为规范的会员，中国总会计师协会直接或建议有关单位、部门给予精神和物质奖励。

第十六条　对违反职业道德与行为规范、损害总会计师形象的会员，中国总会计师协会采取适当方式对其进行批评教育；情节严重者，建议有关单位、部门按相关规定进行处理。

第五章　附　则

第十七条　本职业道德与行为规范由中国总会计师协会负责解释。

第十八条　欢迎非会员单位总会计师、首席财务主管、财务总监以及以CFO命名的企业高管参照实行本职业道德与行为规范。

第十九条　本职业道德与行为规范于下发之日起施行。

（三）注册会计师从业人员职业规范

注册会计师（Certified Practising Accountant、Certified Public Accountant，CPA），是指通过注册会计师执业资格考试并取得注册会计师证书（见图3–6），在会计师事务所执业的人员。

注册会计师又称公共会计师，是区别于从事某一特定单位会计工作人员（单位会计）的社会会计职业。其特点是会计服务对象不固定，根据会计师事务所与被服务单位签订的业务合同而开展会计、审计、咨询等工作，合同终止，即服务结束。

中国的注册会计师组织是中国注册会计师协会（Chinese Institute of Certified Public Accountants，CICPA）。

在国际上，注册会计师，指的是从事社会审计、中介审计和独立审计的专业人士。西方的注册会计师组织是国家和地区的会计师公会。如美国的美国注册会计师协会（American Institute of Certified Public Accountants，AICPA），英国的特许公认会计师公会（Association of Chartered Certified Accountants，ACCA），加拿大的加拿大特许专业会计师协会（Chartered Professional Accountants of Canada，以下简称 CPA Canada）、加拿大注册会计师协会（Certified General Accountants Association of Canada，CGA-Canada），澳大利亚的澳洲会计师公会（Certified Practising Accountant，CPA Australia）等。

图3-6 注册会计师证书

中国注册会计师职业道德规范由中国注册会计师协会制定并颁布。

资源库3-4

中国注册会计师职业道德守则[①]

2014年11月1日，中国注册会计师协会发布《中国注册会计师职业道德守则问题解答》，自2015年1月1日起施行。新修订的注册会计师职业道德守则自2021年7月1日起施行。

第一章 总 则

第一条 为了规范注册会计师职业活动，提高注册会计师职业道德水准，维护注册会计师职业形象，根据《中华人民共和国注册会计师法》和《中国注册会计师协会章程》，制定本守则。

第二条 维护公众利益是注册会计师行业的宗旨。公众不仅包括注册会计师服务的客户，也包括投资者、债权人、政府机构、社会公众等其他可能依赖注册会计师提供的信息以作出相关决策的组织或人员。这种依赖赋予注册会计师维护公众利益的责任。从这个意义上说，公众利益可以定义为那些可能依赖注册会计师工作的组织或人员的整体利益。注册会计师应当遵守中国注册会计师职业道德守则（以下简称职业道德守则），履行相应的社会责任，维护公众利

① 中国注册会计师协会.中国注册会计师职业道德守则第1号——职业道德基本原则[EB/OL].https：//www.cicpa.org.cn/ztzl1/Professional_standards/xxzztx/zyddsz/zyddsz_6676/202105/P020210507629165059767.pdf.

益。为了维护公众利益，注册会计师应当持续提高职业素养。在履行社会责任的过程中，注册会计师可能面临不同组织或人员相互之间的利益冲突。在解决这些冲突时，注册会计师应当正直诚实行事，并始终牢记维护公众利益的宗旨。

第三条　注册会计师应当遵守相关法律法规。如果某些法律法规的规定与职业道德守则的相关条款不一致，注册会计师应当注意到这些差异。除非法律法规禁止，注册会计师应当按照较为严格的规定执行。

第四条　在极其特殊的情况下，如果认为遵守职业道德守则的某些规定可能会导致不当后果或不符合公众利益，注册会计师可以考虑向中国注册会计师协会或相关监管机构咨询。

第五条　职业道德守则中的条款，按照其效力和使用方法，可以分为三类：

（一）要求或禁止性条款。此类条款通常使用“应当”或“不得”等词语，强制要求注册会计师在特定情形下从事某项活动或行为，或者禁止从事某项活动或行为，除非出现与之相关的例外情况。注册会计师违反此类条款将被视为违反职业道德守则的规定；

（二）鼓励或建议性条款。此类条款通常使用“可以”“鼓励”等词语，用来对注册会计师的活动或行为提供相关建议，不构成强制性要求；

（三）解释或举例性条款。此类条款通常使用“例如”“举例来说”等词语，或直接陈述某项事实，用来对相关条款作出解释或举例说明，以帮助注册会计师理解和掌握。

第六条　职业道德守则包括五个部分：

（一）《中国注册会计师职业道德守则第1号——职业道德基本原则》，主要用于规范注册会计师应当遵循的职业道德基本原则，为注册会计师的行为确立道德标准；

（二）《中国注册会计师职业道德守则第2号——职业道德概念框架》，主要用于规范职业道德概念框架，即解决职业道德问题的思路和方法；

（三）《中国注册会计师职业道德守则第3号——提供专业服务的具体要求》，主要用于规范注册会计师在提供专业服务的过程中可能遇到的除独立性以外的某些具体情形，并针对在这些情形下如何运用职业道德概念框架解决职业道德问题作出具体规定；

（四）《中国注册会计师职业道德守则第4号——审计和审阅业务对独立性的要求》，主要用于规范注册会计师在从事审计和审阅业务时与独立性相关的要求；

（五）《中国注册会计师职业道德守则第5号——其他鉴证业务对独立性的要求》，主要用于规范注册会计师在从事审计和审阅以外的其他鉴证业务时与独立性相关的要求。此外，职业道德守则术语表用于对职业道德守则中的相关术语作出解释说明。

第二章 职业道德基本原则

第一节 一般规定

第七条 注册会计师应当遵循下列职业道德基本原则：

（一）诚信；

（二）客观公正；

（三）独立性；

（四）专业胜任能力和勤勉尽责；

（五）保密；

（六）良好职业行为。

第八条 在极其特殊的情况下，如果认为遵循某项基本原则与遵循其他基本原则存在冲突，注册会计师可以考虑向下列机构或人员咨询，必要时，这种咨询可以采取匿名形式：

（一）会计师事务所的相关人员；

（二）中国注册会计师协会；

（三）相关监管机构；

（四）法律顾问。

注册会计师应当运用职业判断解决冲突，或者在必要时与造成冲突的事项脱离关系（除非法律法规禁止）。上述咨询并不能减轻注册会计师的这一责任。针对上述引起冲突的事项，本守则鼓励注册会计师记录该事项的主要内容、所作的咨询、最终的决定，以及作出这些决定的理由。

第二节 诚 信

第九条 注册会计师应当遵循诚信原则，在所有的职业活动中保持正直、诚实守信。

诚信是我国社会主义核心价值观的重要组成部分，是社会主义道德建设的重要内容，是构建社会主义和谐社会的重要纽带，同时也是社会主义市场经济运行的基础。对注册会计师行业来说，诚信是注册会计师行业存在和发展的基石，在职业道德基本原则中居于首要地位。

第十条 注册会计师如果认为业务报告、申报资料、沟通函件或其他方面的信息存在下列问题，不得与这些有问题的信息发生关联：

（一）含有虚假记载、误导性陈述；

（二）含有缺乏充分根据的陈述或信息；

（三）存在遗漏或含糊其辞的信息，而这种遗漏或含糊其词可能会产生误导。注册会计师如果注意到已与有问题的信息发生关联，应当采取措施消除关联。

第十一条　针对本守则第十条所述的情形，如果注册会计师按照职业准则的规定出具了恰当的业务报告（例如，在审计业务中，出具恰当的非无保留意见审计报告），则不被视为违反该条的规定。

第三节　客观公正

第十二条　注册会计师应当遵循客观公正原则，公正处事，实事求是，不得由于偏见、利益冲突或他人的不当影响而损害自己的职业判断。

第十三条　如果存在对职业判断产生过度不当影响的情形，注册会计师不得从事与之相关的职业活动。

第四节　独立性

第十四条　在执行审计和审阅业务、其他鉴证业务时，注册会计师应当遵循独立性原则，从实质上和形式上保持独立性，不得因任何利害关系影响其客观公正。独立性是鉴证业务的灵魂，是专门针对注册会计师从事审计和审阅业务、其他鉴证业务而提出的职业道德基本原则。《中国注册会计师职业道德守则第4号——审计和审阅业务对独立性的要求》《中国注册会计师职业道德守则第5号——其他鉴证业务对独立性的要求》分别针对注册会计师执行审计和审阅业务、其他鉴证业务的独立性作出具体规定。

第十五条　会计师事务所在承接审计和审阅业务、其他鉴证业务时，应当从会计师事务所整体层面和具体业务层面采取措施，以保持会计师事务所和项目团队的独立性。

第五节　专业胜任能力和勤勉尽责

第十六条　注册会计师应当遵循专业胜任能力和勤勉尽责原则。根据该原则的要求，注册会计师应当：

（一）获取并保持应有的专业知识和技能，确保为客户提供具有专业水准的服务；

（二）做到勤勉尽责。

第十七条　注册会计师应当通过教育、培训和执业实践获取和保持专业胜任能力。

第十八条　注册会计师应当持续了解并掌握当前法律、技术和实务的发展变化，将专业知识和技能始终保持在应有的水平。

第十九条　在运用专业知识和技能时，注册会计师应当合理运用职业判断。

第二十条　注册会计师应当勤勉尽责，即遵守职业准则的要求并保持应有的职业怀疑，认真、全面、及时地完成工作任务。

第二十一条　注册会计师应当采取适当措施，确保在其授权下从事专业服务的人员得到应有的培训和督导。

第二十二条　在适当时，注册会计师应当使客户或专业服务的其他使用者了解专业服务的固有局限。

第六节　保　密

第二十三条　注册会计师应当遵循保密原则，对职业活动中获知的涉密信息保密。根据该原则，注册会计师应当遵守下列要求：

（一）警觉无意中泄密的可能性，包括在社会交往中无意中泄密的可能性，特别要警觉无意中向关系密切的商业伙伴或近亲属泄密的可能性；

（二）对所在会计师事务所内部的涉密信息保密；

（三）对职业活动中获知的涉及国家安全的信息保密；

（四）对拟承接的客户向其披露的涉密信息保密；

（五）在未经客户授权的情况下，不得向会计师事务所以外的第三方披露其所获知的涉密信息，除非法律法规或职业准则规定注册会计师在这种情况下有权利或义务进行披露；

（六）不得利用因职业关系而获知的涉密信息为自己或第三方谋取利益；

（七）不得在职业关系结束后利用或披露因该职业关系获知的涉密信息；

（八）采取适当措施，确保下级从业人员以及为注册会计师提供建议和帮助的人员履行保密义务。

第二十四条　在终止与客户的关系后，注册会计师应当对以前职业活动中获知的涉密信息保密。如果变更工作单位或获得新客户，注册会计师可以利用以前的经验，但不得利用或披露以前职业活动中获知的涉密信息。

第二十五条　如果注册会计师遵循保密原则，信息提供者通常可以放心地向注册会计师提供其从事职业活动所需的信息，而不必担心该信息被其他方获知，这有利于注册会计师更好地维护公众利益。

第二十六条　在某些情况下，保密原则是可以豁免的。在下列情况下，注册会计师可能会被要求披露涉密信息，或者披露涉密信息是适当的，不被视为违反保密原则：

（一）法律法规要求披露，例如为法律诉讼准备文件或提供其他证据，或者向适当机构报告发现的违反法律法规行为；

（二）法律法规允许披露，并取得了客户的授权；

（三）注册会计师有职业义务或权利进行披露，且法律法规未予禁止，主要包括下列情形：

1.接受注册会计师协会或监管机构的执业质量检查；

2.答复注册会计师协会或监管机构的询问或调查；

3.在法律诉讼、仲裁中维护自身的合法权益；

4. 遵守职业准则的要求，包括职业道德要求；

5. 法律法规和职业准则规定的其他情形。

第二十七条　在决定是否披露涉密信息时，注册会计师需要考虑下列因素：

（一）客户同意披露的涉密信息，法律法规是否禁止披露；

（二）如果客户同意注册会计师披露涉密信息，这种披露是否可能损害相关人的利益；

（三）是否已在可行的范围内了解和证实了所有相关信息，信息是否完整；

（四）信息披露的方式和对象，包括披露对象是否恰当；

（五）可能承担的法律责任和后果。

第七节　良好职业行为

第二十八条　注册会计师应当遵循良好职业行为原则，爱岗敬业，遵守相关法律法规，避免发生任何可能损害职业声誉的行为。注册会计师不得在明知的情况下，从事任何可能损害诚信原则、客观公正原则或良好职业声誉，从而可能违反职业道德基本原则的业务、职务或活动。如果一个理性且掌握充分信息的第三方很可能认为某种行为将对良好的职业声誉产生负面影响，则这种行为属于可能损害职业声誉的行为。

第二十九条　注册会计师在向公众传递信息以及推介自己和工作时，应当客观、真实、得体，不得损害职业形象。

第三十条　注册会计师应当诚实、实事求是，不得有下列行为：

（一）夸大宣传提供的服务、拥有的资质或获得的经验；

（二）贬低或无根据地比较他人的工作。

第三十一条　如果注册会计师对其行为是否适当存有疑问，本守则鼓励注册会计师向中国注册会计师协会咨询。

第三章　职业道德基本原则与职业怀疑

第三十二条　根据中国注册会计师审计准则、中国注册会计师审阅准则、中国注册会计师其他鉴证业务准则的规定，注册会计师在计划和执行审计和审阅业务、其他鉴证业务时应当保持职业怀疑。职业怀疑与职业道德基本原则是相互关联的。

第三十三条　在财务报表审计中，遵循职业道德基本原则与保持职业怀疑是一致的。举例来说：

（一）诚信原则要求注册会计师保持正直、诚实守信。例如，注册会计师可以通过下列方式遵循诚信原则：

1. 在对客户所采取的立场提出质疑时保持正直、诚实守信。

2. 当怀疑某项陈述可能包含严重虚假或误导性内容时，对不一致的信息实施进一步调查并寻求进一步审计证据，以就具体情况下需要采取的恰当措施作出知情决策。上述做法使得注册会计师能够对审计证据进行审慎评价，从而有助于其保持职业怀疑。

（二）客观公正原则要求注册会计师不得由于偏见、利益冲突或他人的不当影响而损害自己的职业判断。例如，注册会计师可以通过下列方式遵循客观公正原则：

1.识别可能损害注册会计师职业判断的情形或关系，如与客户之间的密切关系。

2.在评价与客户财务报表重大事项相关的审计证据的充分性和适当性时，考虑这些情形或关系对注册会计师职业判断的影响。

3.在面对困境或困难时，有坚持正确行为的决心，实事求是。例如，在面临压力时坚持自己的立场，或在适当时质疑他人，即使这样做会对会计师事务所或注册会计师个人造成潜在的不利后果。上述做法使得注册会计师能够以有利于职业怀疑的方式行事。

（三）独立性原则要求注册会计师在执行审计和审阅业务、其他鉴证业务时与鉴证客户保持独立，不得因任何利害关系影响其客观公正。注册会计师的独立性包括实质上的独立性和形式上的独立性：实质上的独立性是一种内心状态，使得注册会计师在提出结论时不受损害职业判断的因素影响，诚信行事，遵循客观公正原则，保持职业怀疑；形式上的独立性是一种外在表现，使得一个理性且掌握充分信息的第三方，在权衡所有相关事实和情况后，认为会计师事务所或审计项目团队成员没有损害诚信原则、客观公正原则或职业怀疑。保持独立性能够增强注册会计师保持职业怀疑的能力。

（四）专业胜任能力和勤勉尽责原则要求注册会计师获取并保持应有的专业知识和技能，确保为客户提供具有专业水准的服务，并勤勉尽责，遵守适用的职业准则。例如，注册会计师可以通过下列方式遵循专业胜任能力和勤勉尽责原则：

1.运用与客户所在的特定行业和业务活动相关的知识，以恰当识别重大错报风险。

2.设计并实施恰当的审计程序。

3.在审慎评价审计证据是否充分并适合具体情况时运用相关知识和技能。上述做法使得注册会计师能够以有利于职业怀疑的方式行事。

第四章 违反职业道德守则

第三十四条 如果识别出违反职业道德守则的情形，注册会计师应当：

（一）评价违反行为的严重程度及其对遵循职业道德基本原则能力的影响。

（二）尽快采取适当措施，以恰当地处理违规后果。

（三）确定是否向相关方报告违反职业道德守则的行为。相关方包括可能受到该行为影响的人员、相关专业团体或监管机构。《中国注册会计师职业道德守则第4号——审计和审阅业务对独立性的要求》第二章第九节和《中国注册会计师职业道德守则第5号——其他鉴证业务对独立性的要求》第二章第十节规范了当注册会计师发现违反独立性要求的情形时，应当采取的措施。

（四）内部审计职业道德规范

审计是由国家授权或接受委托的专职机构和人员，依照国家法规、审计准则和会计理论，运用专门的方法，对被审计单位的财政、财务收支、经营管理活动及其相关资料的真实性、正确性、合规性、合法性、效益性进行审查和监督，评价经济责任，鉴证经济业务，用以维护财经法纪、改善经营管理、提高经济效益的一项独立性的经济监督活动。

审计分为外部审计和内部审计。外部审计，是指由单位外部组织和人员开展的审计活动，通常指政府审计和注册会计师审计。内部审计，是指根据单位内部经济活动的需要，由单位内部审计机构或人员对单位内部经济事项开展的审计活动。

中国内部审计协会（China Institute of Internal Audit，CIIA），是由具有一定内部审计力量的企事业单位、社会团体和从事内部审计相关工作的人员自愿结成的全国性、专业性、非营利性社会组织。该协会的登记管理机关是中华人民共和国民政部，党建领导机关是中央和国家机关工作委员会。该协会接受登记管理机关、党建领导机关、业务管理部门的业务指导和监督管理。

中国内部审计人员职业道德规范由中国内部审计协会制定并颁布。

资源库3-5

内部审计人员职业道德规范①

为了更好地约束审计人员的从业发展，中国内部审计协会在2014年制定了《内部审计人员职业道德规范》，并于2014年1月1日起正式实施。

第一章　总　则

第一条　为了规范内部审计人员的职业行为，维护内部审计职业声誉，根据《审计法》及其实施条例，以及其他有关法律、法规和规章，制定本规范。

第二条　内部审计人员职业道德是内部审计人员在开展内部审计工作中应

① 中国内部审计协会.第1201号——内部审计人员职业道德规范［EB/OL］.http://www.ciia.com.cn/cndetail.html?id=35590.

当具有的职业品德、应当遵守的职业纪律和应当承担的职业责任的总称。

第三条　内部审计人员从事内部审计活动时，应当遵守本规范，认真履行职责，不得损害国家利益、组织利益和内部审计职业声誉。

第二章　一般原则

第四条　内部审计人员在从事内部审计活动时，应当保持诚信正直。

第五条　内部审计人员应当遵循客观性原则，公正、不偏不倚地作出审计职业判断。

第六条　内部审计人员应当保持并提高专业胜任能力，按照规定参加后续教育。

第七条　内部审计人员应当遵循保密原则，按照规定使用其在履行职责时所获取的信息。

第八条　内部审计人员违反本规范要求的，组织应当批评教育，也可以视情节给予一定的处分。

第三章　诚信正直

第九条　内部审计人员在实施内部审计业务时，应当诚实、守信，不应有下列行为：

（一）歪曲事实；

（二）隐瞒审计发现的问题；

（三）进行缺少证据支持的判断；

（四）作误导性的或者含糊的陈述。

第十条　内部审计人员在实施内部审计业务时，应当廉洁、正直，不应有下列行为：

（一）利用职权谋取私利；

（二）屈从于外部压力，违反原则。

第四章　客观性

第十一条　内部审计人员实施内部审计业务时，应当实事求是，不得由于偏见、利益冲突而影响职业判断。

第十二条　内部审计人员实施内部审计业务前，应当采取下列步骤对客观性进行评估：

（一）识别可能影响客观性的因素；

（二）评估可能影响客观性因素的严重程度；

（三）向审计项目负责人或者内部审计机构负责人报告客观性受损可能造成的影响。

第十三条　内部审计人员应当识别下列可能影响客观性的因素：

（一）审计本人曾经参与过的业务活动；

（二）与被审计单位存在直接利益关系；

（三）与被审计单位存在长期合作关系；

（四）与被审计单位管理层有密切的私人关系；

（五）遭受来自组织内部和外部的压力；

（六）内部审计范围受到限制；

（七）其他。

第十四条　内部审计机构负责人应当采取下列措施保障内部审计的客观性：

（一）提高内部审计人员的职业道德水准；

（二）选派适当的内部审计人员参加审计项目，并进行适当分工；

（三）采用工作轮换的方式安排审计项目及审计组；

（四）建立适当、有效的激励机制；

（五）制定并实施系统、有效的内部审计质量控制制度、程序和方法；

（六）当内部审计人员的客观性受到严重影响，且无法采取适当措施降低影响时，停止实施有关业务，并及时向董事会或者最高管理层报告。

第五章　专业胜任能力

第十五条　内部审计人员应当具备下列履行职责所需的专业知识、职业技能和实践经验：

（一）审计、会计、财务、税务、经济、金融、统计、管理、内部控制、风险管理、法律和信息技术等专业知识，以及与组织业务活动相关的专业知识；

（二）语言文字表达、问题分析、审计技术应用、人际沟通、组织管理等职业技能；

（三）必要的实践经验及相关职业经历。

第十六条　内部审计人员应当通过后续教育和职业实践等途径，了解、学习和掌握相关法律法规、专业知识、技术方法和审计实务的发展变化，保持和提升专业胜任能力。

第十七条　内部审计人员实施内部审计业务时，应当保持职业谨慎，合理运用职业判断。

第六章　保　密

第十八条　内部审计人员应当对实施内部审计业务所获取的信息保密，非因有效授权、法律规定或其他合法事由不得披露。

第十九条　内部审计人员在社会交往中，应当履行保密义务，警惕非故意泄密的可能性。

内部审计人员不得利用其在实施内部审计业务时获取的信息牟取不正当利益，或者以有悖于法律法规、组织规定及职业道德的方式使用信息。

第七章 附 则

第二十条 本规范由中国内部审计协会发布并负责解释。

第二十一条 本规范自2014年1月1日起施行。

（五）税务师职业道德规范

税务师，是指通过全国税务师统一考试，取得税务师职业资格证书，同时注册登记、从事涉税鉴证和涉税服务活动的专业技术人员。

2014年7月，国务院取消了注册税务师职业资格许可，所以注册税务师更名为税务师，更名后，税务师仍属于国家职业资格。税务师资格的取得实行考试和认定制度。税务师职业资格证书实行登记服务制度，税务师职业资格证书登记服务的具体工作由全国税务师行业协会负责。

中国注册税务师协会（前身为中国税务咨询协会），成立于1995年2月28日，是经中华人民共和国民政部批准的全国一级社团组织，是由中国税务师和税务师事务所组成的行业民间自律管理组织，受民政部和国家税务总局的业务指导和监督管理。协会与多个国际同行业组织建立了友好合作关系，并于2004年11月加入亚洲—大洋洲税务师协会（AOTCA），成为其正式会员。①

中国税务师职业道德规范，由中国注册税务师协会制定并颁布。

资源库3-6

税务师行业职业道德指引（试行）②

——税务师行业涉税专业服务规范第1.1号

第一章 总 则

第一条 为保证税务师事务所及其涉税服务人员依法、公正提供涉税专业服务，规范服务行为，促进税务师行业健康发展，根据国家税务总局《涉税专业服务监管办法（试行）》、中国注册税务师协会《税务师行业涉税专业服务规范基本指引（试行）》相关规定，制定本指引。

第二条 本指引所称税务师行业职业道德，是指税务师事务所及其涉税服

① 中国注册税务师协会.行业概况［EB/OL］.https：//www.cctaa.cn/info/836.

② 中国注册税务师协会. 税务师行业职业道德指引（试行）［EB/OL］.https：//www.cctaa.cn/info/17282.

务人员提供涉税专业服务应当遵守的职业品德、职业纪律、职业判断、专业胜任能力等行业规范的总称。

第三条　本指引适用于税务师事务所及其涉税服务人员。

第四条　税务师事务所及其涉税服务人员应当恪守独立、客观、公正、诚信的原则。

第五条　税务师事务所涉税服务人员应当具备和保持应有的专业胜任能力和职业判断能力，并履行保密义务。

第二章　诚　信

第六条　税务师事务所涉税服务人员在提供涉税服务活动中应当正直自律、诚实守信，规范服务。

第七条　税务师事务所涉税服务人员应当认真履行协议，严格按照税收法律、法规规定的期间、时效与委托人约定的时间，办理委托事项，严格守约，全面履约。

第八条　税务师事务所涉税服务人员不得违反税收法律、行政法规，造成委托人未缴或者少缴税款；不得采取隐瞒、欺诈、贿赂、串通、回扣等不正当竞争手段承揽业务，损害委托人或他人利益；不得利用服务之便，谋取不正当利益；不得以税务机关和税务人员的名义敲诈纳税人、扣缴义务人。

第九条　税务师事务所涉税服务人员不得向税务机关工作人员行贿或者指使、诱导委托人行贿。

第十条　委托人委托事项属于法律法规或者职业道德指引限制或者禁止的，税务师事务所涉税服务人员应当告知委托人，并提出修改建议或者予以拒绝。

第十一条　未经委托人同意，税务师事务所涉税服务人员不得将委托人所托事务转托他人办理。

第十二条　在业务报告、申请资料或其他信息中，税务师事务所涉税服务人员不得存在下列出具虚假和误导意见的行为：

（一）虚假或误导性的陈述；

（二）缺少依据的陈述或信息；

（三）遗漏或表达不清的信息。

第十三条　税务师事务所应当建立和完善内部管理制度，严格执行涉税专业服务相关业务规范，保证税务师事务所涉税服务人员服务行为规范有序。

第十四条　税务师事务所涉税服务人员应当遵守国家法律法规的相关规定，避免任何损害职业声誉的言行。

第十五条　税务师事务所涉税服务人员应当与同行保持良好关系，不得联合抬高或压低业务收费，不得使用不正当手段开展业务。

第十六条　税务师事务所涉税服务人员对外宣传时，应当实事求是、客观、真实，不得对自身或同行有夸大、贬低、诋毁的言行。

第十七条　税务师事务所涉税服务人员不得利用税务师事务所拥有的客户资源谋取私利。

第十八条　税务师事务所涉税服务人员从税务师事务所离职，未经客户或者事务所同意，不得私自保留客户资料，不得利用离职税务师事务所拥有的客户资源开展业务。

第十九条　中国注册税务师协会通过税务师行业平台，负责诚信记录系统的建立和管理制度制定、日常维护和人员培训；

地方注册税务师协会根据中税协制定的相关管理制度负责诚信记录系统平台信息的收集、整理、分析和更新，开展信用调查，并按行业规定披露和使用信用信息，同时将信用披露信息向中税协备案；

税务师事务所及其涉税服务人员负责向所属地方税务师协会如实提供信用信息和相应资料，并对其真实合法性负责。

第二十条　税务师事务所参与公开招标时，应当根据实际情况出具相关信用资料。

第三章　独立性

第二十一条　税务师事务所涉税服务人员在提供涉税专业服务过程中应当秉持良好的职业操守，保持独立性。

税务师事务所涉税服务人员从事涉税鉴证、纳税情况审查业务，必须从实质上保持独立性。

税务师事务所涉税服务人员从事纳税申报代理、一般税务咨询、专业税务顾问、税收策划、其他税务事项代理、其他涉税服务业务，应当从形式上保持独立性。

第二十二条　税务师事务所涉税服务人员应当遵从税收法律制度，当涉税服务与客户利益有冲突时，应当保证涉税专业服务的独立性。

第二十三条　税务师事务所及其涉税服务人员在提供涉税服务的过程中，应当恪守职业道德，不因任何利害关系影响涉税专业服务的标准和涉税服务的结果。

第二十四条　在提供涉税专业服务过程中，如果认为存在对独立性有不利影响的因素时，税务师事务所涉税服务人员应当识别、判断和评价不利影响的严重程度。

第二十五条　税务师事务所及其涉税服务人员如果知悉或有理由相信相关因素对于独立性将产生不利影响，应当采取措施排除或者消除该影响因素。

第二十六条　税务师事务所及其涉税服务人员在提供涉税服务的过程中，如果无法采取适当的措施防范、排除或者消除不利于独立性的影响因素，应拒绝接受涉税专业服务业务委托或终止提供涉税专业服务。

第二十七条　税务师事务所涉税服务人员承办业务，如与委托人存在以下利害关系之一，可能影响业务公正执行的，应当主动向所在的税务师事务所说明情况并请求回避。

所称利害关系主要包括：

（一）与委托人存在密切的商业关系或者涉及直接的经济利益；

（二）税务师事务所的收入过度依赖于委托人；

（三）承办业务的涉税服务人员受雇于该委托人；

（四）税务师事务所受到解除业务关系的威胁；

（五）与委托人有夫妻关系、直系血亲关系、三代以内旁系血亲关系以及近姻亲关系；

（六）执业相关法律法规规定的利益冲突关系；

（七）其他可能影响业务公正执行的情况。

第二十八条　税务师事务所应当严格执行涉税专业服务业务规范，并制定必要的规章制度，支持和保障税务师事务所涉税服务人员涉税专业服务的独立性。

第四章　客观公正

第二十九条　税务师事务所涉税服务人员在提供涉税专业服务的过程中，应当保持客观。

所称保持客观，是指税务师事务所涉税服务人员在提供涉税专业服务的过程中，应当实事求是，遵守国家法律、法规规定，基于委托人的业务事实提供涉税专业服务，不以个人意志为出发点和目的，不因利益冲突、个人偏见或其他因素影响职业判断及职业结论。

第三十条　税务师事务所涉税服务人员在提供涉税专业服务的过程中，应当保持公正。

所称保持公正，是指税务师事务所涉税服务人员在提供涉税专业服务的过程中，应当公平正直，遵守国家法律、法规规定，符合正当的社会基本价值取向，恪守公认的道德规范要求和本指引要求。

第三十一条　税务师事务所涉税服务人员不得伪造证据，不得改变证据的内容、形式及属性，不得有意忽视证据。

第三十二条　委托人提供不实资料的，税务师事务所涉税服务人员应当终止提供涉税服务。

第三十三条　税务师事务所涉税服务人员不得违反涉税专业服务相关业务

规范提供服务，出具虚假意见。

第五章 专业胜任能力

第三十四条 税务师事务所涉税服务人员应当持续了解、及时掌握、准确理解、正确执行国家财会、税收政策和相关规定。

第三十五条 税务师事务所涉税服务人员应当获取专业知识技能和保持应有的专业胜任能力。

第三十六条 税务师事务所涉税服务人员应当确保为委托人提供具有专业水准的服务。

第三十七条 税务师事务所涉税服务人员应当具备和保持职业判断意识和能力。

第三十八条 税务师事务所涉税服务人员应当按规定参加继续教育。

第六章 保密义务

第三十九条 税务师事务所涉税服务人员未经委托人允许，不得向税务师事务所以外的第三方泄露其所获取的委托人隐私和商业秘密。国家法律法规另有规定的除外。

第四十条 税务师事务所涉税服务人员不得利用所获取的涉密信息为自己或任何形式的第三方牟取利益。

第七章 自律管理

第四十一条 税务师事务所应当主动防止有损职业道德的行为发生，发现涉税服务人员存在违规行为应当及时制止，对情节严重者应当上报所在的地方注册税务师协会。

第四十二条 对违反税务师职业道德相关规范的行为，中国注册税务师协会和地方注册税务师协会根据情节严重程度，采取相应的自律管理措施。

第四十三条 税务师事务所涉税服务人员违反国家法律法规的，由中国注册税务师协会或地方注册税务师协会提请行政或司法机关调查处理。

第八章 附 则

第四十四条 本指引自2019年8月1日起试行。

二、金融行业从业人员职业道德规范

（一）银行业从业人员职业道德规范

银行是经营货币和信用业务的金融机构，通过发行信用货币、管理货币流通、调剂资金供求、办理货币存贷与结算，充当信用的中介人。银行是现代金融业的主体，是国民经济运转的枢纽。

“银行”一词，最早源于意大利语Banca，意思是长凳、椅子，英语转化为Bank，意为存钱的柜子。历史上的银行是由货币经营业发展而来的。最早的银行业发源于西欧古代社会的货币兑换业，如公元前2000年的巴比伦寺庙，公元前500年的希腊寺庙，都已从事保管金银、发放贷款、收付利息的活动。公元前200年，在罗马帝国，先后出现了银钱商和类似银行的商业机构。

“银行”在我国起源于唐朝。唐宣宗时期（847—858年），苏州就出现了“金银行”。唐代广泛使用铜钱，铜钱每贯重六斤四两，要携带大量铜钱出门，既重且很不方便。人们预先将铜钱存放在“柜坊”，在进行买卖时，取用比较方便，自然很有利于商贸的开展。“柜坊”出现在唐玄宗开元初年（713年），是我国最早的银行雏形。北宋嘉佑二年（1057年），蔡襄（1012—1067年）管理福州时，作《教民十六事》，其中第六条出现“银行轧造吹银”，这是“银行”一词最早单独出现的时间。后来出现了“钱庄”，最后是“票号”，是中国封建社会后期因货币的兑换而产生的一种信用机构。“票号”是清代出现的一种以汇兑为主营的金融机构。清道光初年（1821年），中国历史上第一家票号“日升昌”（见图3-7）横空出世，创造出一种充满商业智慧的全新交易流通方式，这种方式卓然傲立于金融界。

图3-7　日升昌

银行业，在中国是指中国人民银行，监管机构，自律组织，以及在中华人民共和国境内设立的商业银行、城市信用合作社、农村信用合作社等吸收公众存款的金融机构、非银行金融机构以及政策性银行。

中国银行业协会（China Banking Association，CBA），成立于2000年5月。是经中国人民银行和民政部批准成立，并在民政部登记注册的全国性非营利社会团体，是中国银行业自律组织。2003年中国银监会成立后，中国银行业协会主管单位由中国人民银行变更为中国银监会。2018年3月，中国银行保险监督管理委员会成立后，中国银行业协会主管单位由中国银监会变更为中国银行保险监督管理委员会。[①]

为规范中国银行业执业行为和从业人员行为，中国银行业协会制定并颁布了一系列规章制度，如《中国银行业自律公约》《中国银行业营业网点大堂经理服务规范》《中国银行业文明服务公约》和《实施细则》（试行），以及《银行业从业人员职

① 中国银行协会.中国银行协会简介［EB/OL］.https：//www.china-cba.net/Index/lists/catid/8.html.

业操守》和《中国银行业从业人员道德行为公约》等。[①]此引用《中国银行业从业人员道德行为公约》为例。[②]

中国银行业从业人员职业道德规范由中国银行业协会制定并颁布。

资源库3-7

中国银行业从业人员道德行为公约

第一章 总 则

第一条 为了提高中国银行业从业人员素质，规范从业人员道德行为，践行以“八荣八耻”为主要内容的社会主义荣辱观，着力推动和谐社会建设，根据有关法律法规和《公民道德建设实施纲要》《中国银行业协会章程》，经中国银行业协会全体会员单位共同商定，制定本公约。

第二条 本公约适用于中国银行业协会会员单位的从业人员。

第三条 会员单位的从业人员承诺互相监督、共同遵守，自觉履行公约的各项约定，维护中国银行业的整体形象。

第二章 基本要求

第四条 爱岗敬业，顾全大局。

热爱本职工作，认真贯彻执行国家制定的金融方针、政策，以维护国家的金融稳定和银行业的声誉为己任。

第五条 遵纪守法，规范操作。

严格遵守各项法律、法规，坚持依法合规办事，自觉抵制各种违法违规行为。

第六条 廉洁公正，自警自律。

自觉抵制各种腐朽思想的侵蚀，防范和化解道德风险；工作中不循私情，不弄虚作假，不营私舞弊，不行贿受贿。

第七条 严守秘密，确保安全。

树立保密观念，增强保密意识，严格遵守保密法规，自觉履行保密责任，做到不泄密、不失密，确保银行经营安全和客户的资金、信息安全。

第八条 正直诚信，勤勉尽职。

品行端正，公道正派，诚实守信，表里如一；忠于职守，尽心尽力，以高

---

① 中国银行业协会.规范性文件［EB/OL］.https：//www.china-cba.net/Index/lists/catid/86/p/2.html.

② 中国银行业协会.中国银行业从业人员道德行为公约［EB/OL］.https：//www.china-cba.net/Index/showw/catid/86/id/3960.

度的责任感和敬业精神投入本职工作。

第九条　热情服务，细致周到。

讲究工作效率，提高工作质量，努力为客户提供热情、周到、优质、高效的服务，以专业化、人性化的服务赢得客户的理解和支持。

第十条　勤奋学习，精通业务。

努力掌握专业知识及其他相关知识，刻苦钻研，精益求精，不断提高职业素养和业务水平。

第十一条　团结协作，和谐互助。

增强团队意识，发扬协作精神，创造和维护和谐融洽、平等互助、团结共进的人际关系和工作氛围。

第十二条　遵守公德，崇尚科学。

自觉遵守社会公德，文明礼貌，尊老爱幼，克勤克俭，爱护环境；崇尚科学，破除迷信，尊重知识，远离愚昧。

第三章　监督和处罚

第十三条　会员单位负责对其从业人员履行公约的情况进行监督检查。

第十四条　银行业从业人员违反本公约、对行业声誉造成恶劣影响的，由中国银行业协会自律工作委员会采取书面批评、通报批评、公开谴责等自律惩戒措施。

第四章　附　则

第十五条　本公约由中国银行业协会自律工作委员会负责解释和修改。

第十六条　本公约与国家法律法规不一致的，依有关法律法规执行。

第十七条　本公约由会员大会审议通过后生效。

第十八条　在本公约生效后，取得中国银行业协会会员资格的单位，自取得会员资格之日起，视为自愿加入本公约，本公约将对其从业人员自动生效。

（二）证券业从业人员职业道德规范

证券，是用来证明持有人享有某种特定权益的凭证。如股票、债券、本票、汇票、支票、保险单、存款单、借据、提货单等各种票证单据。《中华人民共和国证券法》中的证券，是指资本证券，是证明投资者对收益有请求权利的有价证券。

证券的票面要素主要有：①持有人，即证券为谁所有；②标的物，即证券票面上所载明的具体内容，表明持有人权利所指向的特定对象；③标的物的价值，即证券所载明的标的物的价值大小；④权利，即持有人持有该证券所拥有的权利。

证券根据其性质不同，可分为有价证券和无价证券（即凭证证券）两大类。其中，有价证券包括：①资本证券，如股票、债券等；②货币证券，如银行票据、银行券等；③财物证券，如货运单、提单等。无价证券包括活期存款单、借据、收据等。

证券业是从事证券发行和交易服务的专门行业，主要经营活动是沟通证券需求者和借给者直接的联系，并为双方证券交易提供服务，促使证券能够高效地发行与流通，并维持证券市场的运转秩序。主要包括证券交易所、证券公司、证券业协会，以及其他金融机构等。

证券从业人员是被中国证监会依法批准的证券从业机构正式聘用或与其签订劳务协议的人员。证券从业人员必须按照有关规定，在中国证监会取得证券从业人员资格证书后，方可在各项证券专业岗位上工作；证券中介机构的正副总经理和高级管理人员中，至少应有三分之二以上的人员获得证券从业资格证书；未取得证券业从业资格，除符合豁免规定的人员外，任何人不得在各类证券专业岗位上工作。证券从业人员不仅要具有行业内的资质证书，同时还要遵守行业内的道德规范准则。

中国证券业协会成立于1991年8月28日，是依据《中华人民共和国证券法》和《社会团体登记管理条例》的有关规定设立的证券业自律性组织，属于非营利性社会团体法人，接受中国证监会和民政部的业务指导和监督管理。

中国证券从业人员职业道德规范由中国证券业协会制定并颁布。

资源库3-8

证券业从业人员职业道德准则

中国证券业协会第六届理事会第十九次会议审议通过，2020年8月6日发布。[①]

为深入践行行业文化理念，加强证券从业人员职业道德建设，防范道德风险，维护行业声誉，保护投资者及其他利益相关方合法权益，促进行业健康发展，特制定本准则。

第一条　敬畏法律，遵纪守规。从业人员应遵从宪法，对证券行业相关法律法规、监管规定、自律规则以及道德准则心存敬畏，牢固树立依法合规、遵德展业理念，自觉接受监管和自律管理，抵制违反规则及道德准则的行为。

第二条　诚实守信，勤勉尽责。从业人员应表里如一、言而有信，珍视行业声誉与职业声誉，坚守契约精神，保护并合理运用受托资产，真实、准确、完整地披露相关信息，自觉抵制弄虚作假、误导欺骗等行为。

第三条　守正笃实，严谨专业。从业人员应恪守职业操守，规矩做事、踏

① 中国证券业协会.证券从业人员职业道德准则［EB/OL］.https：//www.sac.net.cn/flgz/zlgz/202008/t20200807_143494.html.

实做人、不偏不倚，客观、审慎、专业地为投资者及其他利益相关方提供服务，自觉抵制利用资源、信息等不对称损害客户及其他利益相关方合法权益的行为。

第四条　审慎稳健，严控风险。从业人员应牢固树立风险底线意识，提高风险识别、应对和化解能力，审慎执业，主动履行报告义务，严防执业过程中因不当行为带来的各类业务风险，自觉抵制侥幸心理与短视行为。

第五条　公正清明，廉洁自律。从业人员应树立正确的世界观、人生观、价值观和利益观，清廉自律，在开展证券业务及相关商业活动中，应保持清爽规矩的共事关系、客户关系，自觉抵制直接或者间接向他人输送或者谋取不正当利益的行为。

第六条　持续精进，追求卓越。从业人员应树立持续学习理念，坚持与时俱进、不断更新业务知识与技能，守正创新、秉持工匠精神为客户及其他利益相关方提供优质服务，自觉抵制不思进取、固步自封的工作学习态度和行为。

第七条　爱岗敬业，忠于职守。从业人员应忠于所在机构，认真做好本职工作，公私分明，保护并合理使用所在机构资产，及时报告与所在机构存在的或潜在的利益冲突，自觉抵制损害所在机构合法权益的行为。

第八条　尊重包容，共同发展。从业人员应遵从社会公德，尊重客户、合作伙伴、竞争对手及社会公众等利益相关方，尊重和包容不同的意见及文化、语言、专业等背景差异，共同营造没有歧视和偏见的行业发展环境、职业氛围。

第九条　关爱社会，益国利民。从业人员应自觉维护国家利益和金融安全，积极参与普惠金融、绿色金融、金融扶贫、投资者教育保护等活动，自觉践行社会责任，做有担当、有格局、令人尊重的从业人员。

（三）保险业从业人员职业道德规范

保险，是指投保人根据合同约定，向保险人支付保险费，保险人对于合同约定的可能发生的事故因其发生所造成的财产损失承担赔偿保险金责任，或者被保险人死亡、伤残、疾病或者达到合同约定的年龄、期限等条件时承担给付保险金责任的商业保险行为。保险是市场经济条件下风险管理的基本手段，是现代金融体系和社会保障体系的重要的支柱。

从经济角度看，保险是分摊意外事故损失的一种财务安排；从法律角度看，保险是一种合同行为，是一方同意补偿另一方损失的一种合同安排；从社会角度看，保险是社会经济保障制度的重要组成部分，是社会生产和社会生活“精巧的稳定器”；从风险管理角度看，保险是风险管理的一种方法。

保险业，是指将通过契约形式集中起来的资金，用以补偿被保险人的经济利益业务的行业。保险是指投保人根据合同约定，向保险人支付保险费，保险人对于合同约定的可能发生的事故，因其发生而造成的财产损失承担赔偿保险金责任，或者当被保险人死亡、伤残和达到合同约定的年龄、期限时承担给付保险金责任的行为。保险业从业人员主要是指保险代理从业人员、保险经纪从业人员和保险公估从业人员。

中国银行保险监督管理委员会是保险业从业人员的官方管理机构。除此之外，还有中国保险行业协会（以下简称“保险业协会”）。保险业协会成立于2001年2月23日，是中国保险业的全国性自律组织，是自愿结成的非营利性社会团体法人，保险业协会的业务主管单位是中国银行保险监督管理委员会，登记管理机关是中华人民共和国民政部。根据《中华人民共和国保险法》第一百八十二条的规定“保险公司应当加入保险行业协会。保险代理人、保险经纪人、保险公估机构可以加入保险行业协会”。截至2022年6月6日，保险业协会共有会员350家，其中：保险集团（控股）公司13家，财产保险公司86家，人身保险公司93家，再保险公司14家，资产管理公司15家，保险中介机构72家，地方保险协会（含中介协会）43家，保险相关机构14家。[①]

中国银行保险监督管理委员会和中国保险行业协会，都发布了保险从业人员的职业道德规范。此以中国银行保险监督管理委员会发布的《保险中介从业人员职业道德指引》为例。

资源库3-9

关于发布保险中介从业人员职业道德指引的通知

保监发〔2004〕143号

各保险中介公司、保险公司：

为加强保险中介从业人员职业道德建设，提高保险中介队伍素质，根据《中华人民共和国保险法》及其他相关法律法规，结合保险中介从业人员的职业特点，我会制定了《保险代理从业人员职业道德指引》《保险经纪从业人员职业道德指引》和《保险公估从业人员职业道德指引》，现予发布，请遵照执行。

各保险中介公司和保险公司要根据保险中介从业人员职业道德指引以及中国保险行业协会制定的保险中介从业人员执业行为守则，制定或修改相应的内部管理办法，把保险中介从业人员职业道德指引的要求落到实处。

执行过程中如有问题，请及时反馈我会。

特此通知。

---

① 中国保险行业协会.中国保险行业协会简介［EB/OL］.http：//www.iachina.cn/col/col12/index.html.

附件：1.保险代理从业人员职业道德指引
2.保险经纪从业人员职业道德指引
3.保险公估从业人员职业道德指引

二〇〇四年十二月二日

附件1：

保险代理从业人员职业道德指引

为保护投保人和被保险人的利益，提高保险代理从业人员的职业道德水准，促进保险业的健康发展，制定本指引。

本指引所称保险代理从业人员是指接受保险公司委托从事保险代理业务的人员或者在保险专业代理机构和保险兼业代理机构中从事保险代理业务的人员。

保险代理从业人员在执业活动中应当做到：守法遵规、诚实信用、专业胜任、客户至上、勤勉尽责、公平竞争、保守秘密。

一、守法遵规

1.以《中华人民共和国保险法》为行为准绳，遵守有关法律和行政法规，遵守社会公德。

2.遵守保险监管部门的相关规章和规范性文件，服从保险监管部门的监督与管理。

3.遵守保险行业自律组织的规则。

4.遵守所属机构的管理规定。

二、诚实信用

5.在执业活动的各个方面和各个环节中恪守诚实信用原则。

6.在执业活动中主动出示法定执业证件并将本人或所属机构与保险公司的关系如实告知客户。

7.客观、全面地向客户介绍有关保险产品与服务的信息，不误导客户；如实告知所属机构与投保有关的客户信息。

8.向客户推荐的保险产品应符合客户的需求，不强迫或诱骗客户购买保险产品。当客户拟购买的保险产品不适合客户需要时，应主动提示并给予适当的建议。

三、专业胜任

9.执业前取得法定资格并具备足够的专业知识与能力。

10.在执业活动中加强业务学习，不断提高业务技能。

11.参加保险监管部门、保险行业自律组织和所属机构组织的考试和持续教育，使自身能够不断适应保险市场的发展。

四、客户至上

12.为客户提供热情、周到和优质的专业服务。

13.不影响客户的正常生活和工作，言谈举止文明礼貌，时刻维护职业形象。

14.在执业活动中主动避免利益冲突。不能避免时，应向客户或所属机构作出说明，并确保客户和所属机构的利益不受损害。

五、勤勉尽责

15.秉持勤勉的工作态度，努力避免执业活动中的失误。

16.忠诚服务，不侵害所属机构利益；切实履行对所属机构的责任和义务，接受所属机构的管理。

17.不挪用、侵占保费，不擅自超越代理合同的代理权限或所属机构授权。

六、公平竞争

18.尊重竞争对手，不诋毁、贬低或负面评价保险公司、其他保险中介机构及其从业人员。

19.依靠专业技能和服务质量展开竞争，竞争手段正当、合规、合法，不借助行政力量或其他非正当手段开展业务，不向客户给予或承诺给予保险合同以外的经济利益。

20.加强同业人员间的交流与合作，实现优势互补、共同进步。

七、保守秘密

21.对客户和所属机构负有保密义务。

附件2：

保险经纪业从业人员职业道德指引

为保护投保人和被保险人的利益，提高保险经纪从业人员的职业道德水准，促进保险业的健康发展，制定本指引。

本指引所称保险经纪从业人员是指从事保险经纪业务的保险经纪机构工作人员。

保险经纪从业人员在执业活动中应当做到：守法遵规、诚实信用、专业胜任、勤勉尽责、友好合作、公平竞争、保守秘密。

一、守法遵规

1.以《中华人民共和国保险法》为行为准绳，遵守有关法律和行政法规，遵守社会公德。

2.遵守保险监管部门的相关规章和规范性文件，服从保险监管部门的监督与管理。

3.遵守保险行业自律组织的规则。

4. 遵守所属保险经纪机构的管理规定。

二、诚实信用

5. 在执业活动的各个方面和各个环节中恪守诚实信用原则。

6. 在执业活动中主动出示法定执业证件并将本人或所属保险经纪机构与保险公司的关系如实告知客户。

7. 客观、全面地向客户介绍有关保险产品与服务的信息；如实向保险公司披露与投保有关的客户信息。

三、专业胜任

8. 执业前取得法定资格并具备足够的专业知识与能力。

9. 在执业活动中加强业务学习，不断提高业务技能。

10. 参加保险监管部门、保险行业自律组织和所属保险经纪机构组织的考试和持续教育，使自身能够不断适应保险市场的发展。

四、勤勉尽责

11. 秉持勤勉的工作态度，努力避免执业活动中的失误。

12. 代表客户利益，对于客户的各项委托尽职尽责，确保客户的利益得到最好保障，且不因手续费（佣金）或服务费的高低而影响客户利益。

13. 忠诚服务，不侵害所属保险经纪机构利益；切实履行对所属保险经纪机构的责任和义务，接受所属保险经纪机构的管理。

14. 不擅自超越客户的委托范围或所属保险经纪机构的授权。

15. 在执业活动中主动避免利益冲突。不能避免时，应向客户或所属保险经纪机构作出说明，并确保客户和所属保险经纪机构的利益不受损害。

五、友好合作

16. 与保险公司、保险代理机构和保险公估机构的从业人员友好合作、共同发展。

17. 加强同业人员间的交流与合作，实现优势互补、共同进步。

六、公平竞争

18. 尊重竞争对手，不诋毁、贬低或负面评价保险公司、其他保险中介机构及其从业人员。

19. 依靠专业技能和服务质量展开竞争，竞争手段正当、合规、合法，不借助行政力量或其他非正当手段开展业务，不向客户给予或承诺给予保险合同以外的经济利益。

七、保守秘密

20. 对客户和所属保险经纪机构负有保密义务。

附件3：

保险公估从业人员职业道德指引

为保护保险合同相关各方的利益，提高保险公估从业人员的职业道德水准，促进保险业的健康发展，制定本指引。

本指引所称保险公估从业人员是指从事保险公估业务的保险公估机构工作人员。

保险公估从业人员在执业活动中应当做到：守法遵规、独立执业、专业胜任、客观公正、勤勉尽责、友好合作、公平竞争、保守秘密。

一、守法遵规

1.以《中华人民共和国保险法》为行为准绳，遵守有关法律和行政法规，遵守社会公德。

2.遵守保险监管部门的相关规章和规范性文件，服从保险监管部门的监督与管理。

3.遵守保险行业自律组织的规则。

4.遵守所属保险公估机构的管理规定。

二、独立执业

5.在执业活动中保持独立性，不接受不当利益，不屈从于外界压力，不因外界干扰而影响专业判断，不因自身利益而使独立性受到损害。

三、专业胜任

6.执业前取得法定资格并具备足够的专业知识与能力。

7.在执业活动中加强业务学习，不断提高业务技能。

8.参加保险监管部门、保险行业自律组织和所属保险公估机构组织的考试和持续教育，使自身能够不断适应保险市场的发展。

四、客观公正

9.在执业活动中以客观事实为根据，采用科学、专业、合理的技术手段，得出公正合理的结论。

五、勤勉尽责

10.秉持勤勉的工作态度，努力避免执业活动中的失误。

11.对于委托人的各项委托尽职尽责，不因公估服务费用的高低而影响公估服务的公正性和质量。

12.忠诚服务，不侵害所属保险公估机构利益；切实履行对所属保险公估机构的责任和义务，接受所属保险公估机构的管理。

六、友好合作

13.在执业活动中与保险人、被保险人等有关各方友好合作，确保执业活动的顺利开展。

14.与保险公司、保险经纪机构和保险代理机构的从业人员友好合作、共同发展。

15.加强同业人员间的交流与合作，实现优势互补、共同进步。

七、公平竞争

16.尊重竞争对手，不诋毁、贬低或负面评价保险公司、其他保险中介机构及其从业人员。

17.依靠专业技能和服务质量展开竞争，竞争手段正当、合规、合法，不借助行政力量或其他非正当手段开展业务，不向客户给予或承诺给予不正当的经济利益。

八、保守秘密

18.对执业活动中的相关各方以及所属保险公估机构负有保密义务。

三、工商管理行业从业人员职业道德规范

（一）会展行业职业道德规范

会展，是指会议、展览、大型活动等集体性的商业或非商业活动的简称。狭义的会展仅指展览会和会议；广义的会展是会议、展览会、节事活动和各类产业或行业相关展览的统称。会议、展览会、博览会、交易会、展销会、展示会等都是会展活动的基本形式。世界博览会是最典型的会展活动。

国外专家认为，会展产业对相关产业具有1∶9的拉动作用，会展不仅能带来巨大的经济效益，更重要的是还能带来巨大的社会效益。因此，会展产业受到很多国家和城市的重视。在国内，会展产业近几年才高速发展起来。国内正式提出会展产业的时间在1998年至1999年之间。

目前，我国最大的会展联盟是中国城市会议展览业协会联盟（China Union of City Convention and Exhibition Industry Associations，CUCCEIA），成立于2013年10月26日，是全国地（厅）级以上城市（各城市会展协会是在各地民政局正式注册的机构）会展业社团法人机构的联盟体。在此联盟成立之前，全国地方省市已经成立地方会展行业协会。会展业发展得最早、最好的地区集中在珠三角地区，而广州又是会展业发展得最早、最为成熟及成功的地区。此以广州会展协会为例，介绍其发布的《广州市会展行业协会自律公约》（试行），自2006年2月1日实施。[①]

① 广州会展协会.广州会展行业协会自律公约（试行）[EB/OL].http://www.gzceia.com/index.php?a=show&m=Article&id=50.

资源库3-10

广州市会展业行业协会自律公约（试行）

第一章 总 则

第一条 为进一步规范展览市场的秩序，维护展览企业、展商、客商的合法权益，遏制不正当竞争行为，加强行业自律，营造公平竞争的市场环境，促进会展业健康、有序、快速发展，依照有关法律法规和会展业行业协会章程，特制定本《自律公约》。

第二条 本《自律公约》是会展业行业协会会员单位的自律规定，适用于会展行业的一切会议、展览活动。凡从事与会议展览业有关的企业、团体和个人亦应自觉遵守本公约。

第三条 本《自律公约》由会展业行业协会理事会负责制定并组织实施、监督、检查和管理。

第二章 依法经营、合法办展

第四条 严格遵守国家法律法规，自觉执行国家有关政策和政府有关规章制度，依法规范企业行为。

第五条 认真执行国家物价政策，实行公平竞争，合理定价，坚决禁止哄抬或低价倾销展位等不正当竞争行为，自觉维护展览市场秩序。

第六条 办展、组展、招展的广告应真实、合法、有效，严格执行《广告法》，不得进行虚假宣传和舆论误导。

第七条 提倡遵纪守法，按章办事，各司其职，自觉维护展览市场秩序。

（一）展览会主办单位对项目运行的全过程负责。

1.负责项目上报、立项，制订运作方案；

2.负责实施招展、招商及各项配套工作；

3.认真处理好展商、客商的咨询、投诉等问题；

4.承担举办展会的法律和经济责任；

5.项目结束后应及时做好书面总结及统计报表，并向会展业管理领导小组办公室和协会报送。

（二）场馆单位对主办单位负责，根据协议规定，确保高效、高质、诚信服务。

1.与主办单位签订场馆出租协议时，必须严格按照合同文本格式签订。在坚持公平、公正原则下，严格把关、认真审查主办单位的资质、资信及批文等，杜绝有损企业形象的展会进入；

2.认真履行场馆内部安全、消防等工作措施，并接受公安、消防等部门监管，确保展览会顺利进行。

3.为展览会进行配套服务的企业，必须具备经营资质和相应的资金实力，并严格按协议规定经营。

第三章　道德规范、诚信服务

第八条　提倡文明办展、诚信经营、遵守行规行约，自觉维护展览行业形象，反对弄虚作假，欺骗参展商、采购商和消费者利益的行为。

第九条　提倡同行业企业之间加强团结，相互信任，开展交流，合作共事，反对损害企业合法权益和行业形象的不道德行为。

第十条　企业之间发生矛盾和问题，应本着求大同、存小异的原则，互谅互让，协商解决，涉及行规行约的问题由协会负责协调，企业应自觉接受协会的指导、协调、监督和检查。

第四章　监督、奖励

第十一条　自觉接受政府主管部门的领导，自觉接受行业协会的监督和协调管理，自觉遵守《关于加强会展业管理的意见》规定和《行业规范》准则，遵守工商、公安、消防、海关、商检、知识产权等部门的指导。

第十二条　如有违规、违法行为，将根据国家法律法规，承担民事、刑事责任，接受有关执法部门处罚。

第十三条　协会根据章程和《行业规范》，对执行规定好的企业、好的品牌项目定期进行总结表彰。

第五章　附　则

第十四条　本公约充分代表会展企业和会员单位的利益，为全行业共同遵守的公约，是展览业对社会的承诺和行为准则。

（二）物流行业职业道德规范

物流原意为“实物分配”或“货物配送”，是供应链活动的一部分，是为了满足客户需要而对商品、服务消费，以及相关信息从产地到消费地的高效、低成本流动和储存进行的规划、实施与控制的过程。物流以仓储为中心，促进生产与市场保持同步。物流由商品的运输、配送、仓储、包装、搬运装卸、流通加工，以及相关的物流信息等环节构成。

关于物流活动的最早文献记载是在英国。1918年，英国犹尼利弗的哈姆勋爵（Harold Sidney Harmsworth，1868—1940年）成立了“即时送货股份有限公司”，目的是在全国范围内把商品及时送到批发商、零售商和用户手中。第二次世界大战期间，美国从军事需要出发，在战时军火供应中，首先采用了“物流管理”一词，并对军火的运输、补给、屯驻等进行全面管理。第二次世界大战后，“物流”被借用到企业管理中，被称作“企业物流”，指对企业的供销、运输、存储等活动进行综合管理。

物流是一个产生相对较晚的新生职业，但随着世界经济的高速发展和全球化趋势的日益突出，现代物流理论和技术已在发达国家得到了空前的应用和发展，并产生了巨大的经济效益和社会效益。面对我国加入WTO后所面临的机遇与挑战，引进和发展现代物流理论和技术，培养现代物流经营管理的高级人才，已成为当务之急。怎么培养、选拔适合行业的人才，提高物流从业人员的专业技能和职业道德水平，一直都是物流行业发展的重要关注点之一。

目前，中国物流行业的全国和地方性行业组织蓬勃发展。全国性物流行业有中国物流与采购联合会、中国物流学会等。中国物流与采购联合会是由国务院批准设立、受国务院国有资产监督管理委员会业务指导、民政部社团登记管理的具有社团法人资格的全国性行业组织，是由全国性或省区市、副省级城市物流和生产资料流通专业社团，各种经济成分的生产资料流通企业、物流企业、批发市场以及相关的科研、教学单位自愿联合组成的全国性行业组织。[①]此以河北省现代物流协会发布的《河北省物流行业自律公约》为例。

资源库3-11

河北省物流行业自律公约

河北省现代物流行业协会在2013年制定了完善的《物流行业自律公约（试行）》，并于2013年5月3日起实施。[②]具体内容如下：

第一章 总 则

第一条 为建立开放、竞争、有序、诚信的物流市场，维护物流企业和服务对象的合法权益，促进全省物流行业在公开、公平、公正的原则下，规范有序的健康发展，依据国家有关法律、法规、政策规定和河北省人民政府“关于印发《河北省行业协会发展指导意见及其实施意见》的通知”（冀政〔2005〕1号）的规定，制定河北省物流行业自律公约（以下简称“公约”）。

第二条 本公约以“诚实守信，恪守承诺，廉洁自律，秉公办事”为宗旨。

第三条 本公约适用于河北省境内所有物流企业及应用物流的企业。

---

① 中国物流与采购联合会.关于我们［EB/OL］.http：//www.chinawuliu.com.cn/about/us/.

② 河北省现代物流协会.河北省物流行业自律公约［EB/OL］. https：//www.hebeiwl.net/article/hyxx/1575.html.

第四条　河北省现代物流协会负责公约的制定、修改、实施、监督、检查和管理工作。

第二章　行业道德

第五条　坚持依法文明经商，优质服务，奉献社会，认真贯彻执行物流行业经营、服务等国家和省有关法律、法规《条例》的规定，自觉规范物流企业的经营行为。

第六条　坚持守法经营，按时交纳税费，不超范围经营。

第七条　弘扬诚信意识，重合同，守信用，不欺诈，不发布虚假信息。

第八条　提高服务意识，树立客户至上的理念，文明经商，一切为客户着想，为客户提供全方位周到服务。

第九条　树立协作意识，发挥物流经营网络效应，加强信息与资源共享，互利互惠。

第十条　物流服务收费价格坚持公开透明的原则，坚决抵制不正当竞价行为。

第十一条　严格管理，建立健全企业各项规章制度，逐步完善提高企业信息化水平，不断提高从业人员的技术水平和经营管理水平。

第十二条　增强自律意识，自觉接受社会监督，取信社会，取信客户。

第三章　行业规约

第十三条　在企业经营活动中，应遵循公开、诚实和公平竞争的原则，认真执行国家和省有关法律、法规，自觉维护物流行业的流通秩序。

第十四条　认真核实客户与供应商的信誉，不使用、不经营、不运输假冒伪劣商品和无“三证”（生产许可证、产品合格证、安全鉴定证）、“三无”（无产地、无厂名、无商标）商品。

第十五条　应主动申办经营许可证，不准无证经营，不得擅自扩大经营范围或改变经营方式。

第十六条　认真执行国家和省物价政策和价格标准，自觉维护物流业公平竞争的良好环境，不以恶意压价、抬价及回扣等手段排挤其他经营者占领市场；不以任何方式污蔑、诋毁竞争对手；不搞不正当竞争、行业垄断和欺行霸市行为。

第十七条　宣传自身形象要真实可靠，杜绝任何欺诈和误导客户的行为。

第十八条　强化安全意识，认真遵守《消防法》《交通法》等法规，严格管理化学危险品仓储和运输，不超限、不超载运输，切实做好防火、防盗、防污染等工作，确保安全仓储，安全运输。防患于未然，确保人身、商品、设备设施的安全。

第十九条　在企业经营过程中，对货物要妥善保管，文明装卸，安全运输，做到不损坏，不丢失。如损坏丢失，要按合同约定，予以补偿和赔偿。

第二十条　要严格遵守《劳动法》及国家和省有关劳动保护方面的法律、法规、规章和政策规定，签订与遵守劳动用工合同，切实维护职工的正当权益。

第二十一条　严禁托运国家禁运物资和物品。

第四章　行业管理

第二十二条　受河北省人民政府及有关部门的委托，河北省现代物流协会参与制定我省现代物流规划，重点项目谋划等相关工作。

第二十三条　受河北省发展和改革委员会和河北省统计局委托，河北省现代物流协会开展全省社会物流综合统计，负责布置、收集、整理、分析、发布物流行业统计信息及相关资料，为省政府制定产业政策提供决策依据。

第二十四条　根据中国物流与采购联合会授权，河北省现代物流协会负责对全省A、AA级物流企业资质的评审和AAA、AAAA、AAAAA级物流企业初审和评审推荐工作。

第二十五条　根据中国物流与采购联合会、中国交通运输协会的授权，与省内外大专院校及有关部门紧密结合，定期为会员单位（含非会员单位）进行物流师、职业经理（初、中、高级）培训工作。

第二十六条　组织会员企业参加国内外各种专题论坛，经贸会议等，加强物流企业间的沟通与交流，扩大合作机遇。

第二十七条　组织会员企业赴国内外进行商业，经济技术考察，帮助建立合作关系，借鉴学习国内外先进的物流管理经验，管理模式，不断提高全省物流业发展水平。

第二十八条　逐步完善能为各类物流企业和其它企业共享的信息网络平台—河北省现代物流网。

第二十九条　由省政府有关部门授权后，制定我省物流企业评优标准，开展河北省物流优秀企业、品牌企业、诚信单位、优秀企业家和劳动模范的评选工作。

第三十条　接受物流企业委托进行反倾销、反垄断、反补贴调查，提出涉及物流行业利益的意见和建议。

第三十一条　监督会员单位依法经营，对于违反协会章程和行规行约，损害消费者合法权益、参与不正当竞争，致使行业集体形象受损的会员，采取业内批评，开除会员资格等惩戒措施，对非会员单位的违法活动，建议有关行政机关依法进行处理。

第五章　规约管理

第三十二条　河北省现代物流协会秘书处负责日常接待和受理有关单位和个人的来信来访，并做好处理工作。

第三十三条　对有违规违约行为的会员单位，由河北省现代物流协会组织人员进行调查和协调，提出处理意见，凡对处理意见不服的，可提出复议意见，由协会组织人员调查后，提交会长办公会审议。

第六章　附　则

第三十四条　本公约经河北省现代物流协会理事代表大会审议通过之日起实行。

第三十五条　本公约由河北省现代物流协会负责解释。

第三十六条　本公约如有不符合国家政策法规规定的，以国家政策法规为准。

（三）资产评估职业道德规范

资产评估是专业的评估机构及其评估专业人员根据委托对不动产、动产、无形资产、企业价值、资产损失或者其他经济权益进行评定、估算，并出具评估报告的专业服务行为。

根据《国务院机构改革和职能转变方案》和《国务院关于取消和调整一批行政审批项目等事项的决定》（国发〔2014〕27号）有关取消“注册资产评估师职业资格许可”的要求，适应资产评估行业发展，将原注册资产评估师执业资格变更为资产评估师资格，人力资源社会保障部、财政部制定了《资产评估师职业资格制度暂行规定》和《资产评估师职业资格考试实施办法》。

资产评估师，通过资产评估师职业资格考试并取得职业资格证书的人员，表明其已具备从事资产评估专业岗位工作的职业能力和水平。

中国资产评估协会（以下简称“中评协”）成立于1993年12月，是资产评估行业的全国性自律组织，接受行政主管部门财政部和登记管理机关民政部的业务指导、监督，承担着《中华人民共和国资产评估法》赋予的法定职责和《中国资产评估协会章程》赋予的行业自律管理职责，参与国际评估事务。

随着中国资产评估行业的影响力不断提升，中评协积极参与国际评估事务。1995年，经外交部和财政部批准，加入国际评估准则理事会（International Valuation Standards Council，IVSC），现派代表担任管委会委员、咨询论坛工作组成员和会员资格与准则推广委员会委员。2005年，加入世界评估组织联合会（World Association of Valuation Organizations，WAVO），现派代表担任副主席。2013年，加入国际企业价值评估学会（International Institute of Business Valuers，IIBV），现派代表担任理事会成员。

2009年，加入国际财产税学会（International Property Tax Institute，IPTI），现派代表担任顾问委员会委员。2011年，作为会议召集人加入国际评估大会组织临时委员会，现派代表担任大会委员会委员。[①]

中国资产评估行业职业道德规范由中国资产评估协会制定并颁布。

资源库3-12

资产评估职业道德准则

为贯彻落实《资产评估法》，规范资产评估执业行为，保证资产评估执业质量，保护资产评估当事人合法权益和公共利益，在财政部指导下，中国资产评估协会根据《资产评估基本准则》，制定了《资产评估职业道德准则》，自2017年10月1日起施行。[②]

第一章　总　则

第一条　为规范资产评估机构及其资产评估专业人员职业道德行为，提高职业素质，维护职业形象，根据《资产评估基本准则》制定本准则。

第二条　本准则所称职业道德是指资产评估机构及其资产评估专业人员开展资产评估业务应当具备的道德品质和体现的道德行为。

第三条　资产评估机构及其资产评估专业人员开展资产评估业务，应当遵守本准则。

第二章　基本遵循

第四条　资产评估机构及其资产评估专业人员应当诚实守信，勤勉尽责，谨慎从业，坚持独立、客观、公正的原则，不得出具或者签署虚假资产评估报告或者有重大遗漏的资产评估报告。

第五条　资产评估机构及其资产评估专业人员开展资产评估业务，应当遵守法律、行政法规和资产评估准则，履行资产评估委托合同规定的义务。资产评估机构应当对本机构的资产评估专业人员遵守法律、行政法规和资产评估准则的情况进行监督。

第六条　资产评估机构及其资产评估专业人员应当自觉维护职业形象，不得从事损害职业形象的活动。

---

① 中国资产评估协会.中国资产评估协会简介［EB/OL］. http：//www.cas.org.cn/xhjs/xhjj/1da0b437304d45e19aa1e5392035dc0c.htm.

② 中国资产评估协会.资产评估职业道德准则［EB/OL］. http：//www.cas.org.cn/fgzd/pgzc/55891.htm.

第三章　专业能力

第七条　资产评估专业人员应当具备相应的评估专业知识和实践经验，能够胜任所执行的资产评估业务。

第八条　资产评估专业人员应当完成规定的继续教育，保持和提高专业能力。

第九条　资产评估机构及其资产评估专业人员应当如实声明其具有的专业能力和执业经验，不得对其专业能力和执业经验进行夸张、虚假和误导性宣传。

第十条　资产评估机构执行某项特定业务缺乏特定的专业知识和经验时，应当采取弥补措施，包括利用专家工作及相关报告等。

第四章　独立性

第十一条　资产评估机构及其资产评估专业人员开展资产评估业务，应当采取恰当措施保持独立性。资产评估机构不得受理与自身有利害关系的资产评估业务。资产评估专业人员与委托人、其他相关当事人和评估对象有利害关系的，应当回避。

第十二条　资产评估机构及其资产评估专业人员开展资产评估业务，应当识别可能影响独立性的情形，合理判断其对独立性的影响。可能影响独立性的情形通常包括资产评估机构及其资产评估专业人员或者其亲属与委托人或者其他相关当事人之间存在经济利益关联、人员关联或者业务关联。

（一）亲属是指配偶、父母、子女及其配偶。

（二）经济利益关联是指资产评估机构及其资产评估专业人员或者其亲属拥有委托人或者其他相关当事人的股权、债权、有价证券、债务，或者存在担保等可能影响独立性的经济利益关系。

（三）人员关联是指资产评估专业人员或者其亲属在委托人或者其他相关当事人担任董事、监事、高级管理人员或者其他可能对评估结论施加重大影响的特定职务。

（四）业务关联是指资产评估机构从事的不同业务之间可能存在利益输送或者利益冲突关系。

第十三条　资产评估机构不得分别接受利益冲突双方的委托，对同一评估对象进行评估。

第五章　与委托人和其他相关当事人的关系

第十四条　资产评估机构及其资产评估专业人员不得以恶性压价、支付回扣、虚假宣传，或者采用欺骗、利诱、胁迫等不正当手段招揽业务。资产评估专业人员不得私自接受委托从事资产评估业务并收取费用。

第十五条　资产评估机构及其资产评估专业人员不得利用开展业务之便，为自己或者他人谋取不正当利益，不得向委托人或者其他相关当事人索要、收受或者变相索要、收受资产评估委托合同约定以外的酬金、财物等。

第十六条　资产评估机构及其资产评估专业人员执行资产评估业务，应当保持公正的态度，以客观事实为依据，实事求是地进行分析和判断，拒绝委托人或者其他相关当事人的非法干预，不得直接以预先设定的价值作为评估结论。

第十七条　资产评估机构及其资产评估专业人员执行资产评估业务，应当与委托人进行必要沟通，提醒资产评估报告使用人正确理解评估结论。

第十八条　资产评估机构及其资产评估专业人员应当遵守保密原则，对评估活动中知悉的国家秘密、商业秘密和个人隐私予以保密，不得在保密期限内向委托人以外的第三方提供保密信息，除非得到委托人的同意或者属于法律、行政法规允许的范围。

第六章　与其他资产评估机构及资产评估专业人员的关系

第十九条　资产评估机构不得允许其他资产评估机构以本机构名义开展资产评估业务，或者冒用其他资产评估机构名义开展资产评估业务。资产评估专业人员不得签署本人未承办业务的资产评估报告，也不得允许他人以本人名义从事资产评估业务，或者冒用他人名义从事资产评估业务。

第二十条　资产评估机构及其资产评估专业人员在开展资产评估业务过程中，应当与其他资产评估专业人员保持良好的工作关系。

第二十一条　资产评估机构及其资产评估专业人员不得贬损或者诋毁其他资产评估机构及资产评估专业人员。

第七章　附　则

第二十二条　资产评估机构及其资产评估专业人员在执行资产评估业务过程中，应当指导专家和相关业务助理人员遵守本准则相关条款。

4

Part

第四章

价值塑造：财经职业道德素养

人文

“人文，是指人类社会的各种文化现象”，是人类文化中的先进部分和核心部分，即先进的价值观及其规范。其集中体现是：重视人，尊重人，关心人，爱护人。简而言之，人文，即重视人的文化。经济社会的发展不仅是单一的物质技术的更新过程，同时也是广义的人文、社会发展过程，需要文化与道德的合力推动。任何经济行为的产生都与其道德价值相关，因此，经济行为必然蕴含着对道德的思考与选择，其经济行为的客观效果必然有利于他人和社会，或损害他人和社会。

素养

如果说职业道德规范是职业道德于人的外在形式，那么，可以说，职业道德素养则是职业道德于人的内在浸润。财经职业道德素养，就是要去引导财经工作者认知和了解个人应具备的财经职业道德规范，并将其内化为自己日常行为中自然而然的一部分，形成人在职业活动中潜移默化的一种习惯，类似于吃饭穿衣的一种生物性品质。

第四章内容结构图

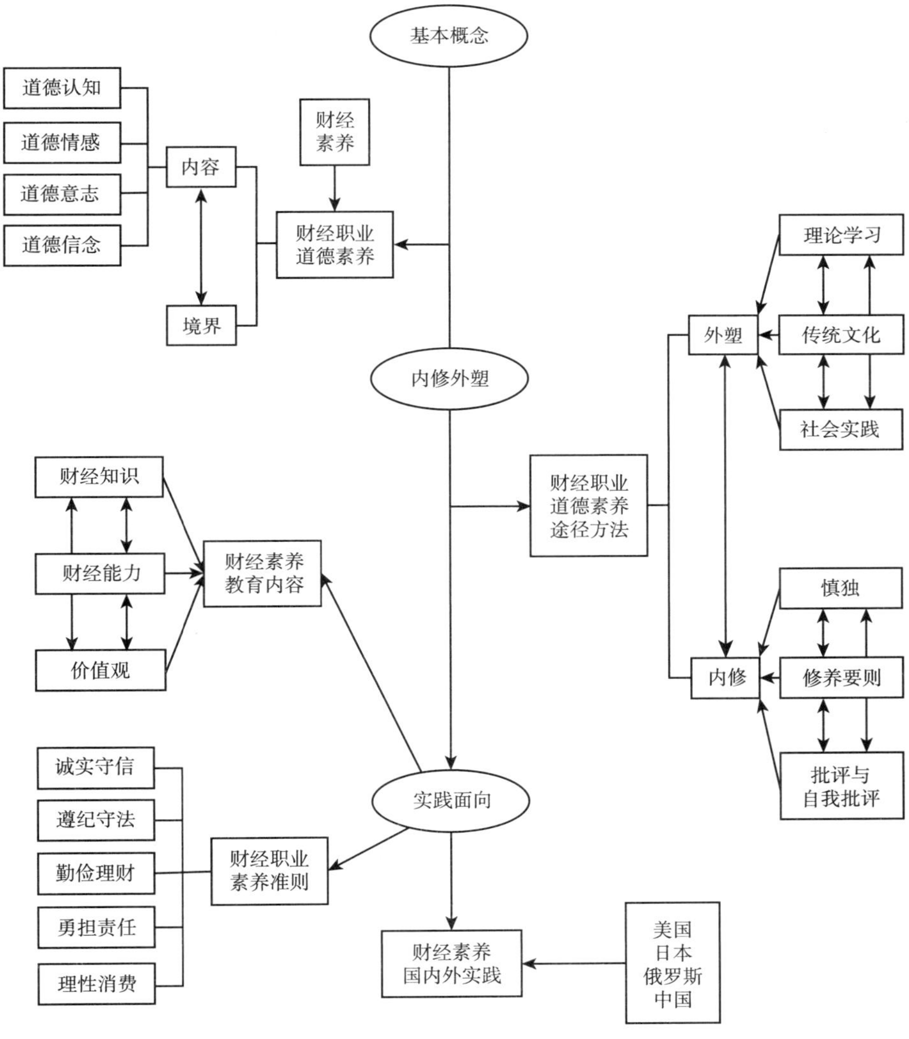

基本概念
道德认知
道德情感
道德意志
道德信念
内容
境界
财经素养
财经职业道德素养
内修外塑
理论学习
传统文化
社会实践
外塑
财经职业道德素养途径方法
慎独
修养要则
批评与自我批评
内修
财经知识
财经能力
价值观
财经素养教育内容
实践面向
诚实守信
遵纪守法
勤俭理财
勇担责任
理性消费
财经职业素养准则
财经素养国内外实践
美国
日本
俄罗斯
中国

班固
32—92年

马不伏枥，不可以趋道；士不素养，不可以重国。

——班固

爱默生
Ralph Waldo Emerson
1803—1882年

修养的本质如同人的性格，最终还是归结到道德情操这个问题上。

——［美］爱默生

第一节 基本概念：财经职业道德素养

2020年初，新冠疫情全球暴发使公众意识到，面对意外冲击，每个人都需要不断地增强风险识别和防控意识，持续提升风险管理能力，认真思考人生、健康与财富的关系。除了天灾，还有人祸。2020年4月发生的中国银行“原油宝”事件，不仅是对金融机构业务操作的一次教训，更是对公众进行投资理财所应具备的金融知识、风险意识和财经素养的一次再教育。这与其是说公众财经素养和风险意识方面的原因，不如说是财经工作人员在财经职业道德素养方面的原因。

在中国经济高质量发展过程中，人们的经济活动中出现了更加多元化的金融产品与服务，不可避免地要面对个人的财务问题，参与到社会经济生活中。因此，加强财经素养教育，提升国民的财经素养水平，具有时不我待的现实意义。

一、财经职业道德素养

（一）国外的财经素养

2022年，国际学生评估项目（PISA）界定财经素养为：个体拥有的有关经济概念与经济风险的知识与理解力，以及运用这类知识与理解力的技能、态度，其目的在于帮助个体在不同的经济环境下作出有效的决策，改进个体及社会的经济福祉，并促使个体积极参与经济生活。

该定义有三个特点：一是强调素养的发展属性。财经素养被视为一套不断扩大的金融知识、技能和策略体系，是人在一生中积累的知识、技能和策略，而非一个固定的知识与技能的数量；二是强调素养的认知过程。财经素养不仅是知识的再生产，还涉及认知和实践技能，以及态度、动机和价值观等方面的协同；三是强调素养的社会属性。财经素养测评指向的知识和技能，是指处理当代社会日常生活所需要面临的财经知识和适应未来社会发展的财经管理能力。[①]

2019年，经济合作与发展组织（Organization for Economic Cooperation and Development，

---

① 刘晶晶.PISA2022财经素养分析与测评框架：分析与启示［J］.广东第二师范学院学报，2021（4）：80-87.

OECD）再次修订并发布了PISA2022财经素养分析与测评框架。PISA2022对财经素养定义的表述，更强调非认知因素“态度”的作用，内容领域更能反映时代发展，过程领域涵盖更广，测评权重的调整体现对风险和回报、分析财经问题更重视。[①]OECD发布了PISA2022财经素养分析与测评框架如表4-1所示。

表4-1　PISA2022财经素养分析与测评框架[②]

评价领域	认知领域			非认知领域
	内容	过程	情境	
评价维度	货币和交易 认识金钱的不同形式和用途；有信心及能力处理及监察交易	识别财经信息 识别购买发票特征，或识别银行对账单上余额；使用复杂法律语言来定位；解释拖欠贷款后果的合同	教育和工作 理解工资单；计划为高等教育存钱；调查学生贷款风险；参加工作场所储蓄计划	获取信息与财经教育
	规划和理财 具备监控收入和支出的知识和能力；在短期和长期内利用收入和其他现有资源以增进财政福利的知识和能力	分析财务资料和情况 识别金融环境中的关系；识别潜在金融背景	居家和家庭 购买家庭用品；记录家庭支出并为家庭活动制定计划	获取金钱与金融产品
	风险和回报 确认风险事件的发生；理解某些固有的风险信贷和风险资本等；理解应急计划；应用知识应急；知晓相关风险和回报的金融替代品；知晓可能有未知的风险	评估财经问题 解释某些财务决策的优点和缺点；利用金融知识应用于相应的情境	个人 选择个人产品和服务；确保个人财务安全的重要性	消费态度
	金融前景 知晓监管和消费者保护的作用；有权利和责任的知识，并有能力将其应用；有理解金融环境的知识；了解财务风险和共享个人财务数据的含义；能运用对缺乏数据保护的金融风险的理解；了解和理解自己的财务决策对自己、他人和环境的影响；了解经济外部因素的影响	应用和理解财经知识 在金融环境中采取有效的行动；在复杂情况下进行简单的计算；认识到在特定环境中先检验知识的相关性	社会 了解消费者权利和责任；了解税收目的；意识到企业的商业利益；理解金融影响社会、经济和环境	消费行为

（二）国内的财经素养

中国历代思想家、教育家都非常重视素养。班固（32—92年）在《汉书·李寻传》中写道：“马不伏枥，不可以趋道；士不素养，不可以重国。”[③]宋代诗人陆游（1125—

① 刘晶晶. PISA2022财经素养分析与测评框架：分析与启示［J］.广东第二师范学院学报，2021（4）：80-87.

② OECD.PISA2022 financial literacy analytical and assessment framework［EB /OL］.https：www.oecd.org/pisa/sitedocument/PISA-2021-Financial-Literacy-Framework.pdf.

③ 张艳臣.国际化翻译教师核心素养建构研究［J］.教育评论，2019（10）：116-119.

1210年）在《上殿札子》上写道："气不素养，临事惶遽。"[①]范晔（398—445年）在《后汉书·刘表传》上写道："越有所素养者，使人示之以利，必持众来。"[②]

在现代汉语中，"素养"是"素质、修养"，是指某个体或群体从整体上对待某特定事物方面所表现出来的心理态度和行为状态的总和"[③]在某种程度上，"素养"可以理解为，个体通过后天的训练和实践而取得的能力或品质。

根据OECD对财经素养的理解和概括，中国财经素养教育协同创新中心总结素养的核心特征，将财经素养定义为"个体后天形成的知识、能力、观念和信念等内在修养。"[④]财经素养是个体在财经生活中必备的财经知识、理财技能、财富观念与信念等基础修养总和。[⑤]

中国人民大学团队提出的财经素养"三元"理论认为，财经素养被界定为财经知识、财经能力、财经价值观三者的综合体。财经素养的"三元"理论，一方面承认经济学提出的"经济人"的观点，即财经知识和财经能力有助于保障个体理性地处理财经事务；另一方面认可"社会人"的看法，财经活动往往并非单纯的个体活动，而是一种社会背景下的活动，甚至本身就是一种社会性活动，必须协调短期利益和长期利益的关系，必须考虑自身的和他人的、社会的利益之间的关系，必须遵从社会认可的财经活动的伦理规范，这些内容都属于财经价值观的范畴。关于财经价值观，可以细分为三个方面：一是理财价值观，指人们对理财活动的重视程度，属于经济人的特征；二是财富价值观，体现在人们能否超越金钱财富本身，追求其他长期的、社会性的目标；三是财经伦理观，体现在人们能否超越单纯的自利考虑，遵守财经伦理规范，在财经活动中不损害集体和社会的利益。[⑥]

综上所述，财经素养可以认为是人们在学习相关财经知识的基础上形成的，以财经意识、价值观为核心并形成良好的财经能力、做出有效财经决策的一种内在涵养。

（三）财经职业道德素养的概念

道德素养培养的目标，一是塑造道德品质，二是提高精神境界。一方面，道德

---

① 陈欢欢.改革开放以来基础教育素养观的演进与应对［J］.教学与管理，2021（03）：1-4.

② 王吉康.社会化视角下的学生核心素养探究［J］.教育导刊，2019（06）：11-15.

③ 皋洁.《经济生活》教学对高中生财经素养培养的研究［D］.江苏：苏州大学，2016.

④ 世界教育信息编辑部.财经素养教育：挑战与对策——访中国财经素养教育协同创新中心主任张男星［N］.世界教育信息，2019，32（04）：5-9.

⑤ 张男星，岳昌君.《中国财经素养教育标准框架》解读［M］.北京：科学出版社，2019：4.

⑥ 辛自强.当公民财经素养遇上共同富裕［J］.人民论坛，2022（04）：64-67.

品质是一定社会或一定阶级的道德原则和规范，在社会成员个体身上的体现和凝结，是人们在处理自己同他人、同社会集体的利益关系时，所形成的道德行为习惯。另一方面，精神境界是人们遵循一定的道德原则和观念，在处理个人与他人、个人与社会的关系中，所形成的一定的觉悟水平及思想感情和精神情操的总和。财经素养的指标框架如图4–1所示。

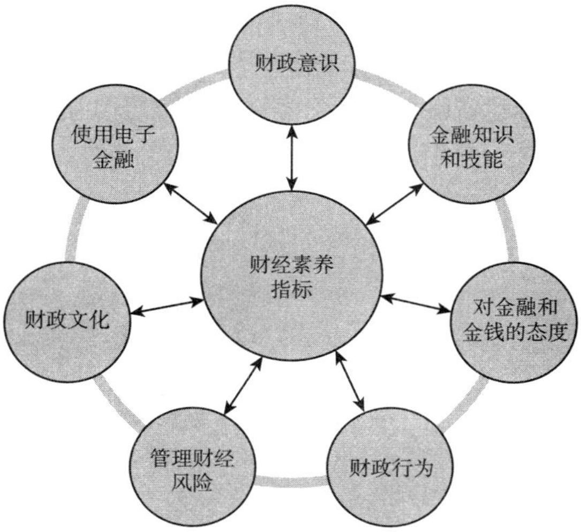

图4–1　财经素养的指标

财经职业道德素养是财经素养的一部分，主要是指财经工作者在思想意识、道德品质方面的自我教育和自我改造，是人格道德和职业道德上的素养。财经职业道德素养的形成，应按照一定的财经职业道德管理原则和规范，进行自我批评和自我解剖；同时也包括在财经实践中形成的道德情操和所达到的境界。它的实质是财经工作者在改造自己内心世界的同时，也在改造着外部世界。

财经职业道德素养是财经工作者进行自我道德教育的课堂，它直接关系到财经工作者职业道德品质的形成和提升。财经工作者有了正确的内心信念，就能在本职工作中自觉调节个人行为，使个人行为符合财经职业道德规范。同时，也将自己在社会实践中和财经职业道德教育中所形成的道德观念、道德信念和道德理想转化为道德行为，凝结成相应的道德品质。

财经职业道德素养是财经职业道德的社会作用得以顺利实现的重要基础，是财经职业道德教育的内在课堂，是财经职业道德教育的重要目标。

二、财经职业道德素养的内容

一般而言，素养的形成过程就是德育的过程，包括知、情、意、行四个方面。

在心理学理论中，“知”指的是认知、观念。认知包括感知觉、意识和注意、记忆、思维，整体是一个逐步上升、逐步整合的过程。人的认知和观念，有的是正确的、合理的，有的是不正确的、不合理的。“情”指的是情绪和情感。情绪和情感是由独特的主观体验、外部表现和生理唤醒三种成分组成。人的情绪有正性的也有负性的。“意”指的是意志。人的意志品质也各有不同，意志的本质就是人对于自身行为关系的主观反映。“行”指的是行为。人的任何一个行为都有“知、情、意”的心理活动在背后作为支撑。所以，有人形象地称“知、情、意、行”是一条“流水生产线”，行为就是这样被“生产”出来的。“知、情、意、行”就是“行为的生产线”。从这个意义上看，财经职业道德素养的内容可以从以下四个方面概括（见图4–2）。

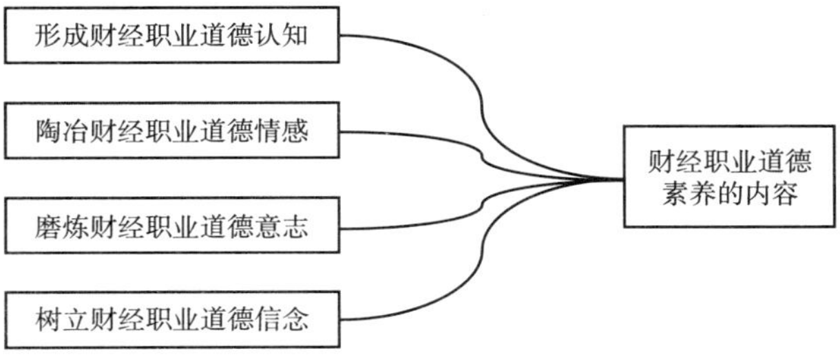

图4–2 财经职业道德素养内容

（一）形成财经职业道德认知

认知是行为的基础。中国古代哲人非常重视认知的重要性。荀子谈到他对道德的认知时说：“故心不可以不知道。心不知道，则不可道而可非道。”[①]明代张载（1020—1077年，见图4–3）则说得更直接：“穷神知化，与天为一，岂有我所能勉哉？乃盛德自致尔。”[②]他主张没有道德认知，就没有道德素养的存续状态。

图4–3 张载

从现代心理学角度看，认知是情感产生的依据，是进行意志锻炼的内在动力，是决定行为倾向的思想基础。正确的财经职业道德认知，不仅包含对财经职业道德规范本身及其必要性、合理性的理解和掌握，而且包含对现实的、复杂的职业道德境况进行正确的分析、判断、评价和选择。

① 申笑梅，王凯旋.诸子百家名言名典［M］.沈阳：沈阳出版社，2004：167.

② 韦政通.中国哲学辞典［M］.吉林：吉林出版集团有限责任公司，2009：357.

作为一名新时代的财经工作者，必须具备系统的财经职业道德的知识，以及优良的财经职业道德品质。而这种品质的形成，依赖于平时工作中的体验和总结，运用所学到的财经职业道德理论知识，联系实际工作中的经验，加强自己在工作中辨别是非、善恶的能力和自我选择行为的能力，强化自己履行财经职业道德义务的自觉性，从而提高自己的财经职业道德素养。

在财经职业道德素养的活动中，财经职业道德认知存在着多种作用，表现如下：

第一，培养财经职业道德智慧。财经工作者通过认识、内心重复和再现财经职业道德发生和发展的规律，来提高对财经职业道德的理解程度，在大量的职业活动中分清善恶和是非曲直，增强履行财经职业道德义务的自觉性。

第二，深化对财经职业道德本质的认识。财经职业道德的核心问题，是利益对待问题。在认知基础上，财经工作者将国家和人民的利益作为职业工作的出发点和归宿，才能在面对各种利益冲突时做出正确的选择，圆满地完成工作任务。

第三，深化对财经工作的责任感。财经工作在国民经济中的地位，决定了财经工作者的职业责任重大。财经工作者应将财经职业道德规范融于日常的职业行为之中，并在职业活动中身体力行，严于律己。

（二）陶冶财经职业道德情感

从心理学角度看，情感是人对客观事物的一种特殊的反映形式，是人对现实现象是否适应人为需要和社会要求而产生的体验。情感具有两极性的特点，如肯定与否定、积极与消极、紧张与轻松、活动与平静、爱与恨、愉快与悲伤、急躁与安静、激情与平稳，都是两极性不同的表现。同时个体情境在向外界传达过程中，情感便具有了社会性、情境性、感染性等特点（见图4–4）。

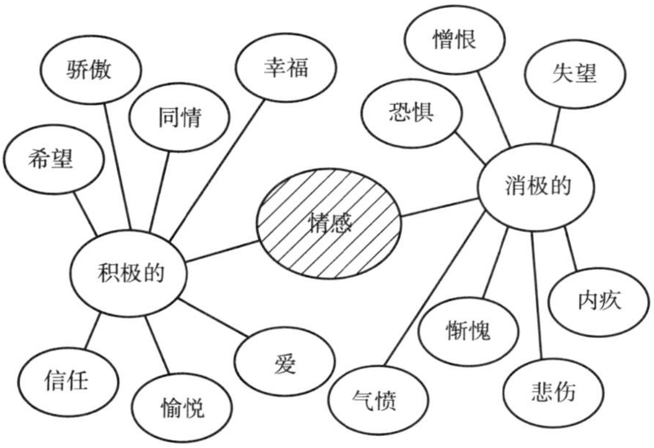

图4–4　情感的两极性

财经职业道德情感，是指财经工作者在心理上对特定职业所要求的道德要求和道德义务产生的感情，是财经工作者在职业道德认知的基础上，在处理人们的相互关系、评价某种行为时，对财经职业道德的要求、义务所产生的内心体验和心理感受。[①]财经工作者的财经职业道德情感包括爱国主义情感、集体主义情感、职业义务感、责任感、正义感、荣誉感等。

有了这些情感，财经工作者在履行财经职业道德义务的过程中，才能时刻想人民所想，通过自己的努力工作，最大限度地满足人民的需要，杜绝以权易钱的现象，否则履行职业道德义务就会显得很勉强，“情不自禁”地做出与职业道德认知相反的事。职业道德准则通过外在的强制约束财经工作者，一个财经工作者如果仅仅明确财经职业道德的规范要求，而没有把这种准则内化为自己内心信念的话，是不会自觉地履行职业道德要求的。因此，财经工作者一定要以各种形式培养自己的职业道德情感。

（三）磨炼财经职业道德意志

道德意志是人们自觉地调节行动去克服困难，以实现预定目的的心理过程。道德意志有下列三个特点：

第一，道德意志有明确的目的性。

第二，与克服困难相联系。困难有外部和内部两种困难，内部困难，主要是指存在于思想中的困难，常常会遇到某些人情绪状态的干扰的矛盾，有时还包含着或大或小的自我利益牺牲，当个人欲念上升或情绪状态紊乱时，也会出现犹豫、彷徨，发生矛盾和冲突。外部困难，是指人们在行动中遇到的客观条件的障碍。如遇到各种违反政策规定、不实事求是核算、不正确处理国家、集体、个人三者利益关系、邪恶势力的阻挠、错误舆论的非难、亲友的责备和埋怨等各个方面的阻力困难等。

第三，对行动具有直接的支配作用，包括激励和克制两个方面。当面临这些主客观困难时，如果没有财经职业道德意志，就可能在行为选择时放弃正确的初衷，在行为过程中畏惧不前，或者弃义变节。财经职业道德意志就是财经工作按照财经职业道德的原则和规范，在履行其义务的过程中表现出来的自觉克服困难和障碍的能力和毅力。拥有自制、独立、顽强的职业道德意志，是财经工作者职业道德素养高低的重要标志。[②]

（四）树立财经职业道德信念

信念，是指人们对某种观点、原则和理想等所形成的内心的真挚信仰。财经职业道德信念是对财经职业道德义务等要求，有了自觉的认识之后，形成发自内心的一种坚定的信念和责任感。这是财经工作者在接受财经职业道德教育和工作实践的

①② 刘家林.财经职业道德（第二版）[M].北京：经济科学出版社，2007：107.

基础上，逐步达到相应的道德认知、道德情感和道德意志的有机统一。

作为一名财经工作者，树立坚定的财经职业道德信念非常重要。外在的强制不是稳定持久的，而内心的信念一旦形成，就具有稳定性、持久性和一贯性的特点。一名财经工作者只有树立起坚定的财经职业道德信念，才会自觉地按照职业道德规范，去从事自己的工作，履行自己的义务。

树立坚定的财经职业道德信念，除通过努力学习、形成正确的人生观和价值观外，还可以效法财经战线上的模范人物，自觉将财经职业道德信念看作是自己职业工作的精神支柱。

资源库4-1

慈善家田家炳①

田家炳（1919—2018年，见图4-5），男，祖籍广东梅州，香港企业家、慈善家，田家炳基金会创办人，被誉为“中国百校之父”。

田家炳早年在越南经商，后转赴印度尼西亚经营橡胶工业；1958年移居中国香港，创办田氏化工厂有限公司；历任京华银行董事、新安企业公司及华安置业建筑公司董事长、田氏塑料厂有限公司董事长、田化化工工厂有限公司总经理、田家炳基金会董事会主席；2018年7月10日去世，享年99岁。

图4-5　田家炳

截至2018年7月，田家炳在中国范围内已累计捐助了93所大学、166所中学、41所小学、约20所专业学校及幼儿园，捐建乡村学校图书室1800余间、医院29所、桥梁及道路近130座，以及其他文娱民生项目200多个。

田老先生一生艰辛创业，生活简朴，诚信为人，热心慈善事业，更是重视教育捐赠，为国家的教育事业做出巨大的贡献，为我辈之楷模。

思考

1. 你曾经在校园中见到过“田家炳”的名字吗？
2. 你是否直接或间接地从田家炳的捐助中受益呢？

---

① 应望江，刘红宇.大学财经素养教育［M］.北京：中国财政经济出版社，2020：52.

三、财经职业道德素养的境界

境界，是指事物所达到的程度、层次或表现的情况。在我国西汉时期，“境界”一词就开始使用，起初是指疆界、地域，后引申为人们所处的境况。

而“境界”作为思想修养的一个概念，始于佛教。传入中国以后，被佛教理解为每个人对佛经的造诣和理解的不同程度，正所谓“斯文宏深，非我境界”。魏晋时期，人们开始把诗文、立意、造诣的高低、深浅也称为“境界”。“境界”这一概念就被广泛运用于文学、艺术、政治和伦理道德等各个领域。[①]

财经职业道德素养的境界，就是指财经工作者在社会生活和财经实践工作中，在按照财经职业道德规范去行动的过程中所形成的道德觉悟水平，以及由这种道德觉悟水平所表现出来的思想感情和情操。不同的财经工作者，在不同的时间和不同的岗位，因种种主观或客观因素的不同，在职业道德素养的方面有着不同的表现程度。每个财经工作者，所受教育程度不同和自我素养程度不同，他们所达到的道德境界，也会存在较大的差别。但是，不论主客观状况如何，每个财经工作者都必须努力提高自己的职业道德素养，争取达到更高层次的境界，才能适应社会发展的需要。

根据财经工作者对待本职工作的不同态度，财经职业道德素养境界大致可分为如下三个层次（见图4–6）：

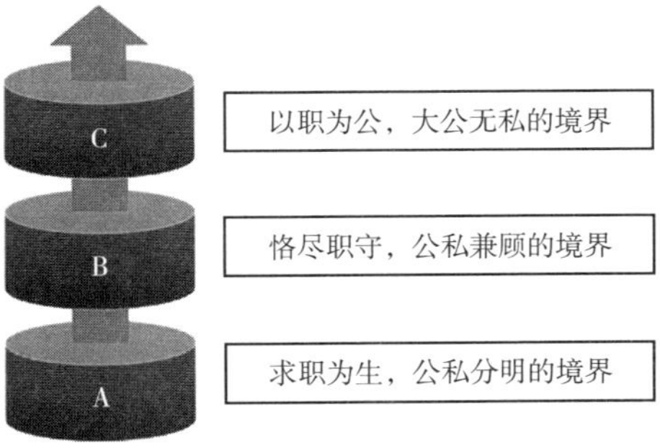

图4–6 财经职业道德素养的境界

（一）求职为生、公私分明的境界

职业不仅是人们维持生计的一个重要方式，又是实现个人价值、展示个人抱负的媒介。毕竟，一个人不仅要生存，而且要使生命更加有意义。如一位哲人所说：

---

① 叶陈刚，吴卫星，张建军. 商业伦理与会计职业道德［M］. 大连：东北财经大学出版社，2019：395.

动物为了生存，而人则是为了生活。生存与生活的本质区别就是能否有意识地使生命更加有意义。

以求职为生、达到公私分明的境界，是财经工作者最起码的道德素养境界。对财经工作者来说，在道德素养方面达到这种境界，只能说其将财经工作作为自己维持生计的职业：在工作过程中，公私分明，这属于那种生活“被迫无奈”，工作“但求无过”的类型，这种人又无异于工作的“机器”。[①]

在“雇佣型”财经职业道德境界下，财经工作者用雇佣观点来对待自己的本职工作，看待本职工作中人与人之间的关系。这类人员一般将财经工作看作谋生的手段，不主动发挥自己的知识和技能，只求得到理想的工作和报酬。在“雇佣型”财经工作者的道德意识和行为中，社会的道德检查与评价和自我的道德检查与评价存在着矛盾。社会对财经工作者的道德期望较高，而财经工作者对自身的道德要求容易得到满足。

我们每一个人在将职业当作维持生计方式的同时，还要将职业当作施展自己才华的场所，当作为人民服务最直接的方式，尽自己的最大努力实现自己的人生价值，为集体，也为国家的建设做出贡献。在道德素养方面，“求职为生、公私分明”的财经工作者，要端正自己对职业的片面看法，不断提高自己的职业道德境界。

（二）恪尽职守、公私兼顾的境界

恪尽职守、公私兼顾的境界，是指财经工作者能够扎扎实实工作，并能做到正确处理个人利益与集体和国家利益的关系，个人应始终服从国家和集体。同时，个人的利益也应该得以维护。

这种“尽职型”财经职业道德境界的财经工作者，以做好分派给自己的财经工作作为最高的追求。他们缺乏远大的道德理想，不能自觉地认识到自己所从事的工作是社会主义事业的一部分。当个人利益与国家、人民的整体利益一致时，他们会认真工作；一旦两者利益出现矛盾，他们就会动摇、退却，这时也正好可以检验他们财经职业道德素养的深浅程度。

“尽职型”财经工作者在开展财经职业道德自我检查与评价时，会考虑公众利益，但更多的是考虑个人利益。他们会尽可能做到对自我的道德要求符合社会的道德要求，并且力争其个人的财经行为受到社会道德检查与评价的肯定、鼓励和表扬，他们的财经职业道德境界有待提高。

① 刘家林.财经职业道德（第二版）[M].北京：经济科学出版社，2007：109.

（三）以职为公、大公无私的境界

“大公无私”是中国传统社会中一种颇具代表性的公共精神，并且始终被视为个体应该拥有的一种高尚品格。蔺相如（约前315—前247年）“以先国家之急而后私仇也”而忍辱谦让于廉颇（约前305—前230年）；抗击匈奴的西汉名将霍去病（前140—前117年）以“匈奴不灭，无以家为”而光耀于汉庭等。

“天下为公”“大公无私”的精神追求，成为优秀知识分子乃至各阶层成员的一种精神情结，影响着中国社会的变革与发展。它既是古代政治思想家对理想政治人物的最高期许，也是中国共产党人坚持以人民为中心、全心全意为人民服务的最好写照。“大公无私”属于社会主义道德修养的范畴，也是道德修养的最高境界。在我国长期的革命斗争中，老一辈无产阶级革命家抛头颅，洒热血，为了国家的昌盛和民族的解放，不惜牺牲自己的一切甚至生命。他们心中想到的是国家，想到的是人民，这就是一种大公无私的境界。

作为社会主义市场经济条件下的财经工作者，应以此为追求的目标，不断提高思想道德素养境界。在本职工作中始终做到工作第一，他人第一，全心全意为人民服务。能从大局出发，摆正并正确处理个人与集体的关系，能从他人和社会利益出发，提出财经职业道德的自我要求，全身心投入财经工作，自觉地使自己的财经职业道德行为符合社会和公众的要求。在这种情况下，财经职业道德的自我检查与评价和社会检查与评价才能达到统一，财经职业道德教育才能收到成效。

以上分析表明，三个层次的财经职业道德素养境界是递进的，而不是并列的。每个财经工作者都可以从较低层次的职业道德素养境界向较高层次的职业道德素养境界转化。财经职业道德素养境界推行的目的是，推进财经工作者从低境界向高境界转化，然后继续向“献身型”境界转化和升华。

同时我们应该看到，财经职业道德素养境界是有止境的，又是无止境的。一方面它要受历史条件和财经实践的限制，另一方面它又要随历史条件、社会生产力和财经实践的不断发展而发展。因此，每个财经工作者都不能满足于已经达到的道德境界，要在社会生活和财经实践中不断提高自己财经职业道德素养的自觉性，向更高的财经职业道德境界迈进。只有不断地学习和工作，切实提高个人思想政治觉悟，追求更高的思想道德境界，发扬全心全意为人民服务的精神，才能将自己锻炼成为具有高尚道德情操的财经工作者。[①]

---

① 叶陈刚，吴卫星，张建军.商业伦理与会计职业道德［M］.大连：东北财经大学出版社，2019：396.

资源库4-2

人生的境界①

冯友兰

我在《新原人》一书中曾说，人与其他动物的不同，在于人做某事时，他了解他在做什么，并且自觉地在做。正是这种觉解，使他正在做的事对于他有了意义。他做各种事，有各种意义，各种意义合成一个整体，就构成他的人生境界。如此构成各人的人生境界，这是我的说法。不同的人可能做相同的事，但是各人的觉解程度不同，所做的事对于他们也就各有不同的意义。每个人各有自己的人生境界，与其他任何个人的都不完全相同。若是不管这些个人的差异，我们可以把各种不同的人生境界划分为四个等级。从最低的说起，它们是：自然境界，功利境界，道德境界，天地境界。

一个人做事，可能只是顺着他的本能或其社会的风俗习惯。就像小孩和原始人那样，他做他所做的事，然而并无觉解，或不甚觉解。这样，他所做的事，对于他就没有意义，或很少意义。他的人生境界，就是我所说的自然境界。

一个人可能意识到他自己，为自己而做各种事。这并不意味着他必然是不道德的人。他可以做些事，其后果有利于他人，其动机则是利己的。所以他所做的各种事，对于他，有功利的意义。他的人生境界，就是我所说的功利境界。

还有的人，可能了解到社会的存在，他是社会的一员。这个社会是一个整体，他是这个整体的一部分。有这种觉解，他就为社会的利益做各种事，或如儒家所说，他做事是为了“正其义不谋其利”。他真正是有道德的人，他所做的都是符合严格的道德意义的道德行为。他所做的各种事都有道德的意义。所以他的人生境界，是我所说的道德境界。

最后，一个人可能了解到超乎社会整体之上，还有一个更大的整体，即宇宙。他不仅是社会的一员，同时还是宇宙的一员。他是社会组织的公民，同时还是孟子所说的“天民”。有这种觉解，他就为宇宙的利益而做各种事。他了解他所做的事的意义，自觉地正在做他所做的事。这种觉解为他构成了最高的人生境界，就是我所说的天地境界。

这四种人生境界之中，自然境界、功利境界的人，是人现在就是的人；道德境界、天地境界的人，是人应该成为的人。前两者是自然的产物，后两者是精神的创造。自然境界最低，往上是功利境界，再往上是道德境界，最后是天

---

① 冯友兰.人生的境界［J］.教育，2016（41）：76.

地境界。它们之所以如此，是由于自然境界，几乎不需要觉解；功利境界、道德境界，需要较多的觉解；天地境界则需要最多的觉解。道德境界有道德价值，天地境界有超道德价值。

思考

1. 我们每个人可能都会有这四种境界，请举例给大家分享自己日常生活中的四种境界。

2. 谈谈是哪些因素没有使我们在上述例子中进入最高的境界。

第二节 内修外塑：财经职业道德素养的养成

不断提高财经职业道德素养，不仅是个体的自我诉求，更是个体对国家的一份责任。财经职业道德素养的养成，重在引导财经工作者超越“小我”形成“大我”，突破个人的利益算计，充分认识与理解国家乃至世界经济活动，知晓个人财务与国家安全发展之间的关系，进而形成有助于个体、家庭、国家经济安全与稳定发展的大财富观。

从现实情况看，财经工作者的职业道德素养尚有欠缺的方面。为此，我们要引导财经工作者在财经活动中，学会处理人与人、人与社会、人与国家的经济和道德关系，在今天与明天的价值权衡中做出符合理性和德性的取舍，将财富与个人的幸福生活、个体的国家社会责任统一起来，形成具有中国优秀文化底蕴和符合国家现代化要求的财经职业道德素养结构，优化与提升个体的综合素质。

一、财经职业道德素养的外塑途径

财经职业道德是财经工作者在平时工作中应该遵守的一系列规范。要把这些规范内化为财经工作者的行为习惯，则需要一定的途径。好的途径，可以促进财经工作者职业道德素养的提高；反之，错误的方法，则可能起反作用，使财经工作者的职业道德素养偏离方向，达不到提高素养的目的。财经职业道德素养的外塑途径主要通过以下三个方面开展（见图4–7）。

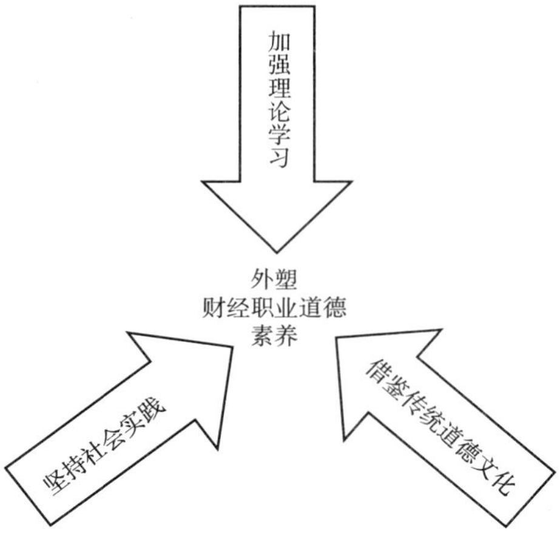

图4-7 提高财经职业道德素养的途径

（一）加强理论学习

人们对自身行为的选择过程，就是理论付诸实践的过程。提升财经职业道德素养的能力，就要考察素养理论与行为选择之间的关系。通常，选择高尚的动机，一般就会导致高尚的行为；反之，则会导致不良甚至邪恶的行为。因此，培育和完善财经职业道德素养，首先要提高理论学习，以使其能够更合理地把握自身的行为（见图4-8）。

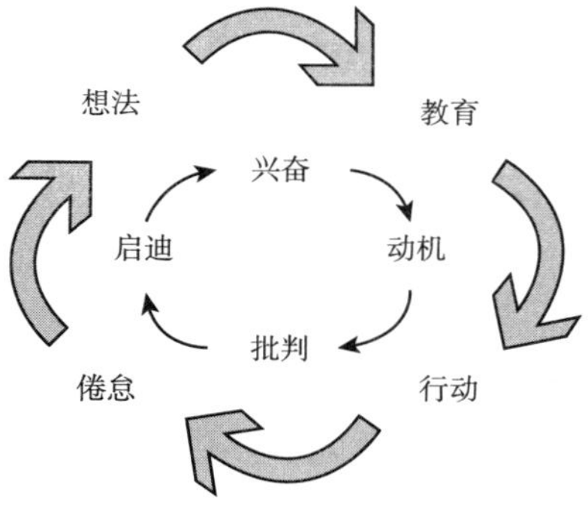

图4-8 人类从思想到行为的循环

作为新时代中国特色社会主义的财经工作者，我们应该时刻不忘学习马列主义、毛泽东思想、邓小平理论、"三个代表"重要思想、科学发展观、习近平新时代中国特色社会主义思想。通过学习这些理论，真正懂得社会主义财经职业道德的基本原则、规范和要求，增强自身财经职业道德素养的理论性和科学性，产生"知是行动的先导"效应。[①]用马列主义的基本原理、立场、世界观和方法论，来武装我们的头

① 杨建国.财经职业道德概论［M］.四川：西南财经大学出版社，2011：102.

脑，认清社会发展的规律，正确看待社会前进发展中的各种问题，不被纷纭复杂的社会现象所迷惑。

毛泽东思想和中国特色社会主义理论作为马列主义的一个重要组成部分，是财经职业道德素养教育工作的指导思想。目前，中国改革开放的步伐更加快速，西方一些“唯利是图”和“金钱万能”等思想渐渐渗透到中国的财经工作领域，有些财经工作者抵制不了诱惑从而走上了犯罪的不归路。试想，一个连社会主义道德原则都无法坚持的财经工作者，谈何去提升道德素养呢？

当前，要认真学习习近平新时代中国特色社会主义理论，以此来武装我们的头脑，树立新时代中国特色社会主义的崇高道德理想，培育和践行社会主义核心价值观，做到爱国、敬业、诚信、友善，增强为发展社会主义市场经济做好财经工作的道德责任感，牢牢掌握住“忠诚于人民的财经事业，服务于人民生活”这一财经职业道德基本原则和各项规范，以良好的职业道德品质和行为在财经事业上为人民做出新的贡献。

除了加强政治理论学习，财经工作者还应认真学习社会主义财经职业道德理论。通过学习财经职业道德理论，才可以做出财经职业道德行为的正确选择，并自觉地思考或评判自身职业行为的善与恶、真与假、美与丑，以及审视职责内心，从而鞭策自己实现财经职业道德并逐步走向更高的理想境界。反之，如果不熟悉财经职业道德理论，就会在财经职业道德素养的目标和方向上迷失，最终导致财经职业道德素养的培育目标不能实现。

除了个人，某些财经部门只注重工作人员业务能力的提高，而忽视财经职业道德理论的学习，这势必影响财经工作者道德水平的全面提高和发展。同时，新时代的改革开放为职业道德增加了新内容，提出了新要求。所以，财经工作者必须认真学习政治理论，在正确思想的指导下，不断提高财经职业道德水平，增强拒腐力，正确处理个人与集体、与社会的关系，把社会主义与共产主义道德原则和规范变成内在的道德情感和道德观念，从而形成良好的职业道德品德。

（二）坚持社会实践

实践是认识产生的基础。用实践所产生的认识再来指导实践，并在实践中得到检验。职业道德也是如此，只有在实践中才能得到检验，并转化为实际行动。

古代哲学家和伦理学家曾提出“反身实践”“躬行践履”等词语，侧重于指个人的闭门“修养”，不同程度地忽视了社会实践在道德素养中的作用。马克思主义认为，由于人们的道德品质不是先天所固有，而是后天形成的。所以离开社会实践，道德品质就失去了真正的含义，而且人们的道德品质素养是随着社会的发展而不断发展的。[①]

① 刘家林.财经职业道德（第二版）[M].北京：经济科学出版社，2007：111.

1. 必须重视理论与实践相结合

第一，只有坚持实践，才能贯彻理论联系实际的原则。社会主义职业道德最突出的特点是知与行的有机统一，优良职业道德品质的形成，不仅要有对职业道德有清楚的认识，更重要的是要在行动上将这种认识变成行为习惯。这一特点决定了社会主义财经道德素养必须与财经工作的实践相结合。一名财经工作者掌握社会主义道德的理论无疑很重要，但如果不把这些道德理论付诸职业实践活动，这些理论也就失去了存在的必要，就谈不上个人的道德素养。①

第二，只有在实践中才能改造自己错误的道德观念，形成正确的道德观念。人们只有在改造客观世界的实践中，才能改造主观世界。离开改造客观世界的实践活动，把自己关在温室暖房中，不见世面，不接触社会，对人们的是非善恶就无从判断。财经工作者只有在同其他同事、服务对象和社会的接触联系中，才能辨别道德行为和不道德行为，摒弃各种不道德的思想和行为，并逐渐正确地认识自己。

第三，社会主义财经道德素养随着财经实践活动的深入和发展而不断地提高。财经道德素养是一个从认识到实践、再由实践到认识的长期艰苦过程。财经工作者只有把所掌握的道德知识付诸财经管理实践中，在实践中形成相应的道德意志和信念，转化为道德行为习惯，并在对自己的思想和行为进行对照、检查、反省的基础上得出新的道德认识，再运用到职业实践活动中去。通过如此循环往复的过程，才能使自己的道德品质不断得到提高和完善。否则，财经道德素养便成了毫无目的和毫无意义的一句空话，陷入唯心主义“闭门思过”的泥坑。

2. 必须在实践中形塑职业道德素养

第一，扎实积累财经工作业务知识。财经工作是一项政策性、综合性和专业性很强的职业工作。在从事这个职业的时候，财经工作者必须有着足够的专业知识储备，否则，就会在工作中寸步难行，甚至被淘汰。在当今科学技术突飞猛进发展的时代，尤其要加快知识的自觉更新，除学习财经政策法规外，还要学习财经业务知识，提高政策理论水平和业务管理能力，以增强为人民服务的本领，促进其良好财经职业道德的完善。

第二，学习先进模范人物事迹。不管从事何种职业，处于何种岗位，都会有人兢兢业业，做出巨大贡献，成为大家学习的榜样；有的秉公执法，铁面无私，维护了财经纪律；有的几十年如一日，扎根山区默默奉献；有的坚持原则，无私无畏，不怕报复，敢同邪恶做斗争。这些劳模人物在平凡的财经岗位上做出了不平凡的事迹，充分体现了“忠于人民财经事业”的高尚道德情操，成为后继者效法的楷模。财经工作者在平时的工作中就应该树立一个光辉的榜样，在平时的工作中，以榜样

① 刘家林.财经职业道德（第二版）[M].北京：经济科学出版社，2007：112.

的事迹激励自己，尽职尽责，向榜样虚心学习。只有这样持之以恒地不断学习，才会有收获，也才能促进自己良好道德品质的形成。

第三，严格进行自我评价。道德自我评价，是指行为者根据一定的道德标准，运用个人的内心道德信念，对自己的行为进行善恶评判并形成倾向性意见。古人所说的“吾日三省吾身”，讲的就是要经常进行道德自我评价，追问个人的良心，反省本人在道德上的得失，衡量自己的行为是否符合道德规范，严于解剖自己。

自我评价是通过财经工作者本人的内省来进行的一种自我道德修养方式。财经工作者经常对照财经职业道德标准进行自我评价，深刻反省自己的职业道德行为，可以增强遵守职业道德的自觉性，对提高自己的职业道德素质十分有利。

在自我评价过程中，财经工作者对自己符合财经职业道德规范的行为，进行自我勉励，自我肯定，在良心上获得满足；当自己的行为不为人知，或者被人误解并受到社会的不公正评价时，自我评价能给人以极大的精神安慰，使自己的良心得到平衡；当自己的行为违背了财经职业道德准则时，自我评价就应主动在良心上谴责并及时纠正自己的不道德行为。财经工作者只有在道德上时刻反省，严于律己，勇于解剖，才能达到道德修养的最高境界——“慎独”。

（三）借鉴传统道德文化

中国古代涌现出了许多具有丰富道德思想的著作，比如《道德经》《论语》《墨子》《庄子》《孟子》《荀子》《礼记》等。以儒家为代表，孔子认为，道德修养是一个人立身处世的根基，是治国安邦的重要条件，正所谓“德之不修，学之不讲，闻义不能徙，不善不能改。”[①]荀子也说过：“君子博学而日参省乎己，则知明而无过矣。”[②]以先秦儒家的“义利观”来看，“义”即道德规范；“利”指个人物质利益和社会地位。

个人利益和道德规范同等重要，个人利益不可不去考量，但道德规范也万不可丢。孔子曾说过，如有机会发财，他甚至可以去做一名市场看门人；但孔子不能容忍那些违背道德而不择手段获利的行为。他说：“不义而富且贵，于我如浮云”[③]“富与贵，是人之所欲也，不以其道得之，不处也。贫与贱，是人之所恶也，不以其道去之，不去也”。[④]他要求人们在获取利益的时候，一定要“见利思义”，一定要考虑

---

① 张广生．由仁即礼：孔子之道与中国“轴心时代突破”的特质［J］．中国人民大学学报，2021（03）：40-50.

② 王楷．论儒家义命观的二重批判性［J］．社会科学，2021（12）：25-36.

③ 孙震．半部论证治天下［M］．成都：四川文艺出版社，2019：120.

④ 林定川．孔子语录［M］．杭州：浙江工商大学出版社，2015：71.

是否符合道德标准。

此外，古代还有一些关于职业道德的示例。如官吏的职业道德（九德）："宽而栗，柔而立，愿而恭，乱而敬，扰而毅，直而温，简而廉，刚而塞，疆而义。"《尚书》中关于军人的职业道德的表述："将者，智、信、仁、勇、严。"《孙子兵法》中关于医生的职业道德的表述："疏五过，征四失。"①优秀的中国传统文化中对经济、商业领域的人的行为的论述也非常精辟，讲究公平交易、诚信不欺、崇尚节俭、反对奢靡、乐善好施、爱国济民。除此之外，还有许多古代读物的内容都浸透着儒家的道德观。《菜根谭》中，"利勿在前，德勿在后""修身重德，事业之基"。《增广贤文》中教人重义轻利，"钱财如粪土，仁义值千金""积金千两，不如明解经书"。

二、财经职业道德素养的内修路径

财经职业道德素养，深深根植于财经工作者内心理论与实践的思考和内修。从财经工作者的内心修养看，财经职业道德素养的内修路径主要有以下几种（见图4–9）：

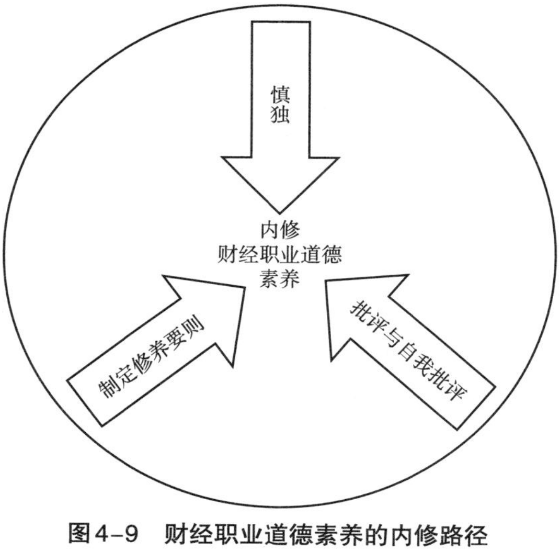

图4–9　财经职业道德素养的内修路径

（一）慎独

慎独既是一种道德修养方法，也是一种道德理想境界。"慎独"一词，源自《礼记·中庸》，"君子戒慎乎其所不睹，恐惧乎其所不闻。莫见乎隐，莫显乎微。故君

① 张曾莲.商业伦理与会计职业道德［M］.北京：经济管理出版社，2019：13.

子慎其独也”。[1]意思是说，在无人察觉、事情微小的情况下，高尚的人仍能加紧对自己行为的约束，绝不放任自己去胡作非为。[2]

财经工作者在提升其职业道德修养时，要在“隐（蔽）”和“微（小）”的地方下功夫，并将这种主动性和自觉性，看成财经职业道德修养的先决条件。在独立办公、无人监督、不为人所知的情况下，财经工作者仍要严格按照财经职业道德规范去办事，而不可做那些不可对人言的、不合道德规范的事情，保持财经工作者应有的道德情操和道德境界。

“慎独”修养有如下意义：

第一，正人先正己。现代社会正如以往的任何社会一样，良好的社会风气和不良的社会风气必定同时存在。在形形色色的“糖衣炮弹”面前，一些革命意志薄弱的财经工作者很可能会站立不稳，甚至会“打败仗”。抵御种种外邪入侵、防止自身蜕变的最有效的方法，当然是独善其行，正人先正己。“慎独”正是达到这种目的的重要手段。因此，财经工作者要学习古人“内心独省”的修养方法，“吾日三省吾身”，不为名利所诱惑，拒腐蚀永不沾，做到光明磊落，大公无私，一尘不染。

第二，知错必改。由于接受教育程度不同，财经工作者的个人自制力和鉴别力各不相同，觉悟程度不一，道德水准各异，又经常与社会各界广泛交往，因而难免受到外界不良习气的影响。“金无足赤，人无完人”“人非圣贤，孰能无过？”这些格言说明一个道理，不怕有错，就怕知错不改。财经工作者要不断增强自身的免疫力和抵抗力，培养自制能力和持久的毅力，把财经职业道德原则和规范化为自己的内心信念，并用这种信念指导自己的行动。

第三，循序渐进。财经职业道德素养的培育是一个过程，财经工作者的道德境界也有一个逐步完善的过程。“慎独”作为一种较高的道德境界，非一朝一夕所能达到，需要一个长期的、艰苦的学习锻炼过程。因此，财经工作者要从实际出发，循序渐进，“勿以善小而不为，勿以恶小而为之”，时时处处用职业道德标准严格检视自己的行为，使之符合社会主义职业道德规范。[3]财经类专业的大学生，很多都会走向未来的财经工作岗位；非财经类专业的大学生，未来也离不开纷繁复杂的社会经济活动，所以，从现在起就要养成良好的道德习惯，并厉行“慎独”的修养方法，养成良好的财经职业习惯和财经行为意识。

“慎独”虽是一种较高的道德境界，但并不是可望而不可及的。只要我们加强学习，在实践中努力提高自己的职业道德水平，就能做到“慎独”，实现财经工作者的完美人格，实现“从心所欲，不逾矩”。

---

① 编写组.儒家思想经典百句［M］.石家庄：河北人民出版社，2015：24.

② 刘家林.财经职业道德（第二版）［M］.北京：经济科学出版社，2007：112.

③ 刘家林.财经职业道德（第二版）［M］.北京：经济科学出版社，2007：113.

（二）制定修养要则

制定修养要则的做法古已有之，它符合社会的要求和人的个性特点。很多历史名人，都有自己的“座右铭”，即是个人修养要则的一种形式。

所谓修养要则，也就是自我道德修养的要领和准则，是个人加强自身修养而制定的简要计划。它常以简明扼要的条训形式，明确主张何种行为、反对何种行为，以此促进自我道德品质健康地发展，从而达到高尚的道德境界。制定修养要则，是财经工作者职业道德修养自我检查和完善的极好方法之一。财经工作者在职业实践中，根据自己工作的特点，明确规定包括义务、节操等方面的自我约法，规定以怎样的姿态和措施实现自己的修养要则，是必要的，也是可行的。

修养要则一般具有以下特点：一是针对性。即根据个人的具体情况，尤其是容易出偏差、犯错误的方面，做到有的放矢，择善而从。因此，修养要则往往具有很强的个性特点，抓住要点、力戒空泛，又“一人一面”，不尚雷同。二是简要性。修养要则的形式，一般应简明扼要，规定出修养的主要行为准则的形式，既可以正面规定出“几必须”，又可以反向规定“几不准”。三是实践性。修养要则只有化为实际行动才有意义，实践性的特点表现在躬行实践和渐入佳境两个方面。“纸上得来终觉浅，绝知此事要躬行”，只有锲而不舍地努力实践，才能不断提高自己的道德觉悟；只有循序渐进、制定切实可行的修养要则，才能由低到高地逐步提高自我道德境界，在道德修养上，不断创新，不断成就。①

（三）批评与自我批评

批评与自我批评是中国共产党的优良传统和作风之一，也是理论联系实际进行道德修养的重要方法之一。有道是“金无足赤，人无完人”，由于种种原因，每个财经工作者都难免会有这样那样的弱点、缺点和错误。正确的做法是，要敢于正视自己的不足，勇于开展批评与自我批评，严于解剖自己。

所谓批评，就是从团结的愿望出发，经过批评或者斗争，使矛盾得到解决，从而在新的基础上达到新的团结。所谓自我批评，就是根据财经道德的一定准则，对照自己的言行，自己揭露自己思想上的矛盾和问题，开展思想斗争，克服错误思想，纠正错误，使自己的言行符合党和人民的利益和要求。开展批评与自我批评既包括自我教育检查，又包括诚恳接受同志的监督和帮助。

财经工作直接或间接地与金钱和财产物资打交道，是充满诱惑的工作。目前社会上流行“向钱看”的思想，不健康的思想意识和生活方式会通过各种途径影响人

---

① 刘家林.财经职业道德（第二版）[M].北京：经济科学出版社，2007：114.

们，财经领域更是渗透的重点。为此，财经工作者要始终保持清醒的头脑，不为各种“香风毒雾”所迷惑，不为各种“糖衣炮弹”所侵袭，更要不断地自我批评、自我反省和自我警惕。

引用古人的一句话来说明这一深刻道理：“流水不腐，户枢不蠹”。对于我们，经常地检讨工作，在检讨中推广民主作风，不惧怕批评和自我批评，实现“知无不言，言无不尽，言者无罪，闻者足戒，有则改之，无则加勉”。这些对中国人民有益的格言，正是抵抗各种“政治灰尘”和“政治微生物”侵蚀思想和中国共产党的肌体的有效方法。

当然，财经工作者要通过开展批评和自我批评，不断发现和纠正自己违背财经职业道德的言行不是一件容易的事情，纠正自己的缺点错误就更加困难。财经工作者要想清除自己身上的污点，不仅要勇于而且要善于开展批评与自我批评。批评要晓之以理、动之以情，自我批评要深刻自责、毫不留情，通过“内省”和“自识”达到自我更新。

一个人往往不容易发现自己的缺点；即使发现了，认识也不一定深刻。正所谓“目能见几里之外，而不自见其眉睫。”“当局者迷，旁观者清。”“海纳百川，有容乃大。”心底无私天地宽，要想成为符合祖国和人民要求的忠诚的财经卫士，就必须知错能改，永远不停留在一个道德水平线上。

总之，财经职业道德素养的养成，是一名财经工作者必须经过的道德历程，只有不断地加强财经职业道德素养，提高财经道德境界，才能不辜负党和人民的殷切希望，成为有理想、有道德、有文化、有纪律的财经工作者。

资源库4-3

带点“辣味”的批评和自我批评才正宗[①]

习近平总书记于2014年3月18日在河南省兰考县调研指导党的群众路线教育实践活动，参加兰考县委常委扩大会议时强调，用好批评和自我批评武器，有一点“辣味”，让每个党员干部都能红红脸、出出汗。

开展党的群众路线教育实践活动，总要求之一就是“照镜子、正衣冠、洗洗澡、治治病”，把批评和自我批评开展起来。习近平总书记提出的“用好批评和自我批评武器，有一点‘辣味’，让每个党员干部都能红红脸、出出汗”这一要求，对于实现教育活动总要求，清洗思想和行为上的灰尘，具有很强的借鉴意义。

---

① 中国经济网：带点“辣味”的批评和自我批评才正宗［EB/OL］. http：//views.ce.cn/view/ent/201403/20/t20140320_2519636.shtml？ utm_source=UfqiNews.

批评与自我批评是中国共产党的三大优良作风之一，是纯洁党内生活的一剂良药。在我党历史上，每一次整风活动的开展，批评与自我批评，始终都是活动的重要内容之一。积极、健康、有益的批评和自我批评活动，对于纯洁党的队伍，改进思想作风、组织作风和工作作风，实现全党同志的思想统一和行动统一起到了重要作用，为增强党的团结、增强党的战斗力和凝聚力、实现历史性转折奠定了坚实的思想基础。

批评是善意的帮助，也是负责任的警示。因此，“正宗”的批评，必然带有一点“辣味”。如今，在有的党员干部中，批评和自我批评开展不起来，一些批评甜俗味很重，很多时候是“自我批评讲成绩，互相批评提希望”，这样的批评和自我批评听来不知是批评还是表扬。人非圣贤，孰能无过？有过不要紧，认真纠正过失就好。大量事实证明，一些党员干部之所以走上犯罪道路，一个重要原因是缺少必要的思想斗争，缺少积极的思想互助，使不良倾向因缺乏抵制而滋长蔓延，有缺点错误得不到及时的批评帮助，以致一错再错。在党的群众路线教育实践活动中，让批评与自我批评带点“辣味”，让每个党员干部都能红红脸、出出汗，这样的批评和自我批评才是正宗的，这样才能真正有利于扶正祛邪，除弊去垢，有利于保持党的先进性和纯洁性，解决思想不纯、政治不纯、组织不纯等问题。

思考

1.谈谈你所知道的焦裕禄。

2.在家里，你跟家人有过批评与自我批评吗？

第三节　实践面向：财经素养教育的开展

在经济全球化背景下，财经素养教育被视为21世纪必备的生存发展技能，越来越受到世界各国的重视。财经活动已融入人们的日常生活，人们对经济活动的参与与日俱增，随之而来的经济问题及风险也越来越多，人们对于越来越复杂的财经事务进行决策时常常面临困难。开展财经素养教育的目标，就体现在教育人们如何处理经济信息、合理使用资金、进行财务规划、规避风险等，它与个人、家庭、社会和国家的稳定、健康和发展，密切相关。

一、财经素养教育的主要内容

财经素养教育不但是知识和技能的学习，而且是思维意识和行为习惯的养成，以及价值观念和人格特质的塑造。①

财经素养教育最早起源于美国的公民教育，是以提升受教育者的财经素养为目的而开展的一种专门性的教育。财经素养教育不仅仅局限于一般意义上的财商教育、金融教育和消费观教育，而是一种集合财经知识、理财技能、财富观念和人生信念的总和教育。

财经素养教育具体包含三个方面的主要内容，一是教授财经知识，即帮助公民对财政、金融、经济、管理等领域知识进行理解与学习；二是培养财经技能，即引导公民运用相关财经知识去处理经济问题；三是形塑财经价值观，即帮助公民形成正确的财富价值观、财经思维、情感与态度（见图4-10）。

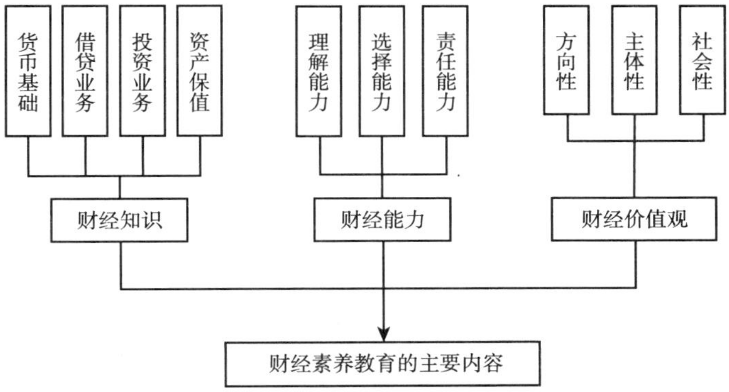

图4-10 财经素养教育模式与内容

（一）教授财经知识

财经知识教育的内容可归纳为四个方面：第一，货币知识。包括货币的时间价值、购买力、个人财务会计账户的概念。第二，借贷业务。如按揭、信用卡使用、消费贷款等。第三，投资业务。包括储蓄、股票、基金、债券等知识。第二和第三方面都属于资源和时间相互转化的方面。第四，资产保值。包括保险产品或者风险管理技术。②

通过教授和学习财经知识，能够一般性地了解每一种常见投资理财方式背后的收益和风险，以及两者之间的权衡关系，形成恰当的投资理念和风险意识，恰当地

① 徐玖平.大学生财经素养教育［M］.北京：科学出版社，2021：6.

② 孙铃，宋晓星等.财经知识的概念、结构和测量［J］.心理技术与应用，2018（08）：459-463.

分散和管理可能面临的投资风险，从而更合理地配置自己和家庭的金融资产。通常情况下，拥有更多财经知识的公民，能够表现出更为理性的财经决策，以及更多有利于获得财经福祉的行为，这可以作为衡量财经知识有效性的指标。财经知识对于公民个体行为的影响，主要表现在促使个体尝试种类丰富的财经活动，其行为决策更有计划性，更为理性。

（二）培养财经能力

财经素养教育的意义并不只是学习财经知识，更重要的是财经能力的培养，即运用财经思维，收集和筛选财经信息，识别和分析财经问题，从而能够理性地进行消费、储蓄、借贷和投资等财经决策，形成一种良好的财经行为习惯。

财经能力可以被定义为，个体在意识到可能的财务后果情况下，通过获取、理解并评估相关信息，从而做出财经决策的能力。从财经能力的定义可知，它包括三个层次：第一，理解能力，即理解并使用货币的能力；第二，选择能力，即在不同环境下能够应用财经知识的能力；第三，责任能力，即以适当的财经信心与态度，承担财经决策对于个体、家庭与社会的责任，承担社会与伦理责任的能力。①

（三）形塑财经价值观

财经价值观是个体对自己在财经活动中应遵守的价值规范的认识，是影响个体对其财经活动进行认知、评价和取舍的一种价值观念体系。财经价值观包括：对从事财经活动意愿、意义和价值等理念性财经价值的认识；对如何获得和如何使用财富等手段性财经价值的认识；对为何获取财富即财富终极意义等目的性财经价值的认识。②

1. 财经价值观具有方向性

在财经活动中，不仅要“走得远”，而且还要“走得对”。如果说财经知识与财经能力决定了个体在理财道路上能走多远，那么，财经价值观则意味着个体是否具有对待和追求财富的正确姿态，决定了个体的财经决策和行为在方向上是否合理。因此，财经价值观是财富多米诺骨牌的第一张牌，如果它倒了，财富世界就有崩塌的风险。可见，正确的价值观让财富更有价值。③

---

① 张红川.基于理性决策的财经能力：概念、结构与测量［J］.心理技术与应用，2018（06）：465–471.

② 辛志勇，于泳红，辛自强.财经价值观研究进展及其概念结构分析［J］.心理技术与应用，2018（06）：472–483.

③ 辛自强.当前财经价值观变迁中的隐忧［J］.人民论坛，2020（09）：92–94.

2. 财经价值观具有主体性

财经价值观问题是个人选择的结果，个人的主体责任不可回避，但它作为一种社会问题的存在，要求我们深刻反省其背后的成因。这种原因可能与日益泛化的商学院思维以及市场的规则属性和动力属性之间的不平衡有关，通过这些方面的深入反思和改革，方能形成培育健康财经价值观的良好土壤。追求财富本身并无不妥，但当人们将占有财物视为生活的中心，而且相信财富是一切幸福的来源，并以拥有财物的质量和数量来定义自己和他人的成功时，就形成了物质主义价值观——一种“拜物教”[①]式的、不健康的财富价值观。比如，有些人以财富多少来定义人生的成功与价值，各种炫富行为频频出现；有些人以追求奢华的生活为荣，以此来标榜自己的生活品位和社会阶层；还有一些人把财富名人作为自己疯狂追逐、模仿的目标。

3. 财经价值观具有社会性

财经素养教育关乎着国家经济社会的稳定与发展，具有深远的个人意义、社会意义和国家意义。财经素养教育是国家公民教育的重要内容，对于民众整体价值观、财富观和消费观的形塑，以及国家财富的积累和创造都具有深远意义。我们应该大力弘扬正确的财经价值观，将其作为财经素养教育的主要内容之一，作为社会主义核心价值观教育不可或缺的内容之一。帮助公民养成正确的金钱观、消费观和财富观，不以财富占有为价值追求，不沦为金钱的奴隶，而成为金钱的主人。

二、财经职业素养的道德准则

在不同的历史阶段，人的道德都会带着时代性的印记。财经素养是“立德树人”教育宗旨的时代内容，“立德”源自《左传》之“三不朽”，即“太上有立德，其次有立功，其次有立言”。其中，立言是形成思想理论，立功是对社会发展做出贡献，而立德则是言行合一的最佳状况，是对人性的综合要求，属于人生最高境界的修养。具体来讲，财经职业素养的道德准则包括以下几个方面：

（一）诚实守信

诚实守信是一个人的基本品质，我们为人处世、与人交往，要讲究诚信，即诚实守信。“诚”，就是内诚于己，诚实无欺、诚实做人、诚实做事，实事求是；“信”，就是外信于人，有信用、讲信誉、守信义。对人守信、对事负责，是诚信的基本要求。恪守信用落实到具体行动上就是一种积极负责的态度。“做老实人，办老实事”

① 拜物教：原始社会最早的宗教信仰形式之一，是指在神灵观念尚未产生之前，一些原始部族把某些特定的物体当作具有超自然能力的活物而加以崇拜。

是人们崇尚的行为准则，实实在在做事是个人得以立足、事业得以成功的保证。

1.社会领域

坚持诚实，就会赢得信任。诚实与信任是棵“并蒂莲”，诚实是获得信任的前提，对人诚实自然会获得人们的信任，对人不诚实就会产生信任危机。在涉及利益冲突的问题时，诚信守则要求我们站在多数人利益的一边。虚假、欺骗等行为，往往同个人私利联系在一起。如果为了一己私利而背叛诚信守则，就会损害他人利益，从社会角度看，就是会损害大多数人的利益。

在眼前利益与长远利益发生冲突时，诚信守则要求我们站在长远利益的一边。或许我们一时的不诚信行为能得到眼前利益，得到某种欲望的暂时满足，然而，与我们的长远利益、长远发展相比，那只是“蝇头小利”，微不足道。在情与法的冲突中，诚信守则要求我们站在法律的一边。当亲情、友情、人情与国家法律发生冲突时，诚信所维护的不应该是私情，而是国家法律，在这种情形中我们要做出理性的选择。

2.经济领域

市场经济条件下，诚信既是道德资源，又是经济资源，诚信在保障交易正常进行中具有重要作用。如果传统文化的诚信强调内在品德修养，那么现代诚信则更强调互利双赢。因此，诚信在伦理学家看是道德资源，在经济学家看则是经济资源。如作为市场经济核心的银行，信用就是其发展的基础。离开信用，股票、债券及其他金融衍生品就都无法发展。诚信在财经行业中更显得重要，信用是财经职业工作的生命线，诚信不仅是一种责任，更与重大利益相关。守信者将得到更多的利益，失信者必将付出高昂的代价。企业一旦失去了诚信就失去了生存的基础，财经工作者失去了诚信就是走向死路。

财经诚信有助于减少资金浪费，合理引导社会资金流向，提高经济效益，有利于整个社会经济资源的优化配置，有利于推动社会主义市场经济健康有序发展。财经工作者要恪尽职守，执行财经行业的相关法律法规，保证财经信息的真实、完整；坚持原则，敢于同违法乱纪的行为作斗争；要真实反映，对财经核算的内容要实事求是，不夸大，不缩小，不隐瞒，不歪曲，绝不弄虚作假；独立、客观、公正地反映财经信息。

3.企业经营

现实生活中，私营企业为了逃税而少做或不做收入，多列成本费用，以虚减利润。国有企业、上市公司为了营造业绩、树立企业形象，多做或提前确认收入，少列成本费用，以虚增利润粉饰业绩，捞取政治资本或包装上市圈钱。财经工作者或相关财经行业都出现了诚信危机。当然财经诚信危机是社会诚信环境的一部分，它不是一个独特的社会现象。其原因是多方面、多层次的：有历史原因，也有现实原因；有主观因素，也有客观因素；有管理方面的缺陷，也有体制的不完善不健全的因素。

总之，财经职业是一项与钱、财、物、人直接打交道的职业。在市场经济环境下，每一个人首先是一个经济人，其次才是一个社会人，财经工作者只有做到洁身自爱，讲真话，做真事，不欺骗，不说谎，对己、对人、对上、对下都不掩盖事实真相，保持客观公正的立场，才能不为任何利益所引诱。

资源库4-4

测测你的诚信度[①]

1. 当你的朋友做出你极不赞成的事情时，你会怎么样？（　　）

A. 你会跟他断绝来往。

B. 你会告诫自己此事与你无关，同他的关系依然如故。

C. 你会把你的感受告诉他，但仍然保持友谊。

2. 你很难宽恕严重伤害过你的人吗？（　　）

A. 很难原谅他。

B. 可以原谅他。

C. 可以宽恕他，但不会忘记这件事。

3. 你认为：（　　）

A. 为了维护道德准则而指责别人是完全有必要的。

B. 在一定程度上指责别人是完全有必要的，如从爱护的角度出发。

C. 不应该指责别人。

4. 你的多数朋友在性格上：（　　）

A. 都和你很相像。

B. 与你不同，而且他们之间也不同。

C. 与你大体上相同。

5. 当周围同学的喧闹使你不能集中精力学习时，你会：（　　）

A. 对他们发脾气。

B. 另外找一个清净的地方。

C. 感到心烦，在心里抱怨。

6. 若出去旅游时发现那里的卫生条件很差：（　　）

A. 你很快就能适应。

① 程淮中，王丹. 财经职业素养教育与实践［M］. 北京：经济科学出版社，2014：2–4.

B. 你对自己所处的环境不太在乎。

C. 你对这个地方的卫生很不满。

7. 你认为下列哪种品质最重要？（　　）

A. 顺从

B. 仁慈

C. 诚信

8. 你与别人（批评性地）议论你的朋友吗？（　　）

A. 经常

B. 很少

C. 有时

9. 如果你所讨厌的人交了好运，你会：（　　）

A. 觉得烦恼或嫉妒。

B. 认为此事对他确实是件好事。

C. 不太在乎，但觉得这样的好事要是让你遇到该多好。

10. 你属于下列哪种情况？（　　）

A. 尽量使别人按照你的信条看待或对待事物。

B. 别人不主动问你，你便不会主动说出自己的观点。

C. 对不同的事物提出自己的观点或意见，但不会为此与人争论或尽力说服他人。

评分标准

题号	1	2	3	4	5	6	7	8	9	10
A	2	2	2	2	2	0	2	2	2	2
B	0	0	0	0	0	0	0	0	0	0
C	1	1	2	1	1	2	1	1	1	1

算一算，你得了多少分？

结果分析

1. 分数为5分以下

你是一位诚信度很高的人。而且有很高的涵养，能充分意识到别人面临的困难，理解他们的难处。你可能会遭到别人暂时的不理解，但你仍不会同他们发生争执，你最终会成为许多人喜欢的朋友。

2. 分数为6~10分

你的诚信度还算可以，显得比较有涵养，在许多方面能容得下别人的意见。

3. 分数为11~15分

你的诚信度不算高，也许你还没有意识到这一点，你和朋友的友谊，一般不会维持太久，你在许多没有价值的小问题上浪费了许多时间。

4.分数为16~20分

你相当缺乏诚信。而且比较专横，易冒犯他人。你不能容忍别人对你做错事，但常为自己的过失找理由。

（二）遵纪守法

法律是社会行为规范。与道德、纪律等规则相比较，法律具有三个最为显著的特征：一是法律由国家制定或认可；二是法律靠国家强制力保证实施，具有强制性；三是法律对全体社会成员具有普遍约束力。[①]社会是由人集合而成的，社会活动是人的活动。如果没有行为的规则，人们各行其是，社会就会混乱不堪，陷入毫无秩序的彼此冲突之中。

1. 社会生活中

我国法律提倡和鼓励公民实施有益于社会文明与进步的行为。对法律所提倡的，我们要积极去做，这是忠实履行义务的重要体现。我国法律和社会主义道德互相配合、互相促进、互相补充。凡法律所禁止的行为，都是社会主义道德所谴责的行为；许多法律上的义务，同时是社会主义道德的要求。

我们积极实施法律所提倡和鼓励的行为，有利于弘扬社会主义道德，促进社会主义精神文明建设。我国法律对公民在经济生活、政治生活、文化生活等领域中应该履行的各项义务，做出了明确的规定。对于法律要求做的，我们必须按照法律的要求去做。为了维护公民的合法权益，确保国家的长治久安，我国法律明确规定禁止公民实施某些行为。法律禁止做的我们坚决不做，实施法律所禁止的行为，就是触犯法律，会受到法律制裁。[②]

2. 财经职业中

有关财经工作者遵纪守法、讲究原则的历史故事，也散见于中国的一些文献记载中。《管子》里多次讲“明法”，就是要求按规章制度、法令条文来办事。《辽史》载，大公鼎为长春州钱帛都提点，“车驾如春水，贵主例为假贷，公鼎曰‘岂可辍官用，徇人情’”。拒之。颇闻怨詈语，曰：“此吾职，不敢废也”。《明史·周经传》云：“内官传旨索太仓银计三万两为灯费，持不与”。[③]这种不惧流言蜚语、按章办事、刚直不阿的办事风格，也是我们当今财经工作者的典范。

---

① 张男星，岳昌君.《中国财经素养教育标准框架》解读［M］.北京：科学出版社，2019：114.

② 张男星，岳昌君.《中国财经素养教育标准框架》解读［M］.北京：科学出版社，2019：115.

③ 叶陈刚，吴卫星，张建军.商业伦理与会计职业道德［M］.大连：东北财经大学出版社，2019：35-37.

财经工作者在其工作中应过好两个关口：一是过好“权力关”。在有些情况下，有些领导出于地方主义、本位主义和个人主义考虑，会出面干涉财经工作者的执法，以权压法，甚至会责难和打击报复。有些财经工作者畏惧权贵，不讲原则，放任自流，听之任之，甚至有的干脆同流合污，这些做法都是不对的。作为财经工作者要勇于坚持正确意见，在法律的保护下，维护国家和人民的利益。二是过好“人情关”。财经工作者不能因为与个人关系的亲疏而有区别对待，应坚持法不以情变为准则。在收入确认与计量、费用开支与发出、成本归集与计算、利润分配与形成等方面，常常会发生求情的人和事。财经工作者必须坚持原则，不徇私情。

“打铁还需自身硬”。财经工作者要培养洁身自好、自尊自爱、不贪不占的高尚品德，应该“老老实实做人，认认真真做事，明明白白获取”，彻底放弃“金钱至上、金钱万能”的堕落人生哲学，要与化公为私、损公肥私、盗公利私的行为进行坚决的斗争。

（三）勤俭理财

勤俭是与文明相伴而生的，也可以说是勤俭产生了文明。勤俭产生了财富，而财富是劳动的结果。在大自然节俭模式中，一切物质都不会被浪费，最终都会被转化成另一种形式，被很好地利用。

1. 勤俭是传统美德

在人类发展过程中，所有伟大的成果都来源于劳动。对于那些树立了最高目标的人来讲，劳动是值得崇拜、尊敬和赞扬的，劳动也是不朽的，正是劳动者不断的积累才促进了世界的文明与进步。对人而言，勤俭则是一种道德品质。这种品质能够让人保存自己的精力，确保人们在专属于自己的工作环节中不断发挥自己的作用。

勤俭理财是国家、人民赋予财经工作者的重要职责，也是我国在长期的革命和建设中形成的优良传统。早在革命根据地时期，我们党就提出理财工作必须“严禁一切浪费”。在革命战争年代，中国共产党面对经济困难，提出“艰苦奋斗，勤俭节约”的理财方针。毛泽东同志指出，“发展经济，保障供给，是我们经济工作和财政工作的总方针”。“自己动手，克服困难”“节省每一个铜板为着战争和革命事业，为着我们的经济建设，是我们的会计制度的原则”。[①]在我国社会主义初级阶段，由于经济比较落后，管理水平差，经济效益低，浪费严重，全国上下广泛开展了“增产节约、增收节支”运动。

---

① 叶陈刚，吴卫星，张建军. 商业伦理与会计职业道德［M］. 大连：东北财经大学出版社，2019：195.

2. 正确看待道德与金钱

道德并不排斥金钱，我们不能从“金钱万能”的极端走向“金钱万恶”的极端。道德只有在现实经济生活中才有生命力和现实意义。道德作为调整人与人、个人与社会之间相互关系的行为准则，是在一定的经济基础上产生并为一定经济基础服务的。人与人、个人与社会的关系，最根本的基础是经济关系，即物质利益关系。

道德不能无视金钱的存在，不能把它排斥在自己所反映和规范的对象之外。鄙视金钱，排斥金钱的道德经，是脱离社会实际的道德经。这样的道德经，不是空洞的说教，就是伪善的欺骗。我们必须克服金钱万能、拜金主义的思想。但与此同时，也要在社会主义市场经济条件下，正视金钱对经济发展所起的直接或间接的作用。

3. 财经职业中的勤俭与消费

勤俭理财，要求财经工作者以主人公的态度处处精打细算，监督人力、物力、财力的使用和财经管理制度的执行，从各方面杜绝浪费，尽可能压缩不必要的开支，降低和控制成本，加速资金周转，节约资金使用，尽可能为国家创造和积累更多的物质财富。财富通过劳动获得，通过储蓄与积累得以保持，通过勤奋与坚毅而得以增加。

勤俭是聚财之道，是保留财富的途径。它要求财经工作者协助领导和部门将国家财富用在该用的地方，用作生产财富和创造财富，把钢用在刀刃上，防止盲目消费。[①]这就要求财经工作者具备勤俭的品质，做到腿勤、手勤、脑勤，在理财过程中经济、合理地利用社会财富为人民群众谋福利。摒弃勤俭理财的旧观念，不要把消费视作勤俭的对立面，不要把消费等同浪费，要明白合理的消费可以促进社会生产的发展。

要正确对待挣钱和花钱的问题，挣钱要靠准确信息、适销商品、过硬质量和优质服务等途径，而不是靠哄抬物价、以次充好等非正当手段来扩大收入。花钱要根据国家有关规定，量入为出，讲求实效，将钱用活。在生产开支上，我们反对铺张浪费，但也不能脱离实际，束缚生产发展。

我们储备精力或金钱只是一种手段，最终的目的是要使用它们，它们只有被使用才会产生力量。凡是浪费了的，无论是金钱还是人的精力，都发挥不了任何的力量；凡是滞留、囤积在自己身边的，同样是毫无意义的。不论是在资本上还是在精神上，要想获得力量，就必须做到集中利用，当然集中利用的前提是合理利用。

---

① 叶陈刚，吴卫星，张建军.商业伦理与会计职业道德［M］.大连：东北财经大学出版社，2019：281.

资源库4–5

富不俭用贫时悔[①]

如果说勤劳是财富的“右手”，节俭就是财富的“左手”。中国古人在创造财富过程中，一直将节俭看得和勤劳同等重要。

《荀子·成相篇》云：“务本节用财无极。”意思是说，一方面致力于生产财物，努力创造财富；另一方面有计划地合理消费，节约开支，这样财富就会不断积累，无限丰富。《尚书·大禹漠》云：“克勤于邦，克俭于家。”意思是说，国家的强盛要靠老百姓的勤劳，老百姓过日子要坚持节俭。节俭并不是抽象地泛泛而谈，而是要从具体的小事做起。明代启蒙书籍《增广贤文》有云：“富从升合起，贫因不算来。”该语原意是指富裕要从一升一合积累而成（升、合都是古代量粮食的度量单位，相对较小），贫困是因为不会计划造成的。引申为一个人要想富裕，需要从小事开始精打细算，有积极向上的人生目标和合理的理财计划。

对于那些从富裕生活走向贫穷生活的人来说，出自北宋政治家、诗人寇莱公（寇准）的《六悔铭》（见明朝宋纁编辑的《古今药石》一书）的“富不俭用贫时悔”无疑是一句很有感触的话，富裕的时候不知道节俭，挥霍浪费，等到贫穷的时候，贫富相对照，就会很后悔了。

相反，对于那些从贫穷走向富裕的人来说，感触就会是“从来好事天生俭，自古瓜儿苦后甜”（出自元代戏曲作家白朴《中吕·阳春曲·知己》），该语本意是指自古以来好事总是多磨，瓜儿总是先苦后甜，后世一般理解为能成就好事的人都很俭朴，就像瓜儿先苦后甜一样。

出自清代传教士梁发所著《劝世良言》中的“谋生计拙须从俭”告诉人们，如果自己独立谋生活，却又没有多大本事，就一定要学会勤俭节约。如果不节俭，情况会怎样呢？中国古代民间谚语“沧海不能实漏卮”告诉人们，大海里的水再多，也装不满一个有破漏的酒器。借指无论有多么巨大的财富，也禁不住无限度地挥霍浪费。

思考

1.谈谈你对开源和节流的看法，你日常生活中是如何理财的？

---

① 常华兵.中国古代勤俭与理财思想品鉴［J］.财务与会计，2018（10）：72–73.

（四）勇担责任

1.个体责任

我们生活在社会中，每个人都与他人有或远或近的关系，都因不同的社会身份而负有不同的责任。责任可以来自对他人的承诺、分配的任务、上级的任命、职业的要求、法律规定、传统习俗、公民身份、道德原则等。[①]比如，作为子女，孝敬父母，是我们的责任；作为普通公民，我们“位卑未敢忘忧国”；作为社会成员，我们应该保护环境、维护正义、热爱和平。只有人人都认识到自己扮演的角色，尽到自己的责任，才能共同建设和谐美好的社会，共享美好的幸福生活。

一个人对他所从事的职业意义的把握越准确，对自己所从事的职业的重要性的认识越深刻，他进行这项工作的自觉性就越强，职业道德修养也就越高。只有这样，他才能尽职守责，使履行职业道德成为自己的内在要求，达到更高的职业道德境界。

2.职业责任

在当前财经领域，权利和责任不对称的现象时有发生。有些人甚至只授权不明责，一旦出现风险，当事人竟然在行为完全透明的情况下，把主要责任特别是经济责任，明目张胆地“甩锅”给国家和组织，或把责任推给全民，让集体为个人承担责任。

财经工作者对待工作认真负责，是基本的财经职业道德操守之一。有些财经工作者，事事请示领导，把困难交给上级，出了问题，自己超然在外。这样做，表面上合情合理，尊重上级，出事也不会担当多少责任。实际上这是一种违背社会主义财经职业道德不负责任的行为。财经工作者应当根据岗位职责范围，对属于自己职权范围之内的事，有能力、有条件的，尽量在自己的管理中操作处理，敢于负责任。

因此，要做到认真负责并不是一件容易的事情。一方面财经工作者要建立起务实的职业规划目标，把当前的财经职业与自己的长远目标有机结合起来，不要好高骛远，而是要脚踏实地，才可能有更长远的职业发展空间；另一方面财经工作者也要充分认识到财经职业的重要性，认识到自己在整个财经职业中的地位和作用。

（五）理性消费

由俭入奢易，由奢入俭难。消费主义是西方社会盛行的一种消费观念，它强调对消费品的喜新厌旧，倡导炫耀、奢侈性消费，其结果不仅加快了自然资源的消耗，导致生态环境恶化，而且严重影响人的身心健康，导致人格分裂和道德败坏。

---

① 张男星，岳昌君.《中国财经素养教育标准框架》解读［M］.北京：科学出版社，2019：126.

1.消费行为及其表现

近年来，消费主义观念开始在我国滋生，部分财经工作者受西方消费主义价值观的影响，不计一切社会道德责任和后果，片面追求个人享受，实行过度消费，为了满足这些消费，采取各种手段获取钱财，从而导致财经领域中的种种不道德行为。会赚钱，是能力，怎么花钱，却能更直观地看到一个人的本质。财务自由是目标，可是如果不会花钱，无论你拥有多少金钱都很难过上幸福的生活。每个人都有自己无法满足的欲望，人类的欲望就像田地里的杂草，除非主动控制自己，不然它一旦有可能满足，就会在人的内心深处迅速增长。理性消费，控制开支，将我们的花费控制在明确合理的范围之内。

当今社会人们的消费行为主要表现为以下四个方面：第一，从众心理引发的消费。人们跟风、随大流的心理，往往能够引发其对某类商品或某种风格的商品的追求，并形成流行趋势。第二，求异心理引发的消费。有些人消费时喜欢追求与众不同、标新立异的效果。第三，攀比心理引发的消费。饮食消费向广告看齐，服装消费向名牌看齐，娱乐消费向流行看齐，人情消费向成人看齐。第四，求实心理主导的消费。[①]

2.理智消费原则

讲究实惠，根据自己的需要选择商品，是一种理智的消费。我们要做理智的消费者，践行正确的消费原则：

其一，量入为出，适度消费。要在自己的经济承受能力范围之内进行消费。提倡消费要适度，避免盲从、情绪化消费，避免只重视物质消费而忽视精神消费的倾向。

其二，保护环境，绿色消费。中华文明历来强调天人合一的自然观，“万物各得其和以生，各得其养以成。”随着工业化的到来，我国经历了一个向自然界进军、改造自然、征服自然的过程，在快速形成现代化发展的物质基础的同时，经济发展给自然生态系统带来了很大的破坏，出现森林消失、土地沙化、湿地退化、水土流失、干旱缺水等生态问题，以及水、土、空气遭到严重污染等环境问题。[②]面对资源约束趋紧、环境污染严重、生态系统退化的严峻形势，我们必须树立尊重自然、顺应自然、保护自然的生态文明理念，保护自然生态系统，维护人与自然之间形成的生命共同体。

消费既是一个经济问题，也是一个道德伦理问题。消费观直接或间接地影响着人与自然的关系。绿水青山就是金山银山，把祖国建设成经济繁荣、环境优美、生

---

① 张男星，岳昌君.《中国财经素养教育标准框架》解读［M］.北京：科学出版社，2019：118.

② 张男星，岳昌君.《中国财经素养教育标准框架》解读［M］.北京：科学出版社，2019：129.

态良好的美丽家园，是每一个公民义不容辞的责任。人的消费生活受制于消费观，给财经工作者中培养科学、合理、文明、健康的消费道德观，坚持节约资源和保护环境的基本国策，科学引导消费行为，避免财经工作者不道德行为的出现。

资源库4–6

大学生的消费观①

有媒体报道，大学生作为一个具有相对独立的消费行为，但却相对缺乏自我赚钱能力的特殊消费群体，他们的消费观念越来越引起人们的注意。随着经济社会的发展，大学生消费呈现出如下特点：

1.少数学生刻意追求奢侈品消费，对品牌符号的追求高于商品使用价值，在奢侈品面前迷失自我，产生享乐主义消费观，甚至不惜为了一时享乐，背负沉重债务。

2.过度依赖信用消费。盲目利用如“花呗”等信用工具提前消费，更有部分大学生涉及校园高利贷，过高的利息和报复性讨债，让这些学生一步步迈入深渊。

3.不切实际冲动消费。部分大学生存在“不买后悔”的错误观念，甚至出现“网购瘾”，导致精神追求日益虚无，生活的终极意义和理想追求都在不断淡化。

4.人际交往、恋爱消费支出过大。

思考

1. 你在日常生活中计划过自己的消费吗？算过自己在校期间每学期的支出总额吗？大概有多少钱？

2. 你的学费支出中有多少比例是靠自己兼职或其他有偿劳动赚来的？

三、国内外财经素养教育的实践

进入21世纪以来，财经素养的重要性日益凸显。倡导财经素养教育已成为许多国家的共识。目前，美国、英国、加拿大、澳大利亚、新西兰等国家都将财经素养教育上升为国家战略，并开展了极为丰富的财经素养教育实践活动。

---

① 应望江，刘红宇.大学财经素养教育[M].北京：中国财政经济出版社，2020：79.

（一）美国财经素养教育的实践

作为世界公认的经济强国，美国早在20世纪90年代就将财经素养教育视为公民教育的重要内容，历经30余年的发展，其在理论和实践上都取得了令人瞩目的成就。

1.交互式网络课程模式

交互式网络课程模式是通过提供丰富的网络课程资源实现财经教育的目标。网络课程资源通常依托专门设计的网站，来为个人提供财经教育信息。“现金课程”“善待你的资金”和“我的资金”等网站提供了庞大的在线课程资源。其他相关网络资源，包括财经意识和大学生消费者培训、财经知识101、财经教育和咨询、财经教育和专业发展协会、学生财经教育计划和美国生活技能基金等内容。例如：威斯康星大学拉克罗斯分校建立专门的网站，取名为“它赚了一分钱”；得克萨斯大学圣安东尼奥分校的专门网站，取名为“吵闹的美分”。[①]

学校为学生提供在线教育视频，主题包括预算、阅读信用报告、设定财经目标、投资、支出和偿还贷款等各类问题。部分学校还专门拍摄具有学校特色的个人财经视频与学生分享。如萨姆休斯敦州立大学学生资金管理中心通过学生和辅导员来呈现在线研讨内容，提供包括1~3分钟有关支出、信贷等财务管理主题的短视频。一些大学使用录播的视频，如明尼苏达州立大学在其财经素养网页上展示“财务援助视频”。这些视频以问答形式呈现，涉及财经援助、学生贷款、银行卡盗窃、货币基础知识、保险等财经问题。还有一些大学，利用预先录播的在线课程，作为大学生财经教育的资源。在大学生中最受欢迎的财经教育课程，是由全美财经教育基金会免费提供给大学的网络课程——现金课程，包含一系列关于信用卡和借记卡使用的指导、储蓄、支付大学学费等财经素养相关的专题课程。

2.项目本位模式

项目本位模式通过具体的项目进行财经素养培训，包括财经素养计划和财经服务的专项活动。多数高校把具体项目与课程相结合，通过课程教学的形式进行财经素养教育，或将专项活动作为课程的某些组成部分；有的高校则通过专题工作坊的形式进行财经素养教育；还有的高校通过新生定向指导活动、学生典礼等开展财经素养教育。具体项目包括以下几类：

一是将财经素养教育融入新生研讨会、第一年体验课程。一些大学要求教师在第一年体验研讨会中设置1~2项的个人财经专题。个人财经专题包括预算、使用大学财经资源、债务管理、储蓄、信贷管理、住房问题和防止银行账户身份被盗窃等。

---

① 黄孔雀，许明.美国大学生财经素养教育：背景、模式与特征［J］.复旦教育论坛，2020（18）：105-112.

教师也可使用其他资源来提供个人财经课程。例如：拉马尔大学在第一年体验课程中使用了6段10~15分钟的视频进行财经素养教育；纽约州立大学帕切斯学院利用课堂教学时间向新生介绍“现金课程”。

二是与财经机构合作开展的财经素养教育项目。大学与金融机构合作，共同在校园内开展财经素养教育。金融机构在大学校园内建立并运营财经素养中心，或财经教育中心。例如，2013年，北阿拉巴马大学与利斯特希尔信用联盟达成合作协议，允许利斯特希尔信用联盟在校园内设立财经素养中心，为北阿拉巴马大学学生提供专项资金运作等银行业务。金融机构的作用，还体现在举办财经素养研讨会，向学生介绍资金管理，并资助大学实施财经教育计划。

三是财经素养研讨会。财经素养研讨会一般由高校的学生资金管理中心、财政援助部门、学生服务部门、学术部门或商学院召开。研讨会既有面向学生举办的，也有面向教职员工举办的。①

3.个体咨询模式

个体咨询模式一般由专业人员或朋辈通过面谈、电话、网络沟通等方式为学生管理个人钱财提供咨询指导。根据咨询实施主体的不同，个体咨询可分为两类：一是一对一的专业财经咨询服务。专业咨询人员包括长期在校工作的教师和临时聘请的专业人员。此类个体咨询能最大限度地发挥财经咨询教师在学历、专业等方面的优势，长期指导学生管理个人财务和处理财务问题。二是朋辈咨询与辅导。高校聘请朋辈导师为学生提供个性化的财经咨询与辅导。朋辈咨询的优势是给予学生个性化的财经辅导，为学生提供可供学习的财经管理经验，让学生互相教授个人财经知识，有助于朋辈导师将课堂所学知识运用到咨询实践中，同时促进朋辈之间的学习。

4.游戏本位教育模式

游戏本位教育模式包含仿真游戏、竞赛游戏、棋类游戏、纸牌游戏、电子游戏和各种形式混合的财经游戏，可在i Grad和Money U等门户网站找到范例。这一模式，体现了以学生为中心的学习方式，让学生成为学习过程的一部分，而不是学习材料和课堂的旁观者。财经游戏中包含了多种生活场景和仿真情境，通过营造合作和竞争的环境来推动人际交往，有助于提升财经教育的实效性。

5.财经素养教育月专项活动

美国各高校间的财经素养教育内容和方法虽有所差异，但最终目标都是指向改善大学生财经行为。一些大学在财经素养教育月或财经素养教育周的背景下开展财经游戏、互动活动、时装秀和厨艺展示等专项活动，一般由学生服务部门、财务援

---

① 黄孔雀，许明.美国大学生财经素养教育：背景、模式与特征［J］.复旦教育论坛，2020（4）：105–112.

助办公室或学生资金管理中心安排或组织。专项活动会使用一些吸引人的名字，例如，萨姆休斯敦州立大学使用的“检查您的信用日”和“一角硬币健康膳食”；威斯康星拉克罗斯大学主办的“节俭之旅：节俭商店竞赛和时装秀”和“价格合适的游戏之夜”；加州州立大学北岭分校财务援助和入学部门组织的斗牛士美元日专项活动。①

（二）俄罗斯财经素养教育的实践

根据2015年PISA财经素养调查结果，俄罗斯的财经素养水平高于其他参与国家。近年来，在俄罗斯联邦政府的持续推动下，俄罗斯财经素养教育不断发展。

1. 国家层面

（1）制定国家级教材。2019年6月21日，俄罗斯教育部官方网站发布新闻称，俄罗斯教育部和俄罗斯银行联合为中小学生编写了数学习题集《财经素养基础》，共有100名教育者参与该习题集的编写工作。他们着重强调，这些习题不仅可以提高学生的数学知识技能，还能使学生开阔眼界，鼓励他们独立探寻财经素养的根本。

（2）开设财经素养网课。俄罗斯各大金融组织积极响应战略政策，俄罗斯联邦储蓄银行扩大了俄罗斯联邦中央银行青少年“财经素养网课”项目的参与度。

（3）设立慈善基金“未来贡献”。俄罗斯联邦储蓄银行2018年年度报告中称，慈善基金“未来贡献”为提升公民财经素养做出了重要贡献。2017年6月，俄罗斯联邦储蓄银行在该基金的教育方向框架内启动了“财经素养”计划，该计划通过组建教师团队，创造新的教学法基础，搭建实现沟通、交换教育资料、教育实践平台的方式，普及公民财经素养教育。②

（4）开发虚拟软件。为提高青少年对财经素养的兴趣，俄联邦储蓄银行在俄罗斯社交软件VKontakte中专为青少年开发了聊天机器人，以长篇幅阅读、测验、游戏、表格的新形式试运行，已有1200万人进入机器人聊天室。银行还为儿童及家长开发了软件，旨在让其了解财经素养基本概念，使用银行产品，该软件用户已超过5000人。

（5）发行报纸杂志。俄罗斯邮政储蓄银行积极实施提高俄罗斯联邦公民财经素养的措施，该银行与俄罗斯联邦财政部联合发行了一份关于财经素养的报纸，在全俄范围内举办教育大师班，银行的专家在教育机构、孤儿院、社会机构中开展讲座和研讨会活动，并组织中小学生参观银行客户中心。

---

① 黄孔雀，许 明.美国大学生财经素养教育：背景、模式与特征［J］.复旦教育论坛，2020（4）：105-112.

② 刘文权，李恬.俄罗斯财经素养教育实践分析［J］.大学周刊（B版），2020（01）：30-35.

2.学校层面

高校与政府设立的财经素养中心的主要目的是提升居民财经素养，加深金融文化底蕴。与此同时，高校能够提供专业化、独立的财经素养教育。迈科普国立技术大学的财经素养中心自成立以来一直积极参与制定提升阿迪格共和国居民的财经素养措施，为此迈科普国立技术大学经济系和财经素养中心共同开设了财经素养知识课，课程以金融小游戏、公开课、游戏培训的形式开展。尽管中心是在高校基础上建立的，但中心的工作是面向阿迪格共和国所有居民的。

中心工作人员积极参与针对少年儿童举办的传统“全俄财经素养周”，以及针对成年人的“储蓄周”。中心解答金融服务用户（成年人）的财经知识问题，并且为退休老人定期举办专业讲座。2018年夏天，迈科普国立技术大学财经素养中心参加了国家金融研究机构（NAFI）开展的全俄公民财经素养水平调查。定量研究“测量阿迪格共和国居民财经素养水平”，此次调研采访了俄罗斯42个地区的140个居民点，受访者均为18岁及以上的成年人，共1600人，统计误差低于3.4%，这些数据很具代表性。[①]

（三）日本财经素养教育的实践

2005年，日本金融厅发布了财经素养教育议程，这是日本首次将财经素养教育作为国家战略来推进，2005年也被认为是日本财经素养教育元年。[②]经过10多年的发展，日本公民的财经素养水平得到了较大的提升。

1.政府主导、多方参与共同推进财经素养教育

日本在推进财经素养教育的进程中，形成了相对成熟的、系统的组织机构及保障制度。日本财经素养教育的主导机构是日本金融厅和金融服务信息中央委员会。日本金融厅是日本金融监管的最高行政机构。金融服务信息中央委员会由金融组织（包括日本银行家协会）、产业组织（包括日本经济团体联合会）、其他组织（包括日本广播协会、消费者协会）等组织机构的代表和相关领域的专家构成，其秘书处设在日本银行公共关系部。除主导机构外，金融产业集团、消费者事务中心、日本理财规划师协会、社区中心、学校等机构也积极参与，形成合力，从不同的方面积极推进财经素养教育的发展。[③]

---

① 刘文权，李恬.俄罗斯财经素养教育实践分析［J］.大学周刊（B版），2020（01）：30–35.

② 岳昌君.财经素养教育何以变得更重要［J］.全球教育展望，2018（01）：56–67.

③ 楚晓琳.日本财经素养教育实践及启示［J］.大学周刊（B版），2019（10）：49–56.

2.制定标准、引导财经素养教育规范发展

日本金融厅和金融服务信息中央委员会在2005年、2007年、2013年、2015年从不同的角度制定和修订了财经素养教育相关战略或标准。日本金融厅2005年发布了财经素养教育议程，这是日本首次将财经素养教育作为国家战略来推进。2013年修订了2005年发布的财经素养教育议程，并发布了财经素养水平最低标准，2015年又对财经素养水平最低标准进行了修订。金融服务信息中央委员会于2007年发布了分年龄段财经素养教育内容（Contents of Financial Education by Age Groups），2015年又对2007年的分年龄段财经素养教育内容进行修订。

3.形式多样、形成优势互补的财经素养教育方式

日本的政府主导机构、学校、社会组织，通过不同方式推动财经素养教育的发展，形成体系化的财经素养教育。政府主导机构从全国层面起到引导规范的作用，学校主要是针对在校阶段的学生，社会机构主要是针对成年人和老年人。

主导机构通过制定财经素养教育国家战略，加强全民对财经素养教育的重视；通过协调金融机构、政府部门、行业企业、媒体等不同部门参与到财经素养教育活动中；通过成立专门网站，提供会议、报告，加强与经合组织、其他国家财经素养教育相关机构的联络等，为财经素养教育搭建发展平台。

学校通过使用专门的财经素养教育相关指导用书，开展财经素养教育课程，如《成立学生公司——通过模拟创业了解经济运行》及指导用书、《你有钱吗？预防陷入多重债务》及指导用书；学校将财经素养教育与生活环境研究、道德教育、社会研究、家庭经济学、公民教育等其他科目进行融合并形成新的科目；学校通过举办财经素养教育相关的竞赛，以赛促学，推动财经素养教育，如日本已于2004—2018年举办了15届“财经素养教育论文与实践活动报告竞赛”；学校通过教师参加财经素养教育公开课、研讨会等活动，不断提高教学水平，为学校更好地开展财经素养教育贡献力量。

金融产业集团，包括日本银行家协会、日本证券交易商协会、日本投资信托协会、日本人寿保险协会和日本综合保险协会等，为成年人和老年人的财经素养教育提供了各种各样的机会，如对金融产品（例如存款、股票、投资信托和保险）进行解释，举办资产管理和优化投资方面的研讨会、讲座等活动；消费者事务中心的活动主要是提醒消费者注意多重债务问题，并提高防范欺诈性销售或其他犯罪行为的意识；日本理财规划师协会提供各种学习机会，包括对财经素养标准的解释，举办与理财相关的研讨会等；社区中心提供有关金融、保险、税务和消费者事务的讲座等。①

---

① 楚晓琳.日本财经素养教育实践及启示［J］.大学周刊（B版），2019（10）：49-56.

（四）中国财经素养教育的实践

在我国，社会各界日益重视财经素养教育。财经素养教育政策相继出台，财经素养教育研究推广机构竞相成立，财经素养教育标准制定提上日程。

从国内政策层面来看，近些年，我国陆续出台了一些政策。例如：2006年，教育部和中国保险监督管理委员会联合发布《关于加强学校保险教育有关工作的指导意见》；2013年，中国人民银行会同中国银行业监督管理委员会、中国证券监督管理委员会、中国保险监督管理委员会研究制定了《中国金融教育国家战略（草稿）》；2015年，国务院办公厅印发的《关于加强金融消费者权益保护工作的指导意见》和《推进普惠金融发展规划（2016—2020年）》。这些政策都直接或间接地推动了财经素养教育在学校和公民层面的开展。

财经素养教育研究机构初具规模。2014年10月，北京师范大学整合教育、心理、金融等领域跨学科研究团队，成立了“财经素养教育研究中心”。该中心的主要研究内容包括：互联网金融、投资者情绪指数和财经素养教育等。2016年3月，北京师范大学中国教育创新研究院联合上海百特教育咨询中心成立了“青少年财经素养教育研究中心”。2016年11月，中国教育科学研究院协同财经类院校、科研院所、行业企业等多家单位，成立了“中国财经素养教育协同创新中心”，旨在搭建财经素养教育研究与实践的交流平台、完善研制财经素养教育标准、编制财经素养教育实验方案、参与推动国民财经素养教育的普及与传播。

财经素养教育标准框架形成雏形。2018年1月，中国财经素养教育协同创新中心也组织研制并发布了国内第一份覆盖大学、高中、初中、小学、幼儿园五个学段的《中国财经素养教育标准框架》。这一标准的发布，有助于推动各地机构更加有效、在序地开展财经素养教育，改变当前我国财经素养教育活动碎片化、浅层化、质量难以保障、水平参差不齐的局面。

西安市教育科学研究所根据各个学段的特点，开展符合学生特点的各项财经素养教育实践工作。在幼儿学段，按照幼儿园特点，开展一系列活动。比如，认识人民币、开心银行，管理压岁钱、开心餐厅、亲子购物、温馨花房，特别是在区域活动中扮演买方与卖方和父母一起购物。让孩子们熟悉日常货币和压岁钱，培养他们的理财意识。在小学段，开设财经素养课程。比如，阿福童理财课程；参观银行；将理财的课程与数学课程进行整合，比如，“小鬼当家”、书店买书。此外，还结合地方课程设计了一些课程，例如综合品德课程等；通过微课形式让家长也参与其中，逐渐形成了“一核两翼”，“核”就是社会主义核心价值观，“两翼”就是学校教育与家庭教育。在初中段，将财经知识与学科融合。为进一步提高认识，感知财经，提升财经素养能力，西安市教育科学研究所专门开设了财经类课程。如财商课、职业体验课，让学生认识和了解基本的财经工具，比如，报表、股票、债券，以及理财规划，都取得了非常好的实践效果。在高中段，以高一、高二年级为主，西安市教育科学研究所开展校园财经知识竞赛、模拟招聘活动、财经素养知识辩论会等。强化校外实践，凝聚并引入企业、社区、家庭等多种社会力量加入，形成财经素养教育的合力。①

北京、上海，以及广东、浙江和江苏等省的部分学校开始了财经教育探索。例如，上海浦东新区的100多所中、小学已经设立了名为“金融和货币管理”的区域课程。②上海财经大学设立的财经素养教育实验基地、财经大赛、财经课堂，以及正在筹建的财经类博物馆等都属于非常好的财经素养教育载体。

中国教育科学研究院联合西南财经大学、上海财经大学、中央财经大学、中国财政科学研究院、山东教育科学研究院、四川教育科学研究所以及重庆课堂内外杂志社有限责任公司、康德集团共同成立“中国财经素养教育协同创新中心”，进一步凝聚教育研究部门、高校和科研机构的力量，推动财经素养教育的普及和发展。2015年，重庆课堂内外杂志社有限责任公司与西南财经大学联合组织青少年财经素养大赛。2016年，康德集团引入美国国际教育委员会全球商业人才发展协会，意在为中国提供全球领先的教学资源、升学指导、教师培训，以及为财经素养的国际交流搭建一个展示平台。

四川大学开设了专门的全校通识课，由教授任专门的授课教师，通过组建专业社团、开展省级竞赛等多种形式，开展财经素养教育，并在中西部高校和中学主办流动课堂，开设人文讲座，开展经验交流，推广现代财经素养理念，引导大学生和青少年在财经生活中提高财经素养，提升人生境界。

资源库4–7

生活中的经济问题③

经济学就是一堆密密麻麻的图表、符号和数学公式，是一些泛泛而谈的理论，而实际上经济学应用范围之广，远远超出了大众所认知的范围，今天我们从生活中常见的一些现象来聊聊生活中的经济问题。

第一个案例：为什么牛奶装在方盒子里卖，可乐却装在圆瓶子里？

几乎所有饮料的包装盒都是圆柱形的——而事实上，方形容器能更有效地

① 楚晓琳，刘文权.中国财经素养教育标准与实践——访“《中国财经素养教育标准框架》发布会”与会专家［J］.大学（研究版），2018（03）：4–19.

② 楚晓琳，刘文权.如何理解与开展财经素养教育——访“中国财经素养教育协同创新中心”专家［J］.大学（研究版），2017（01）：4–23.

③ 张男星.中国财经素养教育的学校实践［M］.北京：科学出版社，2019：167–168.

利用空间，因为圆柱形容器与圆柱形容器之间会存在间隙。那为什么除了牛奶，其他饮料都是圆柱形的呢？

其中的一个原因是，饮料大多是直接喝的，圆柱形的容器更称手，抵消了它的额外存储成本。而大多数人不会直接喝牛奶，有的人可能会把牛奶倒出来加热，也有人会把牛奶当作其他产品的原料等。还有一个原因是，因为大多数饮料都是放在开放式架子上的，开放式架子比较便宜。而牛奶需要保鲜，应放在冰柜里，而冰柜价格贵，运营成本高。因此，冰柜里面的存储空间十分宝贵，从而提高了经济效益。

这个案例体现了经济学上的成本效益原则，因为商家的目的是赚钱，成本效益原则正是符合他们的利益。一般而言，生产商并没有什么动力去改进产品，除非所带来的收益大于成本。产品设计既要包含最符合消费者心意的功能，又要满足商家便于竞争的需求，因此产品设计需要在两者之间寻求平衡。

第二个案例：为什么很多大排档喝水要钱，却又免费提供花生米？

供给与需求是经济学中十分重要的概念，道理浅显易懂：供给曲线与需求曲线在图表上的交点，就是商品的平衡价格，在这时，愿意购买该产品的消费者与售卖该商品的消费者相当，平衡价格是市场上最有利的价格。我们去很多大排档，服务员都会先送一盘花生米上桌。有些大排档一瓶矿泉水要4元钱，花生米却免费。花生米的生产成本肯定比水高，那为什么会出现这种情况呢？

理解这种做法的关键是——水和花生米对于酒精饮料的需求有什么影响。花生米与酒是互补的，客人吃的花生米越多，就会越口渴，从而会点更多的酒。花生米与酒相比更便宜，而酒能带来十分可观的利润，所以免费提供花生米能提高大排档的利润。水与酒是替代品，水喝越多酒喝越少，所以说大排档要给水定高价，让客人多消费酒。

思考

1. 结合以上资料，谈谈你对生活中一些类似消费现象的认识。

5

Part

第五章

教育实践：财经职业道德教育

冲突

一方面，我国经济建设取得了举世瞩目的伟大成就；另一方面，人们却彷徨在现代化带来的福祉与痛苦之中，是“进亦忧退亦忧”？面对物质生活水平的丰富和社会道德水平的滑坡，人们陷入了深层的焦虑，发展经济和追求利益冲突吗？我们是幸运的，因为我们时刻浸润在传承千年的传统文化的怀抱，可以从中国传统哲学和传统文化中寻找思想的根基和营养。

教育

在道德教育的语境下，财经职业教育要走好有中国特色的文化传承之路，走好有中国特色的道德教育之路，继而形成财经职业道德教育的本土品格。道德教育对于高校而言，是一项迫在眉睫的大任务。它不仅需要弘扬传承继往开来的历史使命，更需要巨大的勇气进行理论探索与创新，深深扎根时代变革的土壤，接受财经活动的实践检验。财经职业道德教育恰逢其时！正如19世纪最伟大的英国作家狄更斯（Charles John Huffam Dickens，1812—1870年）在《双城记》中写的那样：“这是最好的时代，也是最坏的时代。”

第五章内容结构图

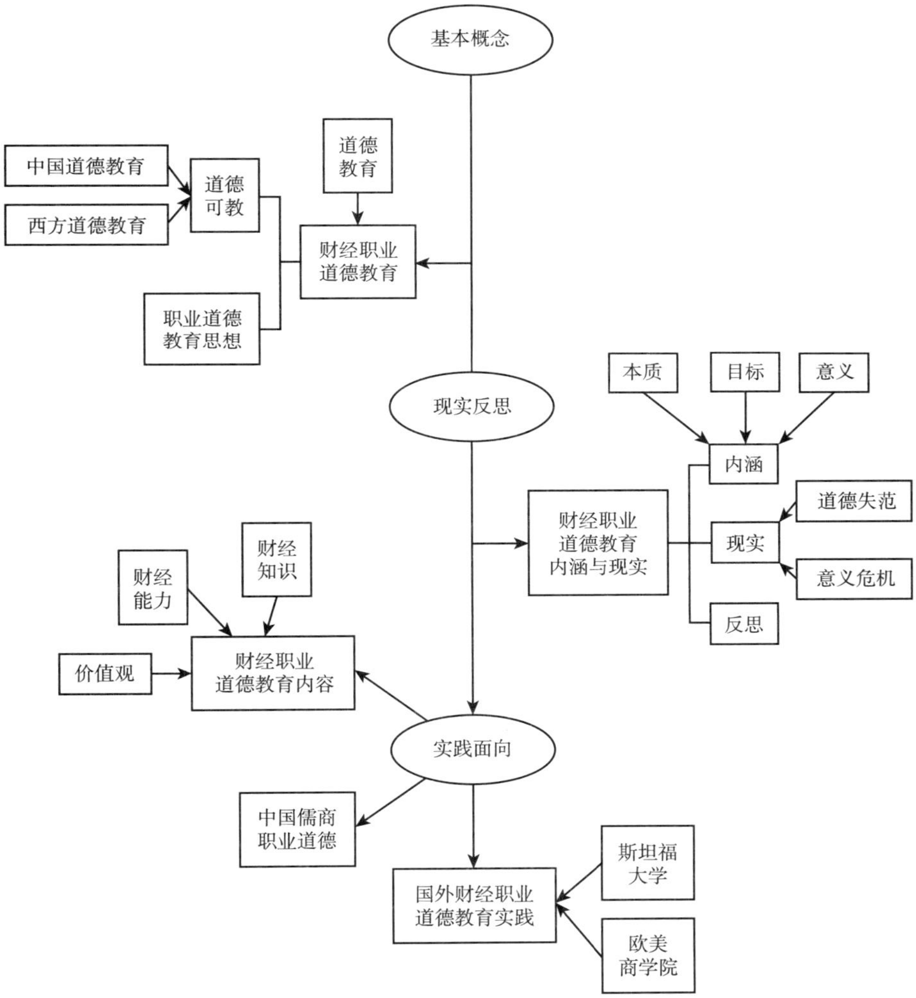
基本概念
中国道德教育
西方道德教育
道德可教
道德教育
财经职业道德教育
职业道德教育思想
现实反思
本质
目标
意义
内涵
财经职业道德教育内涵与现实
道德失范
现实
意义危机
反思
财经能力
财经知识
价值观
财经职业道德教育内容
实践面向
中国儒商职业道德
国外财经职业道德教育实践
斯坦福大学
欧美商学院

约翰·弗里德里希·赫尔巴特
Johann Friedrich Herbart
1776—1841年

教学如果没有进行道德教育，只是一种没有目的的手段；道德教育如果没有教学，就是一种失去了手段的目的。

——［德］约翰·弗里德里希·赫尔巴特

黄炎培
1878—1965年

彼之教育，最重公众，而我惟重一己也。试论道德，彼未尝不守私德，而终不及公德之重；我未尝不谈公德，而终无私德之尤严。彼以服务社会为人生最大之责任；我以束身寡过为处事最稳之方针。

——黄炎培

第一节 基本概念：财经职业道德教育思想

道德与教育具有天然的密切联系。教育是道德养成的重要途径，谓之道德教育；道德是教育的必要内容，谓之“教育”道德；两者都服务于“使人成为人”之目的。

一、财经职业道德教育

（一）道德教育和职业道德教育

1. 道德教育

现代社会中，道德教育具有化育人类心灵、建设道德文化、净化社会风气的力量，目的在于培养德性完善的公民，促进现代社会的和谐发展和进步。[①]道德教育的使命，是“通过塑造伦理精神，培养完美人格，改善人们的道德生活，实现道德对人生的肯定、调节、引导和提升，”[②]实现人对现实生活和存在方式的道德超越。

近现代西方的道德教育流派主要有三个，一是以法国思想家卢梭（Jean-Jacques Rousseau，1712—1778年）为代表的浪漫主义，二是源于英国思想家约翰·洛克（John Locke，1632—1704年）的文化传递主义，三是开创自美国教育家约翰·杜威（John Dewey，1859—1952年）的进步主义（见图5-1）。

浪漫主义的哲学基础在于，道德是一种源于人内心的，判断善恶是非的本性，儿童有先天的善，道德教育就是创造适宜的条件，让儿童自己发现和发展自己的本性。那些来自成人和社会的文化只会压抑他们的发展。

与浪漫主义正好相反，文化传递主义认为，道德的形成恰恰是社会环境和文化作用的结果，因为人的行为和思想是能够被外在环境影响和控制的，教育就是运用各种方法把知识和价值传递给学生的过程。

进步主义自认为克服了两者的缺点，主张道德形成过程是儿童和社会相互作用

① 戚万学.道德教育的文化使命［M］.北京：教育科学出版社，2010：262.

② 鲁洁.超越性的存在——兼析病态适应的教育［J］.华东师范大学学报（教育科学版），2007（04）：6-11+29.

的结果。道德是发展的，是人的主观世界在社会文化作用下主动改变的过程。其心理学前提是，人的心理是一种以水平不断增加为特征的内部结构的发展过程，是内、外部互相作用的结果。道德的形成和道德教育都应建立在这样的心理学基础上。

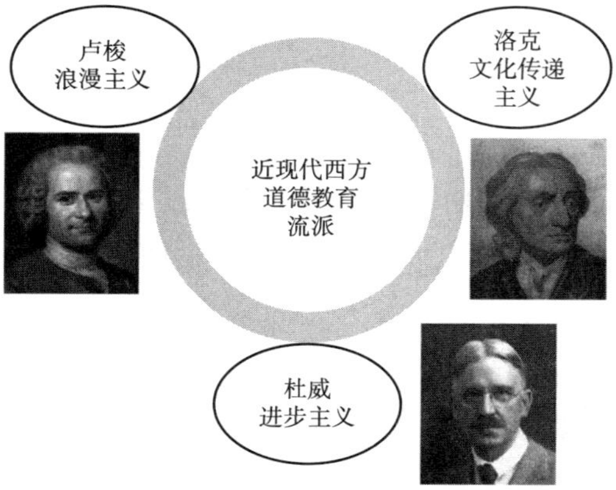

图5-1　近现代西方道德教育三大流派

2.职业道德教育

职业道德，是指从事一定职业的人们，在特定的职业活动中，所应遵守的道德准则和行为规范。它通过人们的职业活动、职业关系、职业态度、职业作风，以及他们的社会效果具体表现出来，是人们在长期的职业实践中逐步形成的，是人类文明意识在职业活动中的体现和延续，是一种高度社会化的道德角色。①

职业道德作为一种社会意识形态，是伴随着社会分工和社会职业的发展而出现的社会的产物。从道义上，职业道德要求人们在职业生活中，以一定的思想、感情、态度、作风和行为去待人接物，明确工作任务，完成本职工作。

职业道德教育，是指一定的社会或组织结合各自行业的特点，把职业道德原则和规范等渗透到生产、业务、工作的各个环节中去，建立具有职业特点的道德规范，培养人们良好的职业道德意识和道德行为的教育活动。②

职业道德教育的概念，首先回答了“职业道德教育是什么”——是一种教育活动；然后回答了“职业道德教育怎么做”——把职业道德原则和规范等渗透到生产、业务、工作的各个环节中去；最后强调职业道德教育的目的，即“为什么进行道德教育”——建立具有职业特点的道德规范，培养人们良好的职业道德意识和职业道德行为。因此，职业道德教育是施教者依据一定的道德原则和规范，针对某一特定的群体，主动开展和实施的教育活动。这种教育活动是积极的、正向的，是指引受教育

---

① 汪荣有，徐迎红.职业道德引论［M］.北京：中央编译出版社，2004：71-75.

② 郭宗圣，李河水.职业道德教程［M］.北京：机械工业出版社，2003：133.

者朝更有利于职业发展和个人成长的目标靠近。

3. 职业道德和职业道德教育关系

职业道德，既是职业道德教育的目的，又是职业道德教育的内容；职业道德教育，则是培育和养成职业道德的重要路径。两者互相联系，不可分离。

职业道德存在于职场之中，没有职场就没有职业道德，更谈不上职业道德教育。职业道德教育是使受教育者接受并养成职业道德，这种教育活动依赖于职业道德而存在。两者都是以道德规范和准则为基础的。不同的是，职业道德主要是强调职业中的道德规范和准则的存在，而职业道德教育强调的则是教育，即接受职业中道德规范和准则的过程和结果。[①]职业道德教育的最终目的，是为了让受教育者在整体素质方面有所提升，通过学习获得敬业奉献、积极向上的态度，最终实现自己的奋斗目标。

职业道德教育和职业道德素养提升、职业道德评价等活动一样，是道德要求转化为人们道德品质过程中，不可缺少的重要道德实践活动。职业道德教育立足于寻得个人利益、集体利益和国家利益三者之间的共同点，把个人利益统一于集体利益和国家利益之中，自觉自愿地遵守道德规范。职业从业的标准，既包括技术规范，又包括伦理规范。其中，伦理规范往往是以职业道德体系的形式出现。职业道德体系不是职业的自由选择，而是职业自身的内在必须。由此来看，职业道德教育是提升从业人员道德水平的必要手段。

（二）职业道德教育和职业伦理教育

1. 道德、伦理和法律

人们一般将“伦理”和“道德”互换使用不作区分，但事实上两者有区别。道德和伦理的关系，正如音乐和音乐学的关系，前者是实践的、具体的；后者是抽象的、普遍的。道德是具体的、个别的、特殊的；伦理是抽象的、共性的、普遍的。伦理又称之为“道德哲学”，是对道德的哲学研究。道德是伦理的基础，伦理是对道德的抽象；普遍的伦理是对个别的道德的超越和提升，道德发展的新阶段就是伦理。

从传统文化视角，“伦理”一词出现在《礼记》中，“凡音者，生于人心者也；乐者，通伦理者也。是故知声而不知音者，禽兽是也；知音而不知乐者，众庶是也。唯君子为能知乐”。“声”指分贝的高低，有听力的生物即可辨识；“音”指中国古乐的五音“宫商角徵羽”和西方音乐的七音“do、re、mi、fa、sol、la、si”，普通人可识别“音”；但“乐”指表达人类情感的乐曲，只有通达伦理且有道德修

① 刘昭君.加强大学生职业道德教育研究［M］.青岛：青岛大学出版社，2015：165.

养的君子，才能了解和欣赏“乐”。黑格尔说音乐的实质是“灵魂自由的音响”。通过对“声”“音”“乐”不同的理解和欣赏，体现了人类社会道德和伦理关系的递进。著名作曲家贝多芬（Ludwig van Beethoven，1770—1827年）一生所创作的九部交响乐，从苦难走向欢乐不断地通达自由，是作曲家哲学思想不断进步和发展的体现。

从西方哲学视角，黑格尔说过：“道德的观点，从它的形态上看，就是主观意志的法。”①曾任德国经济伦理学会首席理事的霍尔斯特·施泰因曼（Horst Steinmann，1934年—，见图5-2）认为，“道德”是指一定文化界域内占实际支配地位的现存规范，而“伦理”则是指对这种道德规范的严密方法性思考。②

图5-2 霍尔斯特·施泰因曼

具体来说，伦理是社会给定的，道德是人们在社会生活中习得的；伦理是社会基本的共同性的社会价值，道德是个体发展的价值；伦理具有双向性，要求双方共同遵守，而道德具有单向性；伦理的约束具有强制性，体现了正义和公平，而道德则无。③

法律与道德都是调整人与人之间关系的行为规范。二者相比，法律规范的基本特征是他律；道德规范的基本特征是自律。法律是权力规范，是应该而且必须如何的行为规范；道德根本上是非权力规范，是应该而非必须如何的行为规范。对于社会关系的健康发展来说，两者都是不可或缺的。

伦理是法律与道德的统一，主要就是指伦理具有法与道德的两个基本特征，即他律与自律的统一，客观性与主观性、外在性与内在性的统一（见表5-1）。职业伦理是伦理在职业关系、职业活动中的体现，是职业集团或行业、职业人在职业领域和职业活动中所形成的应然关系与调节这种应然关系的伦理规范，以及职业集团、行业和职业人由于内化伦理规范而形成的伦理品格。④

财经职业道德的自律性不是与生俱来，而是人们在长期的财经工作实践中，在财经法规的约束下逐渐形成的。因此，在财经职业道德的自律中，隐含着财经法律法规的他律成分，财经法律法规有助于向财经职业道德自律转化。

---

① 黑格尔法哲学原理（中译本）[M].范杨，张企泰，等，译.北京：商务印书馆，1961：131.

② 霍尔斯特·施泰因曼著.企业伦理学基础[M].李兆雄，译.上海：社会科学出版社，2001：8.

③ 边慧敏，朱世宏.财经职业道德[M].成都：西南财经大学出版社，2011：6.

④ 何光辉.职业伦理教育有效模式研究[D].华东师范大学，2007.

表5-1 道德、伦理和法律的关系

	来源	性质	表现力	特征		约束力
道德	生活习得	个体发展价值	内在	自律	主观	单方约束
伦理	社会给定	社会共同价值	内外统一	自律和他律统一	主观和客观统一	双向约束
法律	政府发文	权力规范	外在	他律	客观	强制约束

2.职业道德和职业伦理

职业道德是从事一定职业的人们，在特定的职业活动中所应遵守的道德准则和行为规范。它通过人们的职业活动、职业关系、职业态度、职业作风，以及他们的社会效果具体表现出来，是人们在长期的职业实践中逐步形成的，是人类文明意识在职业活动中的体现和延续，是一种高度社会化的角色道德。①

从发展历史来看，职业道德有着悠久的历史。原始社会末期，随着农业和手工业的分离，社会出现了分工，职业道德崭露头角；进入奴隶社会之后，出现了职业和专职人员即“百工”，职业道德逐渐发展起来。相比职业道德，职业伦理是现代化的产物。随着第二次世界大战后西方资本主义经济迅速恢复和发展，出现了经济外部性效应，主要表现为一些经济活动所导致的外部不经济行为，如环境污染、政府腐败、道德沦丧等社会问题。出现了新兴学科——伦理经济学，它关乎职业道德，但却不局限于此，它从伦理道德的视角审视职业活动，把握经济活动中道德的规律性，已经超越了现实的、固定的道德规范。

从内容形式来看，职业道德有不同的表现形式，如规章制度式、守则公约、作风纪律、标语口号等形式，但无论以哪种形式存在，职业道德的内容和结构一般是稳定的、明确的、连续的。职业伦理关注的大都为职业道德所涉及的领域中的道德悖论和伦理冲突，即职业人所面临的价值观念冲突，或现有的道德规范的两难选择，或者是职业活动中所涌现出来的一些用现有道德思维、规范难以处理的问题。职业伦理已经突破和超越了职业道德的范围，出现了新的人类命题。这些新命题的解决，不是凭借简单的道德直觉，或是直接参照职业道德守则就可以解决的。这些问题的解决，需要通过伦理分析，复杂且理性的权衡，或者需要通过组建专家团队，进行协商以求得解决方案。近代西方研究职业道德的学科，被称为职业伦理学，包括律师伦理学、教师伦理学、医生伦理学等。

职业道德和职业伦理之间，既有细微的差别，又有紧密的联系，本质上一脉相承，但细微之处又可见分晓。职业道德更多地与义务相关联，注重主观、内在、个人的道德品质状况；而职业伦理更多地与价值相连，强调对职业道德的本质与立场进行质询，强调客观、外在与社会的意志。

① 汪荣有，徐迎红.职业道德引论［M］.北京：中央编译出版社，2004：71-75.

如果我们把职业道德看成是人从事某种职业的现实，把职业道德看成人们用善的方式、理性的手段，来调节和处理职业活动中人与人、人与组织、人与自然等多种关系的话，那么，职业伦理则可以理解为“人在职业中体现‘应该’的理念”。职业伦理不仅是对职业道德及其“应该”的理论分析，也是对职业理性关系和关系理性的揭示。①

3.职业道德教育和职业伦理教育

伟大的科学家爱因斯坦曾说：“通过专业教育，他可以成为一种有用的机器，但不能成为一个和谐发展的人。要使学生对价值有所理解，并且产生热烈的感情，最基本的要求，他必须获得对美和道德上的善的、鲜明的辨别力。”②在悠久的职业活动中，职业道德、职业伦理一直受到人们的关注和重视，职业伦理教育始终是职业教育或培训的重要内容。

职业道德教育，是指一定的社会或组织结合各自行业的特点，把职业道德原则和规范等渗透到生产、业务、工作的各个环节中去，建立具有职业特点的道德规范，培养人们良好的职业道德意识和道德行为的活动。③

职业伦理教育是教育主体运用一定的手段，开展多种活动、创设适合受教育者职业伦理认知、职业伦理情感、职业伦理行为生成的场域，引导、建构、转变、巩固、提升受教育者的职业伦理，最终形成健康的职业人格过程。职业伦理教育的目的是优化、放大教育对象的职业实践能力，支持职业集团或职业人保持与人、社会以及自然之间的和谐的关系，以致事业发达，人生幸福。④

职业道德是职业伦理的必经过程和组成部分，那么，职业道德教育也是职业伦理教育的重要组成部分。

（三）职业教育、职业道德教育和财经职业道德教育

职业教育，是指让受教育者获得某种职业或生产劳动所需要的职业知识、技能和职业道德的教育。职业教育是教育类型，而不是教育层次。根据《现代职业教育体系建设规划（2014—2020）》，完整的现代职业教育体系应包括：初等职业教育、中等职业教育、高等职业专科教育、应用技术本科教育，以及专业学位研究生教育。2019年1月，国务院印发《国家职业教育改革实施方案》指出：“职业教育与普通教育是两种不同教育类型，具有同等重要地位”，正式确定职业教育在我国教育体系中

---

① 何光辉.职业伦理教育有效模式研究［D］.上海：华东师范大学，2007.

② 爱因斯坦.用专业知识教育人是不够的［J］.山东教育.2008（15）：63-64.

③ 郭宗圣，李河水.职业道德教程［M］.北京：机械工业出版社，2003：133.

④ 何光辉.职业伦理教育有效模式研究［D］.上海：华东师范大学，2007.

是一个单独种类的教育。

职业道德教育，是以职业道德教育目的为导向，以职业道德教育内容为依托，以职业道德教育方法为具体实现形式，是直接作用于受教育者身心的教育活动全要素的总和与全过程的总和，是整个社会道德教育的一个有机组成部分，是思想政治教育的重要组成部分。

财经职业道德教育依据财经职业道德原则和规范，有目的、有组织、有计划地对财经工作者开展实践活动，施加外在影响，从而使财经工作者逐步形成良好的财经职业道德、增强职业责任心和职业荣誉感。财经职业道德教育的模式，由核心理念、教育目标、教育原则、教育内容、教育途径与方法等组成。

由于财经工作是直接关系到国民经济运行质量的一项重要经济工作，包括许多具体的经济管理行业或部门，如会计、统计、审计、金融、财政、保险、银行、企业管理等，是经济社会活动的重要组成部分。财经工作职能的充分发挥，有赖于一支德才兼备、高素质的财经工作者队伍。财经职业道德教育理所当然地成为社会职业道德教育的重要组成部分，甚至比一般的职业道德教育更为谨慎和严格。

财经职业道德教育是职业道德教育中最重要的教育力量。财经职业教育属于当代职业教育的范畴，从中可以分化出非常多的职业教育类型。由于财经职业是社会主义职业分工的一个重要分支，其原则性强、政策性强和与钱物打交道等特点，决定了它的职业道德教育必然带有“财”字。财经职业关系民生，担负着为国家建设生财、聚财、理财和用财的重要任务，其职业道德教育在原有的教育基础上也必然多了对“财”的教育。所以，比起职业道德教育，财经职业道德教育更多的是强调财经工作者在职业活动中要严格按照一定的财经政策、方针、制度、法律、法规办事，执行财经职业道德的“工作守则”“工作条例”和“工作规范”。财经工作者的形象直接关系国家的声誉和利益，社会大众对他们的要求更高更严。

财经职业道德教育于国家和社会是一把“双刃剑”。一方面，高质量的财经职业道德教育，对促进国民经济的健康运行有助推作用；另一方面，低效率的财经职业道德教育，将会纵容和滋生财经行业的腐败，产生不良的社会影响，乃至危害国民经济健康、稳定、持续发展。所以，加强财经职业道德教育，对于国民的职业道德教育乃至整个社会的精神文明建设，都有非常重要的意义。

财经类高校的毕业生，是接受过专业技能训练和专业职业道德教育的人，理应成为公众利益的代言人和社会的良心，要求自己比纯粹的“理性经济人”有着更高的道德信念与人格追求；财经类高校的毕业生，是有志在国家未来经济与管理事业上大展宏图的莘莘学子，通过对经济伦理和财经职业道德理论方面的学习和教育，不论是他们分析问题和解决问题的能力，还是其人生理想和远大抱负，都有望得到全面提升。作为财经类高校的学生，在未来的职业生涯中，一方面，不能脱离正确的伦理价值观的引导；另一方面，学习过《经济学》《经济伦理学》和《财经职业道德》等课程后，更不能将自身演化为一个纯粹的“经济人”。

与财经职业道德教育相关的各概念之间，存在着交叉和包含等关系（见图5-3）。

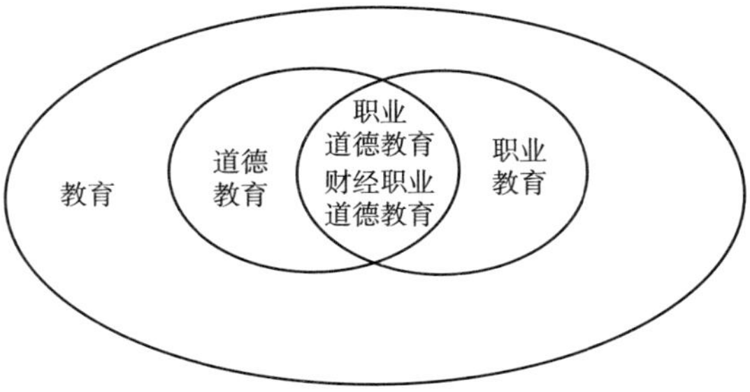

图5-3　财经职业道德教育和其他各类教育之间的关系

（四）财经职业道德的可教性

阿尔伯特·爱因斯坦（Albert Einstein，1879—1955年）曾说过，教育不是要记住各种事实，而是要训练大脑如何思考。那么，财经职业道德教育可教吗？教什么？如何教？

要回答这三个问题，我们需要从道德教育入手，探讨道德的可教性。“道德”一词从广义上讲，不仅含有行为的准则和规范，而且也含有道德感化或道德教育的意思。即道德通过评价等方式，造成社会舆论，形成社会风尚，树立道德榜样，塑造理想人物，从而培养人们的道德观念、道德境界、道德行为和道德品质。①

财经职业道德教育，是职业道德教育的范畴；职业道德教育既是职业教育的重要组成部分，又归属于道德教育的范畴，是职业教育和道德教育的交叉重叠部分。道德具备教育功能，即道德是可教的；道德教育是有目标、有方法、有手段地可开展和可实施的教育，财经职业道德教育便是有章可循的。

1. 中国传统道德哲学

（1）道德教育可教吗？第一，从“道德”一词起源看。“道德”起源可追溯至先秦思想家老子的《道德经》一书。老子说：“道生之，德畜之，物形之，势成之。是以万物莫不尊道而贵德。道之尊，德之贵，夫莫之命而常自然”。其中，“道”的含义主要有两种，一种是宇宙万物的本源、本体及规律，包括对规律的认识；另一种是道德和德行。“道”是中华民族认识自然为己所用的一个名词；而“德”的本义是登上、提升，是指人世的德性、品行、王道，也是一个名词。“道”是当时古人对世界本真的一种认知，而“德”是对“道”认知后形成的自我反馈。②如何客观地认识

① 韩进之，王宪清.德育心理学概论［M].上海：上海人民出版社，1985：2.

② 吴汝钧.老庄哲学的现代析论［M].台北：文津出版社，1998：163.

“道”，并以其进行正确的自我反馈，便是道德教育拷问之始。

第二，从“性”“道”“教”的逻辑关系看。《中庸》开篇明义“天命之谓性，率性之谓道，修道之谓教”。提出了“性”“道”“教”三者之间的关系，即上天赋予人的天性都是符合“道”的，遵循“天性”是符合自然规律的。吃饭、喝水、维护人伦、实行道德，都是“率性”，即遵循天性。这就是“道”。所谓“教”不过就是“修道”。[①]道德教育的最终目标，就是培养人的德性，也就是培养人得以在社会上安身立命的理想人格。[②]教育可使人不违背自然规律，即守“道”，继而可遵从本心做回自己，即“率性”，这一切都是符合“天命”的。

第三，从人的整个生命周期看。中国古代的道德教育，关注的是“如何做人”与“做怎样的人”，可以称之为“人生教育学”。《大学》开篇就说：“大学之道，在明明德，在亲民，在止于至善。”即为著名的“三纲领”，教育的终极指向“至善”，贯穿于人的一生始终。“由人之初开始，教育与人生同步，并与人生同归。因此，教育原来便是‘人生教育’，教育总该是‘人生教育’。不管在什么年代，教育离开人生就不对；离得越远就错得越多，错得越多就错得越大。”[③]中国古代先哲很早就认识到，道德教育离不开人生教育，道德教育要从人生教育基础上入手，通过启发人的道德自觉来提升道德境界。

（2）道德教育教什么？从“道德”的字形入手来分析道德教育的内容，也是很有意思的探索。

道的偏旁“辶”。众所周知，汉字中有“辶”的字大都和行动、运动有关。因此，“道”无论是万物运行的轨迹，还是事物变化的天道，都需要我们亲自去实践才能获得。懂“道”、悟“道”本身就是一个由理论到实践，逐步发展深入的过程；如果不讲实践，不亲身经历和体会，就无法领会什么是“道”，因此，“道”和实践有关。

德有一个“心”字底。在汉字中有此偏旁的字，大部分和心理活动相关。那么，“德”的本义是登上、提升。它和“道”组成一个词后，势必是在对“道”的实践经过思虑后，内心深处有所体会和感想，从而上升到个人德性、品行、王道的提升和改善。因此，“德”应该是对“道”实践后的一种升华和呈现。

冯友兰先生说，常人每天都吃、喝，普通而平常。正是由于普通、平常且重要，所以是人们不可或缺的。人伦道德和日常吃喝一样，也是人们生活中的“必需品”。由于每个人后天禀赋的差异，逐渐偏离天生本性和自然规律，需要用“道”进行约束和管理，即为“教”。虽然所有人实际在某种程度上都在遵循“道”，但是并不是所有人都能充分觉悟到这一事实。《中庸》说：“人莫不饮食，鲜能知味也。”冯先生

---

① 冯友兰.中国哲学简史［M］.涂又光，译.北京：北京大学出版社，2018：169.

② 戚万学.道德教育的文化使命［M］.北京：教育科学出版社，2010：41.

③ 严元章.中国教育思想源流［M］.北京：生活·读书·新知，三联书店，1993：44.

认为，“教的作用，就是使人们了解他们都在不同程度的实际遵循着‘道’，使他对于自己正在做的事觉悟起来。同时，“教”就是使人把事实上已经不同程度在做的事，做完全。”《论语·述而》中也有同样的提法，“德之不修，学之不讲。”诸葛亮也在《诫子书》中，告诫自己的儿子诸葛瞻：“夫君子之行，静以修身，俭以养德。”

由此可以看出，古人不仅认为“德”可以修、可以养，而且还谈到了修养的内容。在日常生活中，那些看似最平常的生活内容和行为方式，其实便是对“道”实践的结果。所有的人，即使有的愚而不肖，都在某种程度上遵循着“道”。虽然如此，人仍然需要“教”，才能使人的觉悟而完全，也就是“明而诚”。[①]在看似平常的生活实践中，日出而作、日落而息、一日三餐，都渗透着古人“修道”的精髓，“每日三省吾身”才能实践好“道”，才可实现理想中的“修身齐家平天下”。

（3）道德教育如何教？道德教育，在方法上可遵循中国传统文化中的辩证唯物主义世界观和方法论。《论语·学而》言：“其为人也孝弟，而好犯上者，鲜矣；不好犯上，而好作乱者，未之有也。君子务本，本立而道生”。中国近现代著名历史学家钱穆（1895—1990年）先生对此注解为：“本者，仁也。道者，即人道，其本在心”。可见，“道”是人关于世界的看法，应属于世界观的范畴。

《黄帝内经·素问》第五篇中曰：“阴阳者，天地之道也，万物之纲纪，变化之父母，生杀之本始，神明之府也”。这里的“天地之道”，谓之“阴阳”，即事物的两个属性，即“一阴一阳谓之道”。“阴阳”是人们关于践行天地之道的方法论，世界上的任何事物都是互相对立和统一的。“否极泰来”“祸兮福所倚，福兮祸所伏”，都蕴含了“阴阳论”的理论，这也是中国传统文化中朴素的辩证唯物主义论。

有了世界观和方法论后，我们的教育就有了力量和依据。自古以来，道德教育从来就不是空洞的教条，它有着千年传统文化的深厚沉淀，是朴素的辩证唯物主义世界观和方法论，它是实践的、可行的。

“道德”是中国传统文化的精髓，其寓意深刻。我们从字形解读的角度，揭示了道德教育是实践加思考的。因为“道”是普遍存在的自然万物的规律。你在，或不在，“道”都一直存在。如何掌握和运用好这一规律，只有亲自实践，才会明白。正所谓老子的那句“道可道，非常道。”我们学习“道”的过程，贯穿于社会实践活动始终，离开了实践来谈道德，犹如鱼儿离开了水，便是一番空谈。

因此，道德自古以来就是可教的。古代德育的路径，是由人及家，由家及国，由国及世界，这种道德教育是示范，是引导，是教化；但绝非灌输、胁迫和盲从。中国传统道德教育以儒家文化教育为主体，中国古代的道德教育，就是儒家文化指引下的教育。从道德教育价值观到道德教育目标，再到道德教育的内容和方法，无不渗透着儒家的教育思想和理念。

---

① 冯友兰.中国哲学简史［M］.涂又光，译.北京：北京大学出版社，2018：170.

需要强调的一点，如果脱离了文化背景，我们的道德教育就是舍本逐末。脱离了中国传统哲学和传统文化去谈道德教育，不利于养成系统的道德人格，也不利于养成自主的精神世界，更不利于多元文化的交流和碰撞。

资源库5-1

中国古代的“五伦”关系[1]

“五伦”是中国传统社会基本的人伦关系，即君臣、父子、夫妇、兄弟、朋友五种关系。

孟子认为：君臣之间有礼义之道，父子之间有骨肉之亲，夫妻之间挚爱而又内外有别，老少之间有尊卑之序，朋友之间有诚信之德。落实到具体行为上就是为臣的，要忠于职守，为君的，要对臣子以礼相待；为父的，要慈祥，为子的，要孝顺；为夫的，要主外，为妇的，要主内；为兄的，要照顾弟弟，为弟的，要敬重兄长；为友的，要讲信义。这些都是处理人与人之间关系的基本准则。

图5-4 五伦图

在中国古代，画花鸟，以凤凰、仙鹤、鸳鸯、鹡鸰（jǐ líng）、黄莺为五伦图（见图5-4）。一是凤凰，据晋代张华《禽经》：“鸟之属三百六十，凤为之长”，又“飞则群鸟从，出则王政平，国有道。”故用凤表示“君臣之道”。二是仙鹤，据《易经》：“鸣鹤在阴，其子和之。”故用仙鹤表示“父子之道”。三是鸳鸯，据晋代崔豹《古今注·鸟兽》：“鸳鸯，水鸟，凫类也。雌雄未尝相离，人得其一，则一思而死，故曰匹鸟。”故用鸳鸯表示“夫妇之道”。四是鹡鸰，据《诗经》：“脊令（jǐ lìng）在原，兄弟急难。”古人认为此鸟“飞则鸣，行则摇，有急难之意”，故用鹡鸰表示“兄弟之道”。五是黄莺，据《诗经》：“嘤其鸣矣，求其友声。”故用黄莺表示“朋友之道”。[2]

思考

1. 你是如何看待中国传统社会的“五伦”关系的？
2. 中国传统文化中为何重视家庭伦理关系？这和社会经济生活有何关联？

---

① 人民网：钟葵.古人用五种禽鸟代表“五伦”关系［EB/OL］.http：//culture.people.com.cn/n1/2017/0214/c22219-29078652.html.

② 李思思.五伦图：非同一般的花鸟，中国社会科学报［N］.2014-1-13（03）.

2. 西方道德教育哲学

（1）道德教育可教吗？古希腊哲学家认为，道德可以通过教育而获得。苏格拉底也曾说过，未经反省的人生不值一活。人类无知却不自知，比无知更远离真理的是偏见，唯有通过教育，方能引导人们摆脱无知和偏见，将认知和觉悟提高到更高的层次。“洞穴理论”是古典哲学最为重要的比喻之一。早在2000多年前，西方先哲柏拉图（见图5-5中）在《理想国》中，描述了他的老师——苏格拉底（Socrates，公元前470—399年，见图5-5左）与柏拉图哥哥的一段对话，通过描绘洞穴以及洞穴里囚犯的状态，为我们揭示了教育的本质。

涂尔干认为，人的道德并不是天生具有的，那些认为道德存在于每个人的身上、心灵中，都包含着道德因素的道德天生论，这是主观的、任意的，而唯有通过教育，才能使得个人将道德规范内化为自己的行动指南。①

论及西方社会的道德教育源头，可追溯到柏拉图的学生——亚里士多德（Aristotle，前384—前322年，见图5-5右）。他提出的“美德”伦理学，常常被视为道德教育和品格教育的原型。品格是个人所拥有的能被称为美德的性格特征。

图5-5　古希腊三哲：苏格拉底（左）、柏拉图（中）、亚里士多德（右）

美国纽约州立大学科特兰分校教育发展心理学教授托马斯·里克纳（Thomas Lickona，见图5-6）尤为看重尊重与责任。他提出了诚实、同情、公平、勇敢、自律、乐于助人、容忍、合作、慎重，以及相关的民主道德标准。他认为，品格教育是地平线上的希望，它有可能将家庭、学校、青年组织、信仰社区和政府聚集在一起，共同致力于一个共同的事业。未来一个世纪，各国的福祉和整个人类大家庭的福祉取决于我们所有人对这一使命的承诺程度。②

① 田赟.涂尔干职业伦理思想的核心特质与借鉴价值［M］.上海：复旦大学出版社，2014：34.

② SUNY Cortland. Thomas Lickona Receives Honorary Doctorate［EB/OL］. https：//www2.cortland.edu/news/detail.dot?id=c0287cd5-7a52-441d-bdfb-0b8abd35524f.

图5-6 托马斯·里克纳

从社会学角度看，美德对美好生活至关重要。因为具备美德的人，也是具备优秀品格的人，他们生活中的每一方面都会展现出美德。

那么，美德是否可教呢？美国哈特伍德学院开发了专门的美德培育课程，着力于培养以下七种美德“尊重、忠诚、诚实、有爱心、公正、勇敢以及充满希望”。

在柏拉图记载的苏格拉底对话录《美诺篇》中，苏格拉底提出了这一问题；在《普罗泰戈拉篇》中，苏格拉底承认美德要经过学习。所以，美德无论如何都要与教导相关联。[①]人是通过有德性的行为而具备德性的。所以，儿童应该接受训练，对于生活的要求作出有德性的反应。儿童因被教导形成具备美德的行为举止，这些举止应是在最好的公民身上所体现出的美德；在儿童的适当年龄灌输美德，当美德得以良好形成时，人们可以稳妥地提出问题，参与对社会及社会习俗的批判分析之中。[②]亚里士多德说过，只有那些具备良好的美德，懂得什么是道德生活的学生，才能从他所教授的道德推理和道德原理中受益。

图5-7 弗洛伊德

其次，从心理学的角度来看，奥地利精神分析学派创始人弗洛伊德（Sigmund Freud，1856—1939年，见图5-7）提出的人格结构理论，将人格分为三部分：“本我”“自我”和“超我”。“本我”是一种最原始的状态，是无意识获得的，是与生俱来，是人的本能欲望；“超我”代表着社会道德准则，压抑本能；而“自我”位于“本我”和“超我”中间，代表着个体的理性。从这个模型中我们看到，“自我”承担着连接个人和社会的中介作用。

道德规范是社会的规范，一个人要想和社会发生良好的关联，就需要提前受到道德教育，这样，他的行为才符合社会的道德规范和道德原则。人之所以称之为“人”，正是因为对自然性的突破。人的自我意识，从来不是与生俱来的，而是需要通过后天教育形成。涂尔干认为，一个有道德的人，既不可能通过遗传获得，也不可能依靠儿童自身产生，只能

---

① 奈尔·诺丁斯.培养有道德的人：从品格教育到关怀伦理［M］.汪菊，译.北京：教育科学出版社，2019：3-4.

② 奈尔·诺丁斯.培养有道德的人：从品格教育到关怀伦理［M］.汪菊，译.北京：教育科学出版社，2019：184.

通过教育获得培养。[①]通过连接“本我”和“超我”的道德教育，接受外部的道德约束和规范，通过道德教化，从而形成自我意识。西方社会的道德教育由培养良好的美德开始，相信人们坚持“善”的行为，就会到达“德”的境界，在道德的教育和约束下完善“自我”。

（2）道德教育教什么？ 20世纪前，受到宗教和文化的影响，西方道德教育采取相对保守、传统的道德教育模式。社会所传授给学生的，大都是一些固定的道德准则、规范或宗教教条。这与中国在改革开放前的道德教育有相似之处。20世纪以来，反对传统的道德灌输成为现代道德教育家共同的呼声，也是当代道德教育研究理论的起点。

对于道德教育研究的问题，美国现代伦理学家、密歇根大学安娜堡分校哲学教授弗兰克纳（William K. Frankena，1908—1994年，见图5-8）认为，一种规范的道德教育哲学，至少要涉及这样四个问题：一是这种教育要培养的人应具有什么样的品质；二是支持这些品质的理论基础（如哲学立场、理论前提，实验因子）；三是在培养一个道德上受过教育的人的方法上的建议；四是关于这种方法的理论基础。[②]

图5-8 弗兰克纳

20世纪60年代，美国著名教育评估学家斯克里文（Michael Scriven，1928年—，见图5-9）认为，道德教育的任务是要教会学生如何进行道德分析，而不是向他呈现别人的结果。为此，必须把对道德知识的理解、发展道德的推理能力和认知技能，作为教育课程的重要内容。他要建立的是一种“有严格正式教学大纲的认知的道德教育方法”。[③]重视认知能力的道德发展意义，从而把学生的智力活动引入道德教育实践，是道德教育的重要特点。从这点来看，中西方在道德教育的实践引导上是不谋而合的。

（3）道德教育如何教？ 我们以“实用主义教育”为代表的杜威，以及“理性功利主义教育”为代表的威尔逊两位西方道德教育理论家的观点，来理解道德教育如何教授。

一是“实用主义教育”为代表的杜威。他曾说过，“如果用昨天的方式教今天的学生，我们就毁了他们的明天”。杜威一贯批判传统的道德说教和道德灌输，认为没

① 戚万学.现代西方道德教育理论研究（上卷）[M].北京：人民教育出版社，2020：132.

② Chazan. B. Contemporary Approach to Moral Education：Analyzing Alternative Theories [M]. New York：Teachers College Press，1982，9.

③ 戚万学.现代西方道德教育理论研究（上卷）[M].北京：人民教育出版社，2020：56.

图5-9 斯克里文

有固定不变的道德真理，道德实质上是一种解决问题的过程，而不是固定的观念和习惯；道德教育的核心是培养批评性探究的能力，而不是机械的品格训练；道德不是教出来的，而是学生在参与实际生活的过程中，在与人的交往和合作中发展起来的；道德教育不能简单地归结为"问答式教学"或某种"道德的课程"，而是应该扩展到整个学校生活；传统的道德说教是无效的，灌输不仅不能促进，反而会阻碍儿童理智和道德的发展。①

二是"理性功利主义教育"为代表的威尔逊（John Wilson，1928—2003年）。他认为，一个有道德的人至少应该具备以下品质：平等待人和对待他人利益的能力；意识到他人和自己情感的能力；掌握与特殊情境有关的事实知识的能力；对社会规则的认识和理解的能力；在社会情境中行动的能力；根据原则和理由做出道德判断的能力；认识行为的正确过程或把原则应用于情境的能力；分辨是非的能力；完成正当行动的能力。②

因此，威尔逊认为，在大学阶段的道德教育课程，包括人类学的必修课程，这些课程的动机，至少是含蓄的，从属于功利主义的。老师教授伦理学和道德哲学，是因为这样做很可能会增加幸福之于痛苦的比率。相似地，考察一下K12阶段的教育政策，我们会发现许多教育政策都受功利主义思维指导。③

综合中国传统文化视角和西方学者的道德教育论述，再来看当代的财经职业道德教育，对许多问题或许会有所裨益。"财经职业"是现代化的产物，随着经济的发展和市场的细分，形成了财经行业相关的道德原则和道德规范，这种道德规范是现有的社会道德原则和规范的延伸。财经职业道德的目的，是调整和规范财经行业中的道德冲突，提高工作者对道德认知、理解、推理、判断和选择的能力。

财经职业道德教育在原有的道德教育基础上，突出了其"职业性"的特点。带有行业、职业特色的道德教育，是社会主义道德教育的重要组成部分。目前，全球经济一体化的进程在加剧，国内高校的财经职业道德教育，既要符合时代需要，又不能脱离中国国情；既要以西方道德教育理论为依据，又离不开传统文化的背景。人们总是在其所在的文化背景下接受自己的价值观；一个人的价值观，也只有在他浸润的文化中才可以得到解释，方能体现价值。

---

① 赵祥麟，王承绪.杜威教育论著选［M］.上海：华东师范大学出版社，1981：15.

② Wilson J. et al. Introduction to Moral Education［M］. Baltimore：Penguin books，1967：77.

③ 奈尔·诺丁斯，培养有道德的人：从品格教育到关怀伦理［M］.汪菊，译.北京：教育科学出版社，2019：193.

资源库5-2

洞穴理论[①]

柏拉图《理想国》中著名的“洞穴理论”，来自苏格拉底和柏拉图哥哥格劳孔的对话。“洞穴理论”描述了在一个黑暗的山洞里，几个人背对着洞口绑在凳子上，无法动弹。在他们的后面是一堵墙，墙外有一堆火，火发出的光将一些事物的影子投射在洞底的墙壁上，而被绑着的人只能看到墙壁上的影子。他们以为事物的真实样子就像洞壁上的影子一样——那就是真实的世界。

直到有一天，有一个人挣脱了束缚，逃出山洞。他看到了外面的世界，他看到了一棵树，但是可能由于直面刺眼的阳光，他非常怀疑眼前的树是不是真的！当他的眼睛慢慢适应了外面的光线，他看清楚了那棵树，并且真实地触碰到它。他恍然大悟，马上跑回去告诉那些仍然被绑在凳子上的人：真实的世界在外面，这里只有虚假，只有影子。然而，当这个人将那些被绑着的人解绑之后，那些人却恼羞成怒，他们早已习惯了接受影子的“真实”，而把别人的劝告当作毒药，他们就用石头把那个人砸死了。但是，他们毕竟已经挣脱了束缚，所以他们终于也看到了身后的墙，墙外的火，以及通往洞外的洞口，他们终于鼓起勇气走出去！这是意义重大的一刻！

出了山洞，他们也看见了那棵树，一开始他们也怀疑，树和影子竟然同时出现了，到底哪一个是真的？但是他们无法否认，这棵树才是真实的树，可感可触的这棵树比它的影子要真实多了！然后，结果是，有人害怕接受这种沉重的真实，逃回洞里去了；而幸运的是，有人留了下来，接着去探索崭新的神奇的世界！

能够真正走出洞穴的那些人，不仅能够见到真实的树，还感受到了温暖的阳光，见到了真正的太阳。如果说有存在一股力量引导着洞内的人克服困难，不断地向上探索，那么这股力量无疑是伟大的。这股强大的力量就是教育的作用，只有教育才能引导人们抛弃偏见，摆脱束缚，走向光明。

思考

1.“洞穴理论”和中国寓言“井底之蛙”有何异同？

2.请你举个现实生活中关于“洞穴理论”的例子。

① 根据柏拉图《理想国》内容改编。

二、财经职业道德教育中的中国哲学

按照中国的传统，研究哲学不是一种职业，但每个人都要学习哲学。学习哲学的目的是使人作为人能够成为人，而不是成为某种人；其他的学习的目的是使人能够成为某种人，即有一定职业的人。[①]以中国哲学精神为指导，财经职业道德教育不仅要使人成为某种人，更要使人作为人能够成为人，从而使整个社会都获得福祉和进步，达到费孝通（1910—2005年，见图5-10）勾勒出的人类社会的愿景图——“各美其美，美人之美，美美与共，天下大同。”

图5-10　费孝通

（一）两种哲学关系

我国自古以来就特别重视自我修养，强调从自身做起，由己推人，进而治国平天下。“中国人不以宗教观念和宗教活动为生活中最重要、最迷人的部分……”中国文化的精神基础是伦理（特别是儒家伦理），不是宗教。

中国哲学的传统，其功用不在于增加积极的知识（积极的知识，是指关于实际的信息），而是在于提高精神的境界——达到超乎现世的境界，获得高于道德价值的价值。[②]

中国传统文化中有四种重要的思想，可称之为“四个支柱”：一是“阴阳五行”思想，二是“天人合一”思想，三是“中和中庸”思想，四是“修身克己”思想。[③]这四种思想所蕴含的深刻文化精神和教育精神，是中国传统文化和经济生活的坚固内核，也是中国文化精神的基因与血脉，更是中国人自古以来经济生活的哲学。

中国传统经济社会所提及的这四种思想支柱，论证了两种最为重要的哲学关系。一是人与自然的关系；二是人与人的关系。

1. 人与自然的关系

“阴阳五行”思想是古代中国各个社会领域的哲学根基，是中国人认识自然和万物规律所凝练的哲学精华。在阴阳五行消长变化的思想指导下，中国人认识世界、认识自然，于是便产生“天人合一”的思想。“天人合一”，即重视人与自然的和谐统一。中国人一向敬畏自然、尊重自然，希望与自然和谐相处，是中国的“人文精

① 冯友兰.中国哲学简史［M］.涂又光，译.北京：北京大学出版社，2018：11.

② 冯友兰.中国哲学简史［M］.涂又光，译.北京：北京大学出版社，2018：5.

③ 戚万学.道德教育的文化使命［M］.北京：教育科学出版社，2010：133.

神”和“人道主义”；与此相对应的，则是西方文明的“个人本位”自居，欲求征服和改造自然，是西方的“科学精神”和“功利主义”。中国人自古以来对大自然敬畏、顺应、感恩，是中国人传统社会生活的价值观基础。

2. 人与人之间的关系

中国人既重视与自然的和谐统一，也重视人际关系的和谐，素有“以和为贵”“家和万事兴”“和气生财”之说。“中和中庸”和“修身克己”，都是中国人想要追求的一种社会境界，也是中国人处理人际关系的态度和准则。这种动态的和谐和博弈，多样的统一和平衡，长久以来指引着中国人如何认识社会问题、处理人与人之间的关系、提升自我价值和自我认同。

（二）“天人合一”的伦理教育价值

“天人合一”是一种以中国古代儒家文化思想为代表的天理世界观，是古人认识人与自然关系的概括和凝练。“天”是化生万物本源，“人”是天工造化之物。所谓“天人合一”，就是人与天道本质的生养、赞化、共运的关系。即人与自然的统一、协调、有机的联系。①究其来源，一般认为，“天人合一”的思想主要源自老子和庄子的道家渊源；北宋张载第一个明确提出“天人合一”的命题。一方面，在思想世界里，要求人们认识到“天命不可违”；另一方面，在现实人生中，要求人们做到“为天地立心，为生民立命，为往圣继绝学，为万世开太平”。②

儒家所阐述的“仁”的境界，是一种天生自然而成的礼乐精神，表现为《易经》思想中天、地、人之道的回归。因此，“天人合一”需要回归到对传统文化“道”的探讨上来。古人对于宇宙时空即“天道”的思索、体验与玄想，在思想世界里积淀为一个大体成型的观念性框架，即人类生活在一个由“道”“阴阳”“四时”“五行”和“八卦”等整饬有序的概念所构筑起来的，由天、地、社会、人类同源同构的宇宙之中。在这个宇宙之中，一切都是相互关联的，一切都是流转不居的，整齐有序的运转是正常的，同类系联的感应是正常的；在这一秩序中，体现的“天道”，是一切最终依据，也是一切的价值来源。③在古人看来，天是道德之天，人是道德之人，甚至草木皆有情，都有“德”之品性。这种“天人合一”的文化观念，使中国人自古亲近自然、敬畏自然，以人与自然的“亲和”为文化基础。这里的“天道”，不仅指自然万物运行规律，也包含“人道”即社会秩序运行的一般规律。因此，儒家

① 戚万学. 道德教育的文化使命［M］. 北京：教育科学出版社，2010：134.

② 马和民. 从“仁”到“人”：社会化危机及其出路［M］. 北京：北京师范大学出版社，2006：39.

③ 葛兆光. 中国思想史（上卷）［M］. 上海：复旦大学出版社，2001：154.

文化主张“仁者爱人”，讲究“以和为贵”，更有诸如“孔融让梨”的教育故事代代相传。

“天人合一”，不仅是古人的世界观和价值观，更是现代经济生活回归的精神家园。众所周知，20世纪20年代，中国文化和社会面临着严重的危机，甚至上升到了“古今中西”之争，到底是原地踏步，还是“师夷长技以制夷”，让那时的中国人迷茫彷徨。时至今日，“面对科技理性的膨胀、文明价值的失落、人生意义的迷失、道德精神的危机、人际关系的疏离，以及人与自然之间的紧张对立，现代新儒家的基本思路是从‘旧内圣’催生‘新外王’，即以‘仁’和‘良知’为核心的传统儒家道德理想主义，侧重‘科学精神’，采取返回原点进行启蒙，进而重新出发的策略，力图将现代性内化为中国‘文化生命’的基本价值目标。”①这样的回归绝非偶然，实属必然。

西方市场经济和商业模式对我们的影响，使人们在市场经济中以利益最大化为根本的人生准则，“一切向钱看”和“金钱至上”等成为部分人的价值观归属，人与人、人与自然关系日渐对立和紧张。因此，当今社会对精神或伦理的需求显得极为迫切，当我们开始意识到，儒家的“义利观”“至善”“仁爱”“和”才是中国人在市场经济中真正需要的精神滋养，面对现代人所遭遇的道德困境，“天人合一”思想能够为我们提供启发式的思考，现代人究竟该如何与自然和谐相处，才能实现真正的“利益最大化”。

（三）“义利观”的哲学辩证和统一

“道德”与“利益”之间的博弈，是中国传统文化几千年来的哲学议题之一。“道德”和“利益”的天平到底偏向哪边更多些，历代思想家从未停止过思考和讨论。当代经济生活中的“道德”与“利益”，在中国古代传统文化中被称为“义”与“利”的关系讨论。总体来说，儒家“义利观”肯定了“义”与“利”的辩证统一关系，认为“利”是“义”的物质基础，而“义”是“利”的精神指导，二者的互相结合才能实现和谐发展。孔子经济思想的内在逻辑，是通过明确人与人之间“仁爱”情理的“传递”原则，调节专制制度下不同社会阶级的政治经济关系，继而约束政治集团对社会经济的“掠夺”行为。当今时代赋予“义”“利”以新的内涵。“义”主要指增进和维护社会公共的、长远的利益和他人的利益。“利”主要指增进和维护自身的私利。个人应当坚持义利并重，义利统一的价值观。

义利价值观古今内涵的差异，主要源自生产力和生产方式的不同。中国古代是传统的农耕社会，生产力低下，人们必须要集中起来以家庭为生产单位，使用简单

① 申仁洪.论教育科学：基于文化哲学的批判与建构[M].重庆：重庆大学出版社，2006：179.

的生产工具和生产方式进行再生产。有限的居住和生产环境，使人们互相依附关系较强，个体地位不明显，个人道德价值被消融进了整体利益之中，于是便有了家庭、家族、宗族等集体形式。与其说这是一种社会组织形式，不如说是一种经济结构和金融契约方式。因为只有这样，人们才能在恶劣的自然环境中存活下来。

现代世界里，经济全球观已成为普遍现象。市场经济大行其道，社会生产高速发展，人们已经完全摆脱了地域的限制，在已有的经济基础上推动人们改变传统的依附观念，向个性独立自主的方向变化。此时，人们需要的是具有独立创新精神和鲜明的人格特性，不再需要把个人意志消融进整个家族和集体中去了。“在朝求名，在野求利”，现代人虽然没有那么浓重的集体主义色彩，但是金钱至上的物欲又形成了新的精神枷锁。正因如此，我们更应反思，来自中国传统文化“重义轻利”的思想精髓，是否可以在新时代被赋予新的内涵。

资源库5-3

匿名巨额捐赠[①]

2022年1月18日，武汉大学教育发展基金会收到总额为7800万元的捐赠款，该笔款项为武大老校友匿名捐赠用来支持母校教育事业的发展，这笔捐赠款打破了武大匿名捐赠的纪录。

据了解，2022年是武汉大学生命科学学院建院100周年，这位匿名捐赠的老校友是生命科学学院生物系毕业生，出于感激母校的关爱和培养，决定把自己的科技成果转化收入匿名捐赠给母校，为了向恩师余先觉致敬他特将捐赠项目命名为“余先觉生命科学教育基金”。

该基金每年支出400万元用于支持生命科学学院举办高水平学术活动、人才引进项目以及学生奖助学金。其中，对被纳入学校家庭经济困难学生信息数据库的本科生提供大学四年全额学费。

关于这名校友的信息十分有限，有知情人士表示，他坚决不愿意留名，也不愿意宣传，也并不是大企业家，只说自己是余先觉先生的学生。武大教育发展基金会副理事长兼秘书长邓小梅表示，这位校友是余先觉先生的早期学生，他在2021年11月就联系了学校提出想捐赠，限于匿名的要求，邓小梅不方便透露更多捐赠者信息，只是推测捐赠者应该在60岁以上，是一位教师或科技工作者，他将一生的成果转化收入的大部分都捐赠出来了。老校友表示，余先觉先生的三件事对他产生了深刻的影响，一是开放进取的精神，在艰苦条件下创造

---

① 澎湃新闻：武大7800万匿名捐赠背后：本人非大富翁，项目以其老师名字命名.https://www.thepaper.cn/newsDetail_forward_16344045。

机会支持学生发展；二是包容不同的学术观点；三是对祖国浓烈的热爱。据悉，余先觉是著名鱼类学专家，1935年毕业于武汉大学生物系；1949年，在国外取得博士学位后，余先觉毅然辗转回到祖国投身教育事业，回国后历任武汉大学教授，生物系遗传教研室主任，湖北省遗传学会第一、二届理事长；从1978年起，余先觉主要从事鱼类细胞遗传学研究，填补了中国鱼类细胞分类学的研究空白，他对母校与祖国的深情，在珞珈山下一代代学子间传承。

思考

1. 请讨论这位捐赠校友在早期求学期间建立了什么样的义利观？
2. 你认为校友的义利观和他的恩师有怎样的关联？

三、中外职业道德教育思想

（一）黄炎培的职业道德教育思想

黄炎培（1878—1965年），号楚南，字任之，笔名抱一，江苏省川沙县（今属上海市）人，出生于川沙镇内史第，中国杰出的教育家和社会活动家。新中国成立后，曾任政务院副总理兼轻工业部部长等职。

1917年，黄炎培联合社会知名人士蔡元培、梁启超、张謇、宋汉章等48人，在上海创立中华职业教育社，以倡导、研究和推行职业教育，改革脱离生产劳动、脱离社会生活的传统教育为目标，成为中国职业教育的一面旗帜。

中华职业教育社成立后，发表了《中华职业教育社宣言书》，标志着以黄炎培为代表的职业教育思潮的形成。黄炎培在我国开展职业教育实践活动，进行教育理论创造，对中国近代教育的发展做出了重大的贡献，为我国的职业教育事业奔走了一生，被誉为“中国近代职业教育之父”。

他提倡“大职业教育主义”，把“无业者有业，有业者乐业”当作毕生追求的目标。黄炎培提出巩固职业教育的发展必须树立起道德教育的大旗，在培养学生职业知识技能的同时，还应强调学生优良品德的养成。[①]黄炎培的职业道德教育思想由三部分重要内容组成（见图5-11）。

第一，强调“敬业乐群”的职业道德教育思想。“敬业乐群”出自《礼记·学记》，本义是专心于学业，与同学融洽相处的一种状态。黄炎培把“敬业乐群”作

① 朱雪莲.黄炎培职业教育思想对我国职业道德教育的启示［J］.智库时代，2020：184-185.

为一种道德范畴，当作基本的职业道德规范。他认为，“敬业”，是指“对所习之职业具嗜好心，所在之事业具责任心”，即要求学生以极大的热情对待自己所选择的工作，以专业的能力、认真负责的态度从事工作，对职业充满敬意。“乐群”，是指“具优美和乐之情操及共同协作之精神”，即要求学生在集体中具备“律己严，待人厚”的品格，勇于担当，同时还要有团结协作、互帮互助的精神。“敬业乐群”进一步阐释了职业教育目的，不但符合被教育者生存发展的要求，还可以让学生在学习中获得乐趣，满足精神上更高的需求，促进形成良好的社会道德风尚。①

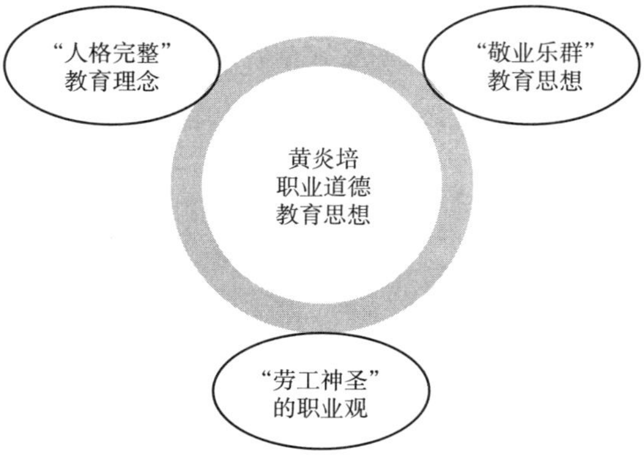

图5-11　黄炎培职业道德教育思想

第二，坚持“人格完整”的教育理念。在《中华职业教育社成立三十周年宣言》一文中提到，“愿以仁厚，公平，合作，正义感，责任感，以生活整饬，为服务精神之基本条件”，从理论上丰富了职业道德教育的内涵，说明运用职业教育在教化学生的过程中，需要尤其注重人格的养成，借此精神发挥职业教育的科学功能，既可以增进社会生产，也使个人因此可以乐业。黄炎培把人格修养看得十分重要，认为“人格一旦毁损，哪有功名事业可言？”只有“学生品性和才能一一相当”，将来才可服务社会和国家。

第三，致力于普及“劳工神圣”的职业观。在《职业教育之礁》一文中，黄炎培强调：“人生必须服务，求学非以自娱”，受过教育的人都应该以其所学能应用于社会、造福于人民为贵。职业没有三六九等、高低贵贱之分，只要是有益于人民生活幸福的职业，皆是“上上品”。

（二）叶圣陶的职业道德教育思想

叶圣陶（1894—1988年，见图5-12），原名叶绍钧，字秉臣、圣陶，江苏苏州

① 妙惠．黄炎培与杜威职业教育思想比较研究［D］．山西：山西大学，2020.

人，我国现代作家、教育家、文学出版家和社会活动家，有“优秀的语言艺术家”之称。在他长达70余年的教育生涯里，始终高度重视道德教育在中国现代人的发展与教育中的根本地位和作用。

叶圣陶的道德教育思想，继承发扬了孔子以来的中华民族优秀的传统道德文化和教育思想，同时又具有极鲜明的时代性、现实性和创新性，深刻揭示和反映了我国当代道德教育工作的本质和规律，为我们在新时代深化教育改革，加强和创新学校德育工作，落实立德树人的根本任务，引导学生自觉主动成长为国际建设人才提供了启示和借鉴。

图5-12 叶圣陶

叶圣陶的职业道德教育思想有三部分重要内容：“做人”为根本，“人生”为主题，“人本”为遵循，核心即“以人为本”（见图5-13）。

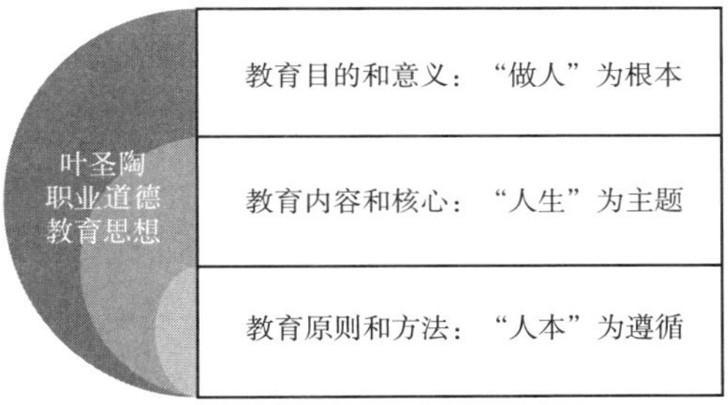

图5-13 叶圣陶职业道德教育思想

第一，“做人”为根本，是职业道德教育的意义和目的。

1919年，“五四运动”爆发不久，叶圣陶就说：“中国现代社会所要求于学校教育的，不像旧式教育那样，单叫学生‘识些字懂些讲解便完事了’，也不像商业工业招收学徒那样‘单叫他们学得一技之长’，而必须是以种种知识为基础，立于真实人生观上的教育，便是‘怎样做人’的教育。”他指出，人之所以可贵，并不在他既已为人，乃在他将进而为更高尚的人。他强调教育的意义和目的，就是使受教育者学会做人，做社会的够格成员，做国家的够格公民，必须使我们国家的每个人成为社会主义的合格公民。[①]这里的“合格公民”指“合格的劳动力”，其含义包括两个方面，一是要有健康的体魄和基本的文化知识技能；二是要具备合格的职业道德素质。叶圣陶把培养合格公民作为整个教育的意义和目的，是全面考虑到人的德、智、体等方面，把职业道德看作是其主导因素。

① 任苏民.叶圣陶教育思想研究［M］.太原：山西人民出版社，2018.

第二，“人生”为主题，是职业道德教育的内容和核心。

以“做人”为教育的总目标，以“人生”为教育的主题，充分体现了“人己一体”的伦理精神和价值取向。在《教育与人生》一书中，叶圣陶对这种以“人生”为主题的教育有了更进一步的阐述。首先，要认识自我，包括认识自己的“本我”即“自我”，和认识自己所处的环境即“客体”。认识自己就要使学生认识客体的环境和自我的主体地位，要使其了解世界的大势，本国的情况，以及所负的使命和个人所处的地位。其次，要革新自己。在实际的工作中，不仅要铲除一切障碍物，如虚荣心、怠惰心等，还需要铲除错误观念。认识了环境和自我的主体地位，就应该铲除错误的观念，向新的路线走去。最后，要成就自己。按照自己的所长和所好去成就自己，不做盲目的职业规划，根据自己的实际情况积极行动，实现自己的人生价值。

第三，“人本”为遵循，是职业道德教育的原则和方法。

叶圣陶深入论述了中国现代道德教育以人为本的教育原则及方法。首先，以主体德性发展为本旨。尊重受教育者的主体地位，充分发挥他们的主体作用，着力于思想道德主体的构建。其次，以人的道德实践为本体。道德教育的实践性，是指德育应当以人的道德实践为本体，坚持知行合一，注重实践，引导受教育者自觉实践生活，实践是检验评价德育效果的根本标准。再次，以整体生命培育为本位。结合其他学科，融入学科课程之中。最后，以教育者的身教为本源。教育者要做到“身教”与“言教”一致，并以“身教”为贵，注重自身的思想道德修养和榜样作用，以此作为职业道德教育的实施根本条件。

（三）杜威的职业道德教育思想

约翰·杜威是美国著名哲学家、教育家、心理学家，实用主义的集大成者，机能主义心理学和现代教育学的创始人之一。杜威在学术生涯中，曾先后任教美国密歇根大学、芝加哥大学、哥伦比亚大学，并在哥伦比亚大学退休。

杜威一生推崇民主制度，强调科学和民主的互补性，民主思想是他众多著作的主题。与此同时，他也被视为20世纪最伟大的教育改革者之一。在芝加哥大学任教期间，他还创立了芝加哥大学附属实验学校，作为他教育理论的实验基地，杜威夫人亲自担任该校的校长。杜威的思想曾对20世纪前期的中国教育界、思想界产生过重大影响，他曾到访中国，见证了“五四运动”并与孙中山会面，培养了包括胡适、冯友兰、陶行知、郭秉文、张伯苓、蒋梦麟等一批国学大师和学者。

杜威是20世纪上半叶美国最著名的学者之一，2006年12月，美国知名杂志《大西洋月刊》将杜威评为“影响美国的100位人物”。他对职业教育的论述是其教育理论的重要组成部分，成为了美国职业教育发展史上重要的旗帜，并对中国教育界产生了深远影响。杜威的道德教育思想是其实用主义教育哲学的重要组成部分，有三部分重要内容（见图5–14）。

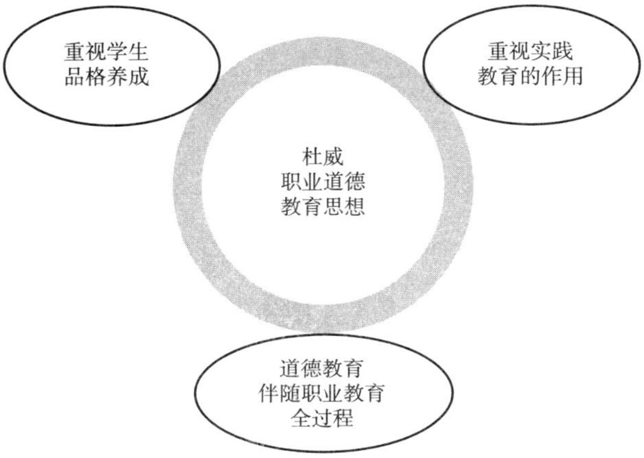

图5–14 杜威职业道德教育思想

第一，杜威强调道德教育必须伴随职业教育的全过程。教育是实现民族生活的工具，而民族生活乃是一个流动的过程，是根据人们变化的情境建构和改造自己的价值观和意义的过程。杜威认为，道德也是一个动态的解决社会问题的过程，而不是一套固定的观念和习惯。所以道德教育根本上是促进学生通过理智的思考，选择对当下有意义的生活方式，不是灌输一系列的道德准则。道德来源于生活经验。学校道德教育的主要内容应来源于社会生活，并且能够反映社会生活，以免脱离实际。一方面，道德教育应该重点培养学生独立自主的道德判断能力和道德观念。如果当一个人刻板地按照道德准则解决问题，就无法具体问题具体分析，妨碍个人发挥主观能动性；另一方面，社会的目的便是道德的目的。[①]社会不仅需要具有专业知识与能力的人才，同时还要品格善良的公民；这表明，社会需要的是德才兼备的建设人才，道德水平和专业能力一样重要。

第二，杜威十分重视学校道德教育对学生品格的养成。他认为，人格修养对孩子的影响，远比知识更加长久而深远。每个人都需要德智体美全面协调发展。学校为了实现既定的教育目标，必须开展相应的“道德训练”，以便履行学校教育的义务。

第三，杜威重视实践教育的作用。杜威反对“直接道德教学”和强行灌输道德观念的模式。他建议，学校在进行相关方面道德教育的时候，要注重实践教育的作用，教师不能将相关知识灌输式地教给学生，而是应该为学生提供多样的活动和模拟的场景，在“做中学”；适当引导学生的道德观念，这些观念甚至包括“勤奋、按

① 戚万学.现代西方道德教育理论研究（上卷）[M].北京：人民教育出版社，2020：167–168.

时完成任务、敏捷、不打扰别人工作”等道德习惯；引导学生自己管理和规范自己的言行，不断健全和塑造人格。

（四）涂尔干的职业道德教育思想

爱弥尔·涂尔干（Émile Durkheim，1858—1917年，见图5-15），又译为迪尔凯姆、杜尔凯姆、杜尔干等。法国犹太裔社会学家、人类学家，法国首位社会学教授，《社会学年鉴》创刊人。与卡尔·马克思及马克斯·韦伯并列为社会学的三大奠基人，主要著作有《自杀论》《社会分工论》等。在教育学领域，涂尔干是法国教育学的“经典作家”和教育社会学的创始人之一，他被誉为“当代教育之父”。[①]

图5-15 爱弥尔·涂尔干

涂尔干生活在一个社会急剧变迁的时代，道德滑坡、信任断裂，原有道德规范失效，社会处在严重“失范”状态。“在一个传统约束与宗教道德偏于灭亡的社会，在一个要求个人自觉地将普遍的道德原则应用于日常生活的社会，如何使人免于失范的可能？”[②]涂尔干理论产生于这样的社会背景，因此，他的职业道德思想，侧重于从社会整合角度出发，以职业伦理、职业规范和以“集体意识”为核心的社会团结为切入点，使个体在职业群体中功能化和道德化，从而实现个体权利和价值塑造。涂尔干的职业伦理教育思想主要有三个部分（见图5-16）。

第一，强调纪律精神的培养。

他说：“纪律也是人性本身所需要的。这是人性通常用来实现自我的方法，而不是嫉妒贬低人性或破坏人性的方法……当一个人起而对抗规范时，人们对规范之必要性的感受，一定会比以往更为深切。当一个人向规范发出挑战时，他总该记住，他不能没有规范。所以，这种表面上与规范相矛盾的例外，反而起了确证规范的作用。”[③]涂尔干将规范观念纳入职业道德教育之中，提倡养成良好职业规范行为。涂尔干不仅强调纪律精神的培养，同时也重视自律和他律。在他看来，这种自治或自律，就是理性地服从和遵守社会道德规则；这种服从，是建立在对规则理性认识的基础

① Chazan. B. Contemporary Approach to Moral Education：Analyzing Alternative Theories［M］. New York：Teachers College Press，1982，9.

② 戴维·布莱克莱吉，巴里·亨特.当代教育社会学流——派对教育的社会学解释［M］.王波，陈方明，胡萍，译.春秋出版社，1989：19.

③ 爱弥尔·涂尔干.社会分工论［M］.渠东，译.北京：生活·读书·新知三联书店，2000：52.

之上的（见图5–16）。

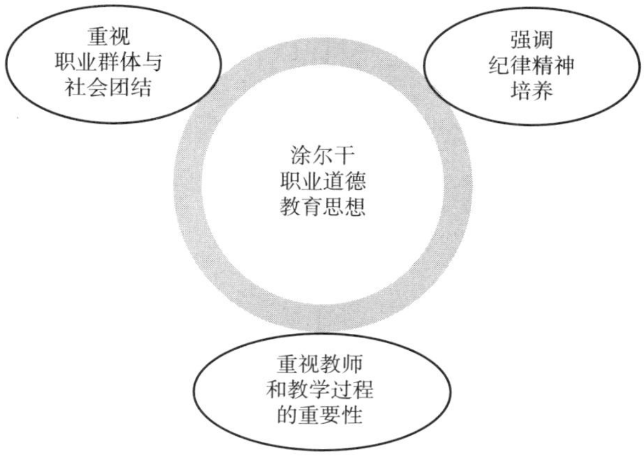

图5–16 涂尔干职业道德教育思想

第二，重视职业群体与社会团结。

涂尔干认为，“社会团结”，是指人与人之间的协调、一致、结合的关系，用来描述构成特定社会个人之间的一种联结状态。实际上，等同于“社会整合”和“社会秩序”。涂尔干认为，“集体意识”（共同的价值观念、道德规范）才使社会得以整合、秩序得以稳定。[①]涂尔干认为：一方面，职业群体是社会团结的基础，另一方面，职业群体对社会团结具有整合的功能，从根本上讲，依然需要依赖作为社会成员共同的信仰和情操的集体意识。社会的团结需要成员应当具有集体观念和集体情感，有一种人文情怀，关注社会，向往集体；没有对集体的情感，便不能很好地对团体尽到忠诚的义务。

第三，重视教师和教学过程的重要性。

涂尔干认为，在培养团体精神和纪律精神过程中，除了受到学校环境的影响外，教学过程也是重要的因素。教学时道德教育的价值，就在于他是认识社会现实的重要工具。因为一个人对社会有什么样的认知，将在很大程度上决定他是否依附社会。人们对社会的理解越深，就越能信仰社会的伟大和尊严，就能更多地尽道德义务。涂尔干认为，知识教育和道德教育相关联。与此同时，涂尔干是“传统的教师权威”论典型代表。[②]因为他从根本上认为，教育，是年长的几代人根据国家和社会的要求，对各方面尚未成熟的几代人施加影响，进行社会强制的过程；教师则是“这一权威

① 邵献平，赵焱焱.涂尔干职业伦理思想对青年职业道德教育的启示［J］.西部学刊，2016（04）：56–59.

② 陈奎熹.教育社会学［M］.台北：三民书局股份有限公司，1980：255.

活动的执行者”或“一个伟大的道德人格，即社会的代言人”。[①]

涂尔干对职业道德教育理论最大的贡献在于，他最先将社会学的研究方法引入到道德教育的领域，从而开创了道德教育的社会学研究之先河。在西方道德教育理论发展历史上，他也是唯一一个以社会学家的身份对学校的道德教育予以充分肯定、专门论证并形成完整理论体系的思想家。涂尔干和杜威、柯尔伯格（Lawrence Kohlberg，1927—1987年）形成了道德教育的社会学、哲学和心理学研究“三足鼎立”的格局。

第二节 现实反思：财经职业道德教育困境

党的十四届六中全会通过的《中共中央关于加强社会主义精神文明建设若干重要问题的决议》指出，全面加强社会主义道德建设，“当前要以加强职业道德建设、纠正行业不正之风为重点”。财经行业分类广泛，涉及金融、会计、审计、财税、财政、商业等多种职业。财经职业道德最大的特点，就是与财经工作密切相关，它是用来调整财经行业与其他行业、财经工作者与其他行业工作人员等各种关系的原则和基本行为规范，是我国社会主义道德体系中的一个有机组成部分。

在对财经类高校大学生进行职业道德教育过程中，要明晰财经职业道德教育的育人本质和内涵，明确财经职业道德教育的目标和意义，拓宽财经职业教育的内容，丰富学生的财经职业道德理论知识，特别注重与财经专业教育实践相结合，批判思考财经职业活动中出现的非道德现象，从现实反思中探索财经职业道德教育的有效路径。

一、财经职业道德教育的育人本质和内涵

（一）财经职业道德教育的育人本质

1504年，米开朗基罗·博那罗蒂（Michelangelo Buonarroti，1475—1564年）完成了《大卫》雕塑，随后在佛罗伦萨市政厅展出，雕塑展出后立刻轰动了整个意大利，人们争先恐后前来欣赏这件伟大的作品。人们在这尊雕塑前流连忘返，对艺术

① 张人杰.国外教育社会学基本文选［M］.上海：华东师范大学出版社，1989：21-22.

家的独特构思和创作才能赞不绝口。有记者问米开朗基罗："您是如何创作出这件杰作的？"米开朗基罗没有马上回答记者，而是经过深思熟虑，给了一个惊艳的回答。他说："很简单，我看到了这块巨大的大理石，它已经被遗忘多少年了，在佛罗伦萨大教堂工作室的院子里很挡路。但在它身上，我看到了大卫。于是，我凿去多余的石头，大卫就诞生了。"这个故事反映了教育的本质和内涵，教育不是再生和创造，而是发现和雕琢，激发和唤醒。中国自古有"玉不琢不成器"的名言，中国先哲很早也认识到，教育需要教师不断地引导和修正。

教育的内涵究竟如何诠释？从习惯养成角度，文艺复兴时期英国唯物主义哲学家弗朗西斯·培根（Francis Bacon，1561—1626年）说，"习惯如果是在幼年就起始的，那就是最完美的习惯，这是一定的，这个我们叫作教育，教育其实是一种从早年就起始的习惯。"从知识生成角度，美国著名学者、终身哲学教授威尔·杜兰特（Will Durant，1885—1981年）说，"教育是一个逐步发现自己无知的过程。"从文化传承角度，德国教育家卡尔·西奥多·雅斯贝尔斯（Karl Theodor Jaspers，1883—1969年）认为，教育不过是人与人主体间的灵魂交流活动，包括知识内容的传授、生命内涵的领悟、意志行为的规范，并通过文化传递功能，将文化遗产教给年轻一代。从学科概念角度，中国现代教育理论认为，"教育是在一定社会背景下发生的，促使个体社会化和社会个性化的实践活动。""教育是有意识地以影响人的身心发展为直接目标的社会活动。"①

教育的本质是育人，道德教育是教育的本质内容。道德教育的目的是培养人安身立命的人格，是通过实践"道"的过程，培养人的"德"，升华人的"德性"修养。道德是一个人社会属性的体现，我们可以认为道德教育就是把一个自然人培养成为一个社会人的过程。通过对人的熏陶与规约，达到人与社会和谐共处的安稳状态。财经职业道德正是在财经行业里，通过完成"财经职业"这个社会属性，来提升个人"德性"。这个过程之所以重要，是因为人的社会属性并非生来就有，需要后天的培养和教育，通过道德教育实现人的"安身立命"和"家国天下"。

（二）财经职业道德教育的育人功能

从文化育人的角度来看，德国教育家和哲学家斯普兰格（Eduard Spranger，1882—1963年）曾说过："教育乃是一种文化活动，这种文化活动的开始，是使正常成长发展中的个人心灵与优良的'客观文化'适当接触，把客观文化安置在个人心灵之中，使其成为主观文化。"②将优良的客观文化转变为个人心灵中的主观文化的过

---

① 赵红卫."教育是什么"的哲学思考［J］.河南社会科学，2015（23）：56-60.

② 鲁洁.超越与创新［M］.北京：人民教育出版社，2000：190.

程，就是教育对人的文化的启蒙。

道德教育发挥着培育人的精神和灵魂的启蒙功能。这种启蒙，主要通过文化的有目的、有意识地传递和保存，并通过选择与重组，有目的、有意识地影响与改造个体的精神世界，从而完成文化对人的教化和陶冶，进而影响人的社会生活与精神。

（三）财经职业道德教育的育人理念

财经职业道德教育需要依靠学校推动和实施，那么，对于财经类高校而言，就必然会对其办学理念提出相应的要求。高校的办学定位和理念，决定了财经职业道德教育的理念和原则。办学理念是在对教育本质和规律问题深层理解的基础上形成的，隐含办学者对“为什么会有学校”“什么知识最有价值”“学生应该怎样学习”等问题的思考与回答，从而直接影响到学校办学宗旨和教育目标的确立、培养目标和管理策略的选择，进而影响和决定办学主体的教育行为方式和价值取向。

职业道德教育理念，是学校办学过程中所形成的职业道德教育的价值取向，以及职业道德教育的价值追求；是人们对于职业道德教育现象的理性把握，以及所持的职业道德教育哲学观。职业道德教育理念具有相对的稳定性和持续性。财经职业道德教育理念是财经类高校财经类专业教育活动的原点和核心，它决定着学校职业道德教育的文化类型和内容，决定着学校职业道德的文化价值取向、发展方向和运行模式等。

（四）财经职业道德教育的育人原则

1. 主体性与引导性

在高校开展财经职业道德教育，要考虑到学生学习的自主性和自律性。根据西方教育学者杜威的职业教育理论，遵循他的实践教育路径，在教育过程中以学生为主体，调动学生学习道德、实践道德的主动性；同时发挥教师的引导作用，适时激发学生的学习道德的热情，引导学生科学地分析道德现象，触发学生树立正确的道德观念。

2. 系统性与长期性

在育人这个大的体系中，对大学生开展职业道德教育，应注重将“立德树人”融入整个人才培养体系中的系统性。人的素质是以“先天性”生理为基础，同时还受成长生活环境，以及学校等周围环境等因素的影响。因此，教育是对知识、品德、技能等的系统性吸收和内化过程，以此才能形成比较稳固的心理品质。此外，终身学习是适应现代化社会的教育理念，“活到老，学到老”，人的教育具有终身性；道德教育同样具有长期性的原则，道德品质的养成是一个古老而又常新的话题。

3. 兼顾共性和个性

财经职业道德教育是高校“立德树人”教育的重要内容之一，财经职业道德教育与高校其他学科开展的职业道德教育一样，共同构成高校职业道德教育的整体。这些职业道德教育之间，既存在着共性，诸如道德教育的方向性原则、理论联系实际的原则、正面教育为主的原则、因材施教的原则、社会家庭学校相结合的原则。同时，财经职业道德教育又具有区别于其他职业道德教育的独特性，这是由财经职业区别于其他职业的独特性决定的。因此，在开展财经职业道德教育相应课程时，教学大纲、教学方法等都需要有一定的特色，突出财经行业职业道德教育的独立特性。

4. 理论与实际相结合

财经职业道德教育中的理论知识，是从长期的社会经济生活和财经职业实践中发生、梳理、总结、凝练出来的，是广泛的职业道德的思想源泉，它能够帮助人们更好地理解和把握道德教育的本源、规律，因此，也是财经职业道德教育的主要内容。但如果仅仅靠理论知识的学习还完全不够，因为这些理论知识，可以完全脱离社会个体而存在，不经过实践，不会与个体的心灵、行为、习惯相融合。只有将职业道德的理论知识与社会实践、个人实践相互结合，才能达到“知行合一”的境界。切不能道德与行为两张皮，谈起来口若悬河，做起来我行我素。

资源库5-4

瑞幸咖啡“自爆”财务造假[①]

2020年4月2日，瑞幸咖啡（LK）（注：2020年6月退出美国纳斯达克股市）三次熔断，股价下跌78.5%，此前公司自认数据造假。瑞幸咖啡以这样的方式停下了狂奔的脚步。

瑞幸咖啡“自爆”称，公司调查显示，公司首席运营官（COO）及其部分下属从业人员从2019年第二季度起从事某些不正当行为，与伪造交易相关的销售额约为22亿元。而在两个月前，瑞幸咖啡曾否认关于其数据造假的做空报告。回顾瑞幸咖啡的发展历程，短短一年时间开出2000家店，2019年完成了4500家店的目标，达到4507家自营门店。“烧钱”速度也肉眼可见，2019年第三季度，瑞幸咖啡净亏损5.3亿元。2019年5月登陆美股之后，一度成为资本神话，公众眼中的明星企业。但此次“黑天鹅事件”，给其前景带来了很大的不确定性。

---

① 中国经营网：许礼清，李向磊.瑞幸咖啡“自爆”22亿造假 商业模式再遭质疑［EB/OL］. http：//www.cb.com.cn/index/show/zj/cv/cv13482471267（有改编）。

香颂资本执行董事沈萌告诉记者："造假在美国资本市场是很严重的，未来集体诉讼是跑不掉的，甚至不排除引入刑事调查，以及强制退市或判决破产，之前的安然就是前车之鉴。"

鸿门资本创始人庄帅认为，瑞幸咖啡之所以出现造假，因为他不能做好市场，对市场的判断是错误的，从而根本达不到预期的业绩，其本质是想获取持续的资金。清华大学营销研究院孙巍认为："商业逐利，无可厚非，但不能破了商业诚信的底线，这是生意和交易的基础。显然，瑞幸咖啡的诚信机制有了问题。"同时，据外媒消息，美国已有多家律所对瑞幸咖啡提起集体诉讼，控告瑞幸作出虚假和误导性陈述，违反美国证券法。目前，该项集体诉讼已于2月13日在纽约南区地方法院立案。由于该事件，瑞幸咖啡盘前跌幅一度超过84%，每股由26.2美元降至每股4.16美元。截至发稿，六度熔断，市值为18.92亿元。

瑞幸上市以来就引起了高度关注，网络有传言他们是割美国投资者的"韭菜"，笑谈中国消费者其实是捡了便宜可以享受福利。但其实正如同最近一段时间流行的一句话：山川异域，风月同天。美国资本市场的震动，最终会成为中国企业的哀愁。这也反映出了我国企业的急功近利和一些不良做法。

思考

1. 你了解瑞幸咖啡吗？谈谈你对瑞幸咖啡的印象。
2. 试着从道德风险的角度讨论瑞幸为什么会财务造假？

二、财经职业道德教育的目标和意义

2016年12月，习近平总书记在全国高校思想政治工作会议上强调，要把思想政治工作贯穿教育教学全过程，实现全程育人、全方位育人，坚持"三全育人"的理念。①在党的十九大报告中，习近平总书记指出："加强思想道德建设。人民有信仰，国家有力量，民族有希望。要提高人民思想觉悟、道德水准、文明素养，提高全社会文明程度。"②以习近平同志为核心的党中央，高度重视社会主义精神文明建设，重视公民思想道德建设，大力宣传和弘扬社会主义核心价值观。

① 张烁.把思想政治工作贯穿教育教学全过程开创我国高等教育事业发展新局面[N].人民日报，2016-12-09（01）.

② 习近平.决胜全面建成小康社会 夺取新时代中国特色社会主义伟大胜利——在中国共产党第十九次全国代表大会上的报告[N].人民日报，2017-10-28（01）.

（一）财经职业道德教育的目标

前国务院副总理李岚清在1996年的全国职业教育工作会上郑重指出，“职业教育不是单纯地传授职业技术和技能，实施职业教育必须贯彻国家的教育方针，对受教育者进行思想政治教育和职业道德教育，传授职业知识，培养职业技能，进行职业指导，因而提高受教育者的素质，例如意志品质、适应能力、合作精神、心理承受力等，这都是从事现代化大生产的劳动者必须具备的素质”。[①]

西方国家商业伦理教育的目标，重在教育学生如何理解该工作的权利、责任，采取行动的方式，倾向于为学生提供在实践中如何解决自身内在的、与他人或环境之间道德冲突的框架，培养学生形成解决各类道德困境、道德冲突的思维框架和思维方式，以提高个人工作和生活质量。商业伦理教育目标有认知能力、行为能力和管理能力。[②]

不同的教育目标，会直接影响教学内容的选择。在借鉴西方先进经验的基础上，在实施财经职业道德教育时，应以清晰明确的目标作为指引。这些目标主要包括塑造学生崇高的财经职业理想、履行应尽的财经职业义务和培养财经职业道德良心（见图5-17）。

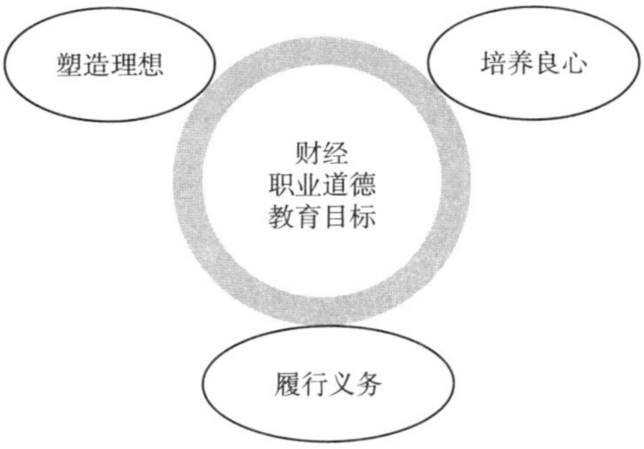

图5-17　财经职业道德教育目标

1. 塑造崇高的财经职业理想

理想，就是人们对做人标准和道德境界的向往和追求。财经职业道德理想是财经工作者在职业活动中，对其必须具备的道德素质和必须遵循的道德规范的向往和追求，是一定的理想人格在财经职业活动中的具体体现。树立财经职业道德理想，

① 中国职业技术教育网：李岚清副总理在1996年全国职业教育工作会议上的讲话［EB/OL］. http：//www.zjchina.org/mms/shtml/216/news/1464.shtml.

② Fernando M.A social innovation based transformative learning approach to teaching business ethics［J］. Journal of Business Ethics Education，2011，8（01）：119-138.

包括激励工作人员形成高尚的品格，以及锤炼工作人员坚定锐意进取的意志。

美国著名社会心理学家马斯洛（Abraham Harold Maslow，1908—1970年）在他著名的需求层次论中提出，人的需求分成生理需求、安全需求、爱和归属感、尊重和自我实现五个层次。①其中，高尚的品格需要在第四个、第五个层次形成。崇高的职业理想位于相对较高的地位，人们一旦拥有较高的职业理想定位，就会获得比物质财富更大的满足和幸福。原因在于，这种满足是一种精神满足和心理满足，能够使人在精神层面上达到一种和谐状态（见图5-18）。

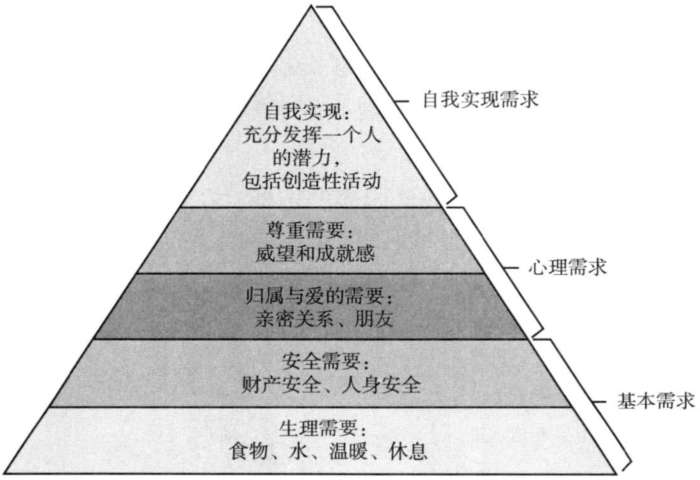

图5-18　马斯洛需求层次理论

财经工作者一旦坚定正确的财经职业道德理想，就会产生强烈的时代感和使命感，愿意主动地、不断地提高自身的思想素质和业务能力，用自己的才能无私地奉献于社会和人民，追求自身价值的实现。同时，还会不断地塑造自己实事求是、公道正派、德才兼备、忠于职守的理想人格，做到自尊、自爱、自重，使人格尊严独立。

2. 履行应尽的财经职业义务

2020年5月，国务院颁布了《中华人民共和国民法典》（以下简称《民法典》）。《民法典》旨在保护民事主体的合法权，调整民事关系，维护社会和经济秩序，适应中国特色社会主义发展要求，弘扬社会主义核心价值观。在《民法典》的第一编第二章《自然人》中，对社会每一个合法公民都有权利和义务的具体规定。义务，是

① 斯蒂芬·罗宾斯，玛丽·库尔特.管理学（第十三版）[M].北京：中国人民大学出版社，2017：45.

指人们在道义上应当履行对社会、集体和他人的责任。[①]

财经职业道德义务是财经工作者在职业活动中，在一定的内心信念和道德责任感的支配下，自觉履行的对社会、对他人的责任。根据《民法典》对公民义务的规定，不难看出，财经职业道德义务是中国特色社会主义财经职业道德原则和规范对财经工作者的一种要求，体现了社会主义核心价值观。

职业道德义务感，在财经职业道德行为中起着重要的作用：

第一，财经工作者义务感的加强，能把做好本职工作看作是自己义不容辞的责任，从而能更自觉地发挥主观能动性，主动积极地完成本职工作。

第二，增强义务感可驱使财经工作者正确处理义务与个人专业兴趣、愿望之间的矛盾，把服从社会需要、工作需要作为自己的道德义务而放在首位，并且努力在实践中培养对职业的兴趣、爱好，使个人的愿望与应尽义务结合起来。

第三，义务感可使财经工作者在职业活动中理智地选择良好的行为，自觉地履行职业义务，而且把履行义务看成是自己必须要做的事情。如果不尽义务，就会受到良心的责备；如果尽了某种义务，就会感到内心的满足。因此，义务感是财经工作者发自内心的“道德命令”。

可见，财经职业道德义务感的增强，对财经工作者行为的规范，对整个社会财经工作的推动都起着积极的作用。

3. 培养财经职业道德良心

良心是人们在履行对他人、对社会的义务过程中形成的道德责任感和自我评价能力。它是一定的道德观念、道德情感、道德意志和道德信念在个人意识中的统一，是各种道德原则和道德规范体现为内心信念和情感的道德力量。财经职业道德良心，是指财经工作者在职业活动中，履行对他人、对社会承担义务过程中形成的职业道德责任感和自我评价能力。

（1）财经职业道德良心的重要作用。第一，财经职业道德良心是一种价值判断。财经工作者对自己行为的选择和判断，既受到外部条件的限制，又受到良心的影响。当人们在采取某种行为之前，内心是要经过一系列的挣扎和斗争的。财经工作者依据一定的财经职业道德原则和规范为标准，对其行为的动机进行选择和判断。财经工作者在职业良心的支配下，必然会驱使自己对本职工作产生强烈的责任感和使命感，自觉承担对社会、对他人的应尽义务。

第二，财经职业道德良心便于自我监督。财经工作者道德行为是主观和客观的统一过程。在这个过程中，良心具有“检查官”的作用，即对自己的情感、意志、信念、行为方式和手段起着监视作用。对符合财经职业道德要求的情感、意志、信

① 中华人民共和国民法典编写组. 中华人民共和国民法典［M］. 北京：人民出版社，2020：9-10.

念的行为，良心就予以激励和强化；对不符合财经职业要求的情感、欲望或冲动，良心就予以纠正和克服。

第三，财经工作者良心用于自我道德评价。每个人的行为不仅要受到整个社会的评价，也要受到自己良心的评价。用良心评价自己的行为，反映出按照一定的道德要求支配自己的行为已经不是一种外在的要求，而是一种内在的义务感。如一个人具有较高的道德觉悟，当他意识到自己的行为增加了社会的福利，给他人带来了幸福，就会感到某种良心上的满足；当他觉得自己的行为损害了社会的利益，给他人带来了不幸，就会感到羞愧和不安，良心上的谴责会给他带来痛苦。尽管良心上的痛苦的体验不一定是他人所知道的，但这种痛苦的作用却不容小觑。

（2）如何有效培养财经职业良心。第一，要把增强财经职业道德的责任感，同社会主义经济建设的宏伟目标结合起来。财经工作者强烈的责任感来自于对经济建设重大意义的认识。当财经工作者能够自觉地把实现社会主义经济建设宏伟目标的历史使命变成自己内心的道德要求，并付诸财经职业活动时，才是培养了自己的职业道德良心。

第二，通过社会舆论的作用来培养财经工作者的职业良心。社会舆论，是指众人对某种社会现象的看法或态度。社会舆论是一种无形的力量，它对于调整人们之间的关系、对于教育和指导人们的行为都有巨大的作用。人们可通过舆论导向扶正压邪、弘扬正气，对敬业爱岗、诚实守信、廉洁奉公、遵纪守法、文明服务的高尚道德行为进行大力宣扬和表彰，促使其发扬光大；对玩忽职守、唯利是图、腐败堕落、损公肥私的丑恶行为进行揭露和鞭挞，迫使其克服和纠正。

（二）财经职业道德教育的意义

2004年，中共中央、国务院印发《关于进一步加强和改进大学生思想政治教育的意见》，其中明确强调，要广泛开展社会公德、职业道德和家庭美德教育。

对大学生开展专门的职业道德教育，有利于高校践行“立德树人”的根本任务，有效促进大学生成人成才，为社会输送优秀的专业人才；也有利于大学整体提升教育质量，形成良好的社会影响力，是构建和谐社会的必然要求。

财经类高校是社会主义未来财经人才的摇篮，学生毕业后会到银行、保险公司、证券公司等经济部门、单位、行业从事经济、金融相关工作，其职业道德素质的高低对个人和社会的经济活动均非常重要。财经类高校对其提升财经职业道德水平责无旁贷（见图5-19）。

1. 开展财经职业道德教育是高等教育的重要内容

高校是育人的摇篮，高校对在校生，特别是财经类专业学生，开展职业道德教育，有着至关重要的作用。在财经职业道德教育过程中，不仅可以让学生提前了解职业素养在个人职业生涯发展中的重要性，而且最重要的是，可以通过职业道德教育对学生起到一定的警示作用。开展财经职业道德教育是使财经类专业学生自身个性得到充分发展的前提，是在不同工作岗位上充分发挥自身的德性优势的基础，也为学生提供了掌握并规范职业道德行为的途径。

从过往的经验来看，由于部分教师和学生没有真正认识职业道德教育的目标、内容和原则，没有真正将学习和践行职业道德摆到正确的位置上，一旦学生走向工作岗位，无疑会面临较大的道德风险，在职业道德方面得不到社会的肯定，高校花大力气培养出来的学生很难适应当今市场的发展要求，在社会中很难站稳脚跟。加强财经工作者的职业道德教育，无疑是高校人才培养工作中的重要环节。

高等教育的重要内容
培养“四有”财经人的有效途径
国民经济健康持续发展的重要保障
构建和谐社会的前提和基础
“立德树人”的重要环节

图5-19 财经职业道德教育意义结构

2. 开展财经职业道德教育是培养“四有”财经人的有效途径

培养和造就一批“有理想、有道德、有文化、有纪律”的财经职业队伍，是做好财经工作的重要保证，也是我国发展经济、振兴国家的需要。通过有组织、有计划、有目标地开展和实施财经职业道德教育。

一方面，可以提高广大财经工作者职业道德品质，加强职业道德修养的自觉性，使财经工作者了解财经职业道德的基本原则和规范等职业道德要求，并且在工作中自觉遵守这些原则和要求；树立崇高的职业道德，培养良好的职业习惯和职业责任感，练就精湛的职业技能，陶冶高尚的职业道德情操，从而全面提高财经工作者的职业道德素质。

另一方面，可以提高财经工作者的政治素质和业务水平。时刻警醒自己要以国家和集体的利益为重，运用学习的财经伦理和财经职业道德知识分辨是非，知道什么是对的，需要坚持什么，摒弃什么，什么要坚决反对的，底线是什么。另外，加强财经职业道德，还可以促进财经工作者自觉提高自身的业务素质，培养良好的工作态度和道德行为。

3. 开展财经职业道德教育是国民经济健康持续发展的重要保障

在社会主义市场经济体制的创建过程中，大量的道德失范和文化迷失现象令人忧心忡忡，合理地规范经济行为，引导经济生活健康有序地发展已经迫在眉睫。事实表明，对经济行为的法制调控、行政调控还不是问题的全部答案，行为的限制并不能完全成就市场，还需要道德调控作为补充。我国快速的经济发展给经济生活的现实提出了这一严峻的课题——如何使财经职业道德教育跟上当前快速的经济发展。

开展财经职业道德教育，同时也是社会主义精神文明建设的重要方面。寻求经济价值和社会价值同构的经济伦理学，是物质文明和精神文明建设共生共荣的结合点。在全面建成小康社会，实现中华民族伟大复兴的征途上，人们的思想道德素质关系着国家的命运和兴衰。加强经济财经职业教育，对塑造健全的人格具有重要的意义。除恶扬善、完善自我，是人们对人格的理想追求。通过开展财经职业道德教育，学习和践行财经职业道德要求，不断提高思想境界，才能打牢社会主义核心价值观的基础。

4. 开展财经职业道德是构建和谐社会的前提和基础

改革开放以来，我国的财经事业取得了快速发展。财经工作队迅速扩大，机构扩大，部门扩充，人员增多，业务拓展。“市场”作为一个特定的场所，无论有形还是无形，归根结底都是为了资源配置，是为了调配和组织社会生产资源进行社会化大生产和流动，这是市场的社会功能和经济工具方面的价值。但是，市场往往忽略了的人的道德伦理，纵容了人的经济理性，价值理性受到了市场的打击和排挤，财经道德失范现象此起彼伏。社会的熔炉会把这种负面的影响带给高校的学生，这种思想随着市场经济的发展也进入了学生的头脑，得到了他们的回应。

开展财经职业道德教育，为学生们探究和揭示经济行为的道德价值，让学生亲身体验到市场经济活动对经济主体的道德要求，当出现道德冲突时，如何进行符合道德行为的选择，从而促进社会经济生活的健康有序和可持续性发展。因此，开展财经职业道德教育，有助于塑造和健全未来财经工作者的全面人格，有利于促进经济社会的健康发展，有助于构建和谐社会。

5. 开展财经职业道德教育是“立德树人”的重要环节

市场对高校育人非常期待，高校培养了未来财经领域的高层次专门人才。事实上，财经职业道德教育并未受到高校的普遍重视，出现了重智育轻德育现象。现有的财经道德教育课程体系空洞、虚大，说教多，实践少，对培养学生的财经职业道德十分不利。在实际的经济行为中，有些学生对财经职业道德表现为知而不信、知而不行、言而不行、表里不一等双重表现，成为目前高校财经职业道德教育的困境之一。

财经职业道德教育工作应以“立德树人”为教育目标，以伦理理论和财经职业道德教育规范为主要学习内容，提升学生的道德认知水平和实际行动能力。高校，特别是财经类高校的大学生，在校园就开始接受职业道德训练，提升自我的职业道德水平，这对于中国市场经济的健康发展有着极其重要的影响。

资源库5-5

华尔街贪婪的代言人[①]

美国国际集团（AIG）是美国最大的保险公司，其业务遍及全球130多个国家和地区，涉及寿险财产险，汽车保险，按揭保险、退休服务、贷款、投资服务和航空租赁多个领域，保险业务中享有盛誉，总资产高达1.1万亿美元。

次贷危机爆发后，AIG开展的信贷违约掉期业务（CDS）损失惨重，自2007年10月至2008年6月，其CDS业务累计亏损250亿美元。在日益动荡的金融市场中，AIG财务状况在短期内迅速恶化，最终于2008年9月16日被政府接管，政府向其注资并提供贷款。2009年3月15日，准备接受政府第四笔资助的AIG曝出丑闻，AIG向从业人员发放了1.65亿美元的奖金。而此前AIG刚公布的去年第四季度财报，亏损616.6亿美元，政府为此必须提供高达300亿美元的资金维持其生存。

AIG首席执行官艾德华·利迪表示，公司与从业人员间的奖金协议应该得到遵守。所说的协议是AIG公司金融产品雇员签订的合同，根据合同，这些从业人员享有留任红利。美利坚大学法学专家卢博斯教授认为，合同是不与公司绩效挂钩的，其目的是留住这些对公司来说极为重要的特殊人才。由于签订合同时金融危机还没有爆发，或者说没有人能够预料危机会发展到今天这幅田地。现在，要怪只能怪AIG管理层没有对派发红利设定相应的前提条件，而双方签订的协议“是受美国合同法保护”的。

思考

1. 结合案例讨论一下金融从业人员“正直诚信”的重要意义。
2. 你认为这种情况下，是否应该遵守奖金协议？

三、财经职业道德的现实冲击与教育反思

（一）财经职业道德的现实冲击

在经济全球化、一体化背景下，西方文化和价值观长驱直入，对中国的经济文化生活造成了巨大的冲击。与此同时，中国社会面临着前所未有的变革，中国传统儒家文化受到了经济高速发展带来的不良思潮冲击，社会主义市场经济和原有的计

① AIG华尔街贪婪的代言人.中国财经报，2009-03-26（07）.

划经济、小农经济等价值取向聚集在一起。21世纪以来，人们在生活中都能深刻地体验到各种价值观的冲突，思考着价值选择的谜团。社会上有一部分人，对于“成为何种人”“树立何种道德价值观”无法抉择，道德失范、意义危机现象屡见不鲜。原来共有的价值体系已名存实亡，生活的伦理秩序失去了一致性，各种利益行为的冲突和某些极端的利己行为，已把社会推向道德失序的状态。①如今，随着经济的发展，科技的创新，这种价值观的冲突，选择的困惑，并没有因为社会进步而消减，反而愈演愈烈，每况愈下。

1. 道德失范

“失范”一词，最早由著名西方社会学家、教育学家涂尔干于1893年提出。他将“失范”定义为一种社会成员的心理失去价值引导，价值观瓦解的无序状态。涂尔干认为，经济突然增长时来自社会的制约出乎意料地消失了，人们的期望膨胀到了无法满足的程度，生活开始变得不尽如人意，甚至使人感到生活毫无意义，在这种情况下容易出现“失范”状态。②

“道德失范”，是指旧的道德观念和行为规范被普遍否定，逐渐失去了对社会成员的约束力；而新的道德观念和行为规范尚未形成，不具有对社会成员的有效约束力，使得社会成员的行为处在一种规范真空或规范冲突的社会状态中。③

在“失范”的社会中，传统的集体意识逐渐衰落，道德防线逐渐瓦解，个人的欲望如脱缰的野马毫无限制，而新的集体意识还未成熟到具有足够的控制力，社会陷入混乱之中。当然，这也并不意味着“失范”的现象不可治愈。只要有了明确的行为规范，社会中各个机能能够合理、有效地发挥作用，那么，社会在经历过一个混乱反常的阶段之后，又会重新呈现出和谐健康的状态。“道德失范”在行为上表现有个人主义、拜金主义、诚信缺失、社会焦虑、看客心态、泛娱乐化倾向等，这里就前三个“道德失范”行为（个人主义、拜金主义、诚信缺失）作如下解读。

（1）个人主义。个人主义原本是西方的文化传统，发源于文艺复兴时期。个人主义的道德目标，往往是以功利主义为准则，它的极端形式会导致无政府和虚无主义。

个人主义的特点是贪财、虚荣、爱好功名。④个人主义反抗权威以及所有试图束

---

① 刘智峰.道德中国——当代中国道德伦理的深重忧思［M］.北京：中国社会科学出版社，2001：66.

② 戚万学.冲突与整合——20世纪西方道德教育理论［M］.济南：山东教育出版社，1995：91.

③ 武经纬，方举盛.经济人·道德人·全面发展的社会人——市场经济的体制创新与伦理困惑［M］.北京：人民出版社，2002：151.

④ 戚万学.道德教育的文化使命［M］.北京：教育科学出版社，2010：9.

缚个人的行动，尤其是那些由国家或社会施加的强迫力量。因此个人主义反抗将个人地位置于社会或共同体之下的集体主义。因此，个人主义与利己主义不同，个人主义的对立面是集体主义，而利己主义的对立面是利他主义。

中国文化强调“以和为贵”“和气生财”的人际关系，重视人与人之间的群体和谐关系，这与西方倡导的“个人主义”本是背道而驰。改革开放后，随着市场经济的发展，在经济制度上赋予了个人极大的主体性。受西方文化思潮的影响，中国人似乎要从封闭保守的文化状态中走出来，以极大的热情探索世界、展示个人才干，用一个时髦的说法便是“刷存在感”。

（2）拜金主义。全球经济一体化资本运作，资本市场参与生产交换，资本的发展和深入使得这个社会只有一个评价标准，就是财富。“一切向钱看”成为这种财富观的评判尺度。一个社会只用财富作为唯一价值指标来指引、来建构，那么这个社会就会成为彻头彻尾的“镀金社会”。[①]“镀金社会”本是西方国家用财富来包装和架构社会价值的一种说法，本身极具讽刺意味。把财富来当作衡量人类社会的价值评判标准，而不是用至善的人性，对于人本身就是荒唐可笑的。

在拜金主义大行其道之时，财经工作者的工作者也岌岌可危。为了一己私利做假账、挪用公款、谋取私利、官商勾结、哄抬物价、制假贩假、商业贿赂就会愈演愈烈，在金钱面前毫无道德约束，人性至恶的一面展现得一览无遗。韩国庆熙大学的创建人、教育家赵永植（1921—2012年）指出，现代人，似乎以为丰饶的物质生活就是人生的全部目的。[②]人类成为机械、技术、物质的奴隶，缺乏个性而丧失自我，沉湎于享受，饱食终日，拼命赚钱而又肆意挥霍，把面包和欲望当作生活的全部目的。[③]

（3）诚信缺失。诚信是人的核心价值。承诺、思想和行动一致；“诚”是诚实，“信”是有责任心、信用。相反地，无诚信者是伪君子或真小人。“人无信不立，国无信不昌。”诚信不仅是中国优秀传统道德的重要内容，也是市场交易活动的基本精神。目前，在我国的经济活动中，诚信缺失现象日益突出，是各类经济活动中最严重的职业道德问题。

市场的“逐利性”诱使人们盲目地追求利益，甚至不惜冒着损害企业、个人信誉的风险进行诈骗活动。商家利用信息不对称，借助广告的力量夸大产品实际功能，引诱消费者购买其产品和服务。一旦交易成功，便溜之大吉，不顾售后服务，使得消费者蒙受财产和精神损失。商业欺诈、制假售假现象屡禁不止。比如食品安全问题，俗话说“民以食为天”，可我们每天却在担心猪肉是否注水，饮料的色素是否超

① 冯友兰.中国哲学简史［M］.北京：北京大学出版社，2003：126.

② 张旭东.全球化时代的文化认同［M］.北京：北京大学出版社，2006：59.

③ 赵永植.重建人类社会［M］.清玉，等，译.北京：北京东方出版社，1995：82.

标，牛肉干是否是皮革制的……从三聚氰胺、苏丹红、一滴香等各种有毒添加剂，到假鸡蛋、假豆腐、假酒等各种假冒产品，无数人的生命健康正受到侵害和威胁。

校园诚信危机四伏。早在21世纪初，国内媒体大范围地曝光高校“诚信危机”。始于大学生的助学贷款欠款未还，“大学生诚信”问题走入公众的视线。如果说助学贷款是国家为圆广大莘莘学子“大学梦”的善意之举，“拖欠还款”实属这些学子们知恩不报的恶意之行。随着助学贷款的拖欠，在高校的校园里弥漫起了“诚信危机”。除了助学贷款欠款外，抄袭、替考、论文买卖等各类学术不端、学术造假现象此起彼伏。部分不诚信的学生走向了社会，走进了各行各业。

“诚信”是现代社会的“通行证”，而诚信可量化是喜是悲？为了能够评判道德水平高低，人们发明了各类的“诚信指数”。“诚信”忽然一夜间变得可以用数字来说话了。在政府层面，人民银行建立了个人征信系统；在社会层面，网络有芝麻信用分数。我们通过数字能够判断出一个人的诚信情况。比如，根据个人信用情况，银行决定是否发放贷款；交通部门决定是否让其乘坐高铁和飞机……当这些美好的传统美德用数字来衡量的时候，变得容易去识别和评价的时候，作为现代人的我们，是应该高兴还是悲哀？

2. 意义危机

著名思想家张灏（1936—2022年）指出，现代中国最深层次的思想危机，是文化层面上的“意义危机”，表现为道德迷失（社会层面）、价值迷失（观念层面）和意义迷失（精神层面）。

（1）道德迷失。随着经济的全球一体化，西方世界的科学主义精神风靡全球。科学技术的权威已经由客体上升到了本体的位置，科学的有效性、权威性从自然科学领域延伸至道德、教育、历史等领域，本来作为一种人类发展的工具性的科学，在中国流变为科学主义，社会也因此变得工具性、功利性、物质化、利益化。人与人之间，越来越像沙粒，像齿轮，彼此界限分明，因为功能而接触，又因功能而分离。[①]人被视为赚钱的工具，而不是作为一个独立人格的人本身。在这种西方科学主义的思潮中，学校教育重视智力教育、知识教育，而对道德教育持一种放任的态度。

图5-20 鲁洁

中国教育学家鲁洁（1930—2020年，见图5-20）从个人德性和社会规范两个角度为我们呈现了当今的道德问题图景。她指出，当前，无论从个人德性层面，还是

① 田松.被功能化的我们［J］.视野，2006（12）：24-25.

从社会行为规范层面，都出现了不同程度的道德危机和失范现象。[①]从个人德性来看，人们的道德日益堕落，具体表现在人类生活的各个领域。这里特别强调的是，在经济领域中，唯利是图、见利忘义、弄虚作假、欺诈掠夺等行为不断发生。从社会规范上来看，旧的传统道德规范失去了引导作用，新的引导规范还未建立。经济领域也急需建立新的道德理论来加以规范和引导，如科技的发达带来了新的伦理问题，如基因重组、金融科技犯罪、网络毒品等。鲁洁看到了社会的道德失范现象，也说明了在新旧道德规范的交替之际，人们的道德世界正处于迷失状态。

关于"道德迷失"，它有一个近义词叫"道德风险"，也称"道德危机"。道德风险是20世纪80年代西方经济学家提出的概念，属于经济哲学的范畴。道德风险是由信息不对称引发的，这里并非贬义。道德风险不同于道德败坏，是指在经济发展过程中，从事经济活动的人在最大限度地增进自身效用时，做出的不利于他人的活动。因此，从哲学和伦理学的角度看，道德风险，是指某些道德原则和规范在现实生活中推行、践履时，有可能导致不理想效果或负面影响的危险性。[②]曾获得1972年诺贝尔经济学奖的美国经济学家肯尼思·阿罗（Kenneth J. Arrow，1921—2017年，见图5-21）指出："道德风险"引发于保险体制。保险会促使投保人采取更为冒险的行为，从而增加他们从保险基金中领取赔偿金的机会。他认为，解决道德风险问题的办法是共同保险，即个人支付他们自身的医疗账单的大部分。[③]

图5-21 肯尼思·阿罗

财经行业作为现代经济的核心和主体，既面临着道德迷失的问题，又面临道德风险的全面挑战。财经职业道德风险是道德风险在财经这一领域中的反映和体现，既有道德风险的一般属性，又有财经领域的特殊性。财经职业的道德风险具体在经济市场中的表现，是在信息不对称的前提下，对于市场交易的双方，最迫切想促成交易达成的一方最有可能做出损害另一方的决定。以"二手市场"为例，新车一旦在二手车市场出售，立刻身价暴跌。原因很简单，就是买家不清楚卖家究竟为何要把新车卖掉，是有重大质量问题，还是有其他原因？由此，二手市场被人们认定为充斥着次品的交易市场也不为过，因为低质量产品驱逐了高质量产品。

道德风险是由于市场的原因引发的道德危机；而道德迷失是由于人自身的道德素养出现了偏差。若要规避道德迷失和道德风险给我们的经济生活带来的损害，不

① 戚万学.道德教育的文化使命［M］.北京：教育科学出版社，2010：5.

② 边慧敏，朱世宏.财经职业道德［M］.成都：西南财经大学出版社，2011：32.

③ 任德新，丁德明.审计实证中"道德风险"的防范［J］.审计研究，2005（02）：59-62.

仅需要加强财经工作者的职业道德教育，更需要通过有效的经济调控政策和手段弥补市场的缺陷，避免道德风险的产生和危害。

（2）价值迷失。康德说过，人活着是为了幸福。然而，幸福的定义有许多，不同的人对幸福有着不同的理解。

在《尼各马可伦理学》中，亚里士多德说人有三种生活状态：第一种是享乐的生活，是幸福的低阶状态，会随着享乐的消失而消失，第二种是有德性的生活，第三种是沉思的生活。第二种和第三种是幸福的高阶状态。

1970年，不丹王国第四任国王吉格梅·辛格·旺楚克（Jigme Singye Wangchuck，1955年—）提出了全世界衡量物质和幸福的共同概念——国民幸福总值，不丹国王认为，政策应关注幸福，人生的基本问题应该在物质生活和精神生活之间保持平衡。

然而在现实中的全球多元化时代背景下，人们的幸福感降低。究其原因，一方面，人们的心灵深处交织着文化错位，心态失衡的情绪焦虑，感知的价值分裂，认同丧失的道德困境，承受着无可回避的理想冲突与意义失落的精神迷惘。[①]另一方面，人们与传统文化脱轨，难以“每日三省吾身”，达到宁静致远的身心一致的水平。现代人的日常生活面临着多元的相互冲突的道德价值，面临着现代的精神生活秩序与道德秩序的混乱。现代人正在精神深层中，经受着来自价值秩序混乱的道德困惑与道德不幸。[②]

价值的迷失带来的是困惑、无助和痛苦。苏格拉底说过，人之所以痛苦是因为有选择。当价值迷失时，面临着二元文化带来的价值冲突和价值迷失，人们陷入深深的选择痛苦，有个时髦的词汇叫“选择障碍症”，可用来描述这种纠结的心理焦虑和不安。人们站在选择的十字路口迷茫无助，内心深层的焦虑从未得到缓解，这种焦虑让人们无法找寻幸福，也无法明白幸福从何而来。就像德国著名现象学哲学家舍勒（Max Scheler，1874—1928年，见图5-22）所言，这是一个“价值颠覆”的时代，历史上没有一个时代像当前这样，人人对于自己是这样的困惑不解，不仅是人的实际生存转变，更是人的生存标尺的转变。[③]

图5-22　舍勒

（3）意义迷失。所谓意义迷失，是指人们对存在的

---

① 李振刚.文化忧思录——中国文化的历史走向［M］.保定：河北大学出版社，1994：11.

② 金生鈜.德性与教化［M］.长沙：湖南教育出版社，2003：2.

③ 马克斯·舍勒.资本主义的未来［M］.罗悌伦，译.北京：活读书 新知三联书店，1997：57，182.

终极意义产生困惑，对世界到底是什么产生怀疑。①哲学命题的灵魂拷问“从哪里来？到哪里去？”直指人心，人存在的意义究竟是什么？

当今的中国社会，历史、文化、人文、经济都在经历着前所未有的、深刻的、结构性的改变。变革必然是对人类社会的重大考验。纵观人类社会发展的历史，每一次社会变革都伴随着思想的觉醒和文化的复兴，其中不乏有众多的牺牲者，有的甚至牺牲几代人为之而努力。中国人民大学教授刘小枫博士曾说：“灵魂与肉身在此相互找寻，使生命变得沉重。如果他们不再相互找寻，生命就变轻，身体轻飘起来，灵魂就再也寻不到自己的栖身之处。”②

在当代，一方面，人们沉迷于发达的科学技术带来的物质生活的全面提高，智能化让人们解放了双手，人工智能甚至可以替代人脑进行高级的行动，人们沉浸于这种宽松、即时的物质享乐；另一方面，由于价值观的迷失，人们越发感觉到自己的渺小和无助，通过短视频、快消品、网络游戏等，享受着感官的刺激和快感。人们的生活被原地加速了，科技看似帮人类节省了时间，但是每天总有忙不完的事，表面上看起来很充实、很繁忙，但总有一种说不上来的空虚感和孤独感。

由于科技的发达，信息的通畅，人们总热衷于各种攀比。大到国家城市，小到家庭个人，从金融行业中基金的预估净值排名，到教育行业的国内外高校和科研排名，从自己的工作职务、收入到孩子的就读学校和成绩……“内卷”，就恰当地形容了人们为了争夺有限的资源，开展恶性的内部竞争，让参与竞争者处心积虑地自我挖掘，身心疲惫不堪。接下来，又出现了“躺平”，用来表达一部分人对“内卷”的不满和反抗，这种不满和反抗，又透露了无奈和迷茫，索性什么也不干了。

《一个现代人的自白》是一首网络流行的小短诗，把现代人的烦躁和焦虑展现得淋漓尽致：

手机24小时待机；
不管吃饭休息工作都要“亲密不离”；
社交话题不是婚恋问题就是资产升值；
每日乘坐沙丁鱼罐头般的公交地铁；
穿梭在水泥森林中；
长期沮丧，偶尔冷漠；
间歇性平静，经常性暴走；
情绪阈值越来越低；
什么时候自己患上了情绪失控晚期“癌症”。

① 戚万学.道德教育的文化使命［M］.北京：教育科学出版社，2010：7.

② 刘小枫.沉重的肉身——现代性伦理的叙事纬语［M］.上海：上海人民出版社，2000：96-97.

资源库5-6

网络主播偷逃税案件敲响警钟[①]

2021年12月20日，税务部门公布了对网络主播黄薇（网名：薇娅）偷逃税的处理结果。黄薇通过隐匿个人收入、虚构业务转换收入性质进行虚假申报偷逃税款，被依法追缴税款、加收滞纳金并处罚款，共计13.41亿元。

黄薇通过隐匿个人收入、虚构业务转换收入性质进行虚假申报等手段，偷逃税款6.43亿元，其他少缴税款0.6亿元。对其隐匿收入偷税但在检查立案后主动补缴和报告的部分，处0.6倍罚款；对隐匿收入偷税未主动补缴的部分，处4倍罚款；对虚构业务转换收入性质虚假申报偷税的部分，处1倍罚款。在规范监管的同时，税务部门对网络直播等新业态从业人员给予了包容性的自查整改期。2021年9月，国家税务总局专门印发通知，明确网络主播2021年底前能够主动报告并及时纠正涉税问题的，可以依法从轻、减轻或免予处罚。据了解，已有上千人主动自查补缴税款。税务总局同时明确，对自查整改不彻底、拒不配合或情节严重的依法严肃查处。

近年来，平台经济、直播带货迅猛发展，税务部门切实加强对新经济新业态的税收监管和规范，充分发挥税收大数据作用，先后查处多起偷逃税案件，并对重大案件进行曝光。此案是近期税务部门查处曝光的又一重大案件。多名财税和法律界专家学者认为，本案涉案人员社会关注度高、涉案金额大，案件的查处和曝光彰显有关部门规范网络直播行业的决心和力度。

网络直播非“法外之地”，要自觉依法纳税，承担与其收入和地位相匹配的社会责任。直播行业发展迅速，但与其相匹配的标准化、成熟的行业规范尚未形成。中国政法大学财税法研究中心主任施正文认为，由于互联网平台的开放性，网络主播等直播行业从业人员准入门槛较低。网络主播的行为不能仅靠个人自律，行业协会应发挥相应激励和约束作用，督促引导网络直播从业人员自觉遵纪守法，传播正能量。

思考

1.新经济行业如何规避从业人员的道德风险？谈谈你的看法。

（二）财经职业道德教育反思

当前，高校职业道德教育研究取得了一定的成绩，如对职业道德教育的研究日

① 根据网络资源改编。

渐深入，职业道德教育已有了一定的理论基础，职业道德教育的实效性得到了增强等，这些都为开展财经职业道德教育奠定了良好的基础。但不可否认，在实践和实施的过程中，财经职业道德教育也遇到了各种困扰其发展的瓶颈和问题，引起了社会和学界的广泛关注（见图5-23）。

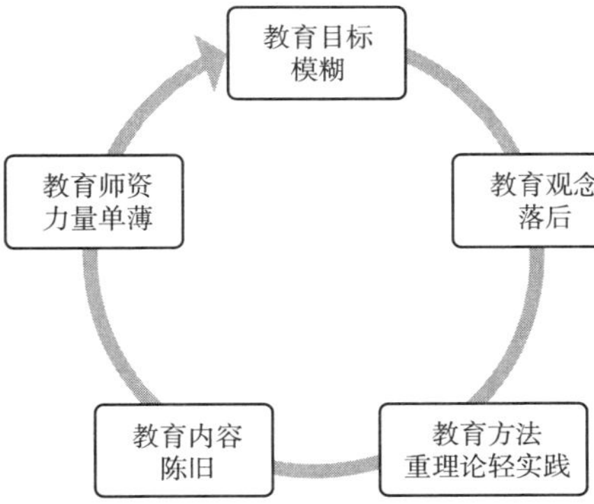

图5-23 财经职业道德教育的困境和局限

1. 教育目标定位不清晰

首先，教育目标空泛，重专业轻素质。大学德育目标过高，一直是我国大学德育的一个弊病。党的十一届三中全会以来，中共中央先后印发了《关于改进和加强高等学校思想政治工作的决定》（1987年）、《关于进一步加强和改进学校德育工作的若干意见》（1994年）、《中国普通高等学校德育大纲》（1995年），提出高等学校的德育目标是：①使学生热爱社会主义祖国，拥护党的领导和党的基本路线，确立献身于有中国特色社会主义事业的政治方向；②努力学习马克思主义，逐步树立科学世界观、方法论，走与实践相结合、与工农相结合的道路；③努力为人民服务，具有艰苦奋斗的精神和强烈的使命感、责任感；④自觉地遵纪守法，具有良好的道德品质和健康的心理素质；⑤勤奋学习，勇于探索，努力掌握现代科学文化知识。并从中培养一批具有共产主义觉悟的先进分子。

进入21世纪，中共中央先后印发《公民道德建设实施纲要》（2001年）、《新时代公民道德建设实施纲要》（2019年），对公民道德建设提出了明确具体的要求。但对于如何加强大学生的职业道德教育，以及社会各行业的职业道德教育，其培养目标如何，基本道德品质的规定方面，并未有明确的专门法律规章。至于目标表述，要么语焉不详，要么千差万别，导致职业道德教育活动的开展异常艰难。我国高校职业伦理教育和职业道德教育从属于大学德育系统，深受大学政治思想教育传统的影响，教育目标过于笼统，不具体、不深入。

其次，教育目标功利化，强调外在价值忽视本体价值。对于我国财经职业道德的教育目标，国家并没有硬性的规定，《中华人民共和国教育法》和《公民道德建设实施纲要》等法律法规文件虽然涉及了职业道德，但对职业道德教育的目标并没有作明确要求。在财经职业道德教育教学过程中，片面强调外在价值，而忽视本体价值。职业道德教育的出发点过于从属政治形势的需要，而忽视了大学生的身心发展规律，要求过高，与实践脱节。

2. 教育观念落后

涂尔干认为："每个社会都要塑造理想的人，既从智力方面，也从体力和道德方面规定应该做一个什么样的人"。[①]当前高校教育教学过程中，未能给予职业道德教育和伦理教育以高度的重视，对职业道德教育的重要性认识不足。"教育在我们身上所要实现的人，并不是本性使然的那种人；而是生活希望他所成为的那种人，是社会根据自己内在经济的要求希望他成为的那种人"。[②]

职业道德教育的观念似乎还停留在"底线"教育阶段，停留在注重教育功能的负向规避，而对教育对职业道德的正向引导和激发功能发挥不足；重视对社会生活中非道德现象的研究、讨论、批判，缺乏对个体道德意识、道德行为的理性思考和深入剖析。如会计专业学生的观念中，"不做假账"是底线；保险专业学生或许认为"不骗保"是底线。高校在校生对自身的职业道德素养教育问题不重视、不关注或是关注过少。

3. 教育方法重理论轻实践

从教育方式方法上看，现阶段中国高校仍以概念框架教学、案例分析教学为主，并未真正深入道德哲学和道德理性的理论内核，因此只是重视浅显的理论教学。在学校教学计划和师生的心目中，德育课确实很重要，因为德育是"必修"课，是我国学校思想政治教育的主阵地。在课堂教学中，以教材为中心，教师讲，学生听，学习过程中基本上是灌输多，启发少。德育课沦为"说教"重灾区；德育课的内容和方法与现实严重脱节，激发不了学生的学习兴趣，影响了道德教育的实际效果。

4. 教育内容陈旧

在一份对上海市职业道德教育的调查报告——《职业与成人教育研究报告》调查结论显示，一是上海职业道德教育教材内容过于概念化、理论化；二是内容陈旧，缺少鲜活的案例；三是教材体系结构比较死板、程式化，学生缺乏学习兴趣；四是教材更新周期太长，既不能及时反映社会关心的热点问题，也不能及时反映企业对

---

① 戴维·布莱克莱吉，巴里·亨特.当代教育社会学流——派对教育的社会学解释［M］.王波，陈方明，胡萍，译.北京：春秋出版社，1989：14.

② 埃米儿·涂尔干.道德教育［M］.陈光金，沈杰，朱谐汉，译.上海：上海人民出版社，2006：269.

职业道德的要求与评价，更缺少世界各国职业道德教育的优秀成果及经验。[①]

随着时代的发展，出现了一些交叉学科和新兴专业人工智能与大数据、生物信息学、纳米工程和技术等，大学生职业道德教育课程体系没有随专业的不断细化而愈加深化，没有相对应的职业道德教育课程的制度性安排。大学生职业道德教育课程体系也未因学科与生活联系的日益紧密而向实践倾斜，仍然表现出体系空泛、课堂为主的特点。现在，我国的一些财经院校正在有计划地引进、使用国外商业伦理教材。如北京国家会计学院就把加拿大多伦多大学罗特曼管理学院使用的《商务伦理与会计职业道德》定为该院会计专业的基础教材。

5. 教育师资力量单薄

“榜样的力量是无穷无尽的。”在道德教育教学过程中，教师的言行和品德，会如春雨一样“润物细无声”；教师所展示和表现出的道德风范，会给学生留下深刻的印象。不可否认，教师言传身教的巨大作用对学生的正面影响和重要作用，是其他学习途径所不能比拟的。

目前，很多高校并没有专门的职业道德教育师资团队和人才梯队。比如，职业道德教师队伍中有一部分不是专职教师，而是由其他学科教师或者是辅导员、行政兼课老师临时客串；或者是思政课程教师进行授课，但对于更具针对性的职业道德仍有距离感；亦或者是从事职业道德教育教学的教师自己仍未认识到开展职业道德教育教学的重要性，在编写教材、收集案例、课堂组织等环节草草应对。这些都使职业道德教育教学的质量和效果大打折扣。

资源库 5-7

耶鲁大学的“基金帝国”[②]

与大名鼎鼎的股神沃伦·巴菲特（Warren E. Buffett，1930年—）相比，耶鲁捐赠基金的首席投资官大卫·史文森（David F. Swensen，1954—2021年，见图5-24）在中国并非声名显赫，但是他对机构投资的发展产生了十分深远的影响。

史文森有着传奇的经历，他早年在耶鲁大学获得经济学博士学位，师从1981年诺贝尔奖获得者詹姆斯·托宾（James Tobin，1918—2002年），托宾是资产选择理论的开创者，史文森直接从他身上汲取了很多营养，这也是史文森后来提出创新性多样化投资组合理论的基础。博士毕业后，27岁

---

① 上海市教育科学研究院职业与成人教育研究所.新时期上海职业学校职业道德教育的问题与对策［R］.2003.

② 张磊.价值［M］.杭州：浙江教育出版社，2020：38-40.

图5-24　大卫·史文森

的史文森开始在华尔街崭露头角，在雷曼兄弟公司工作3年，在所罗门兄弟公司工作3年，当时他的主要工作是开发新的金融技术，在所罗门兄弟公司工作期间，他构建了第一个掉期交易。1985年，史文森应恩师之邀，毅然放弃了薪资诱惑的华尔街投行工作而返回母校，在纽黑文这座平静的小城几十年如一日，兢兢业业地承担起耶鲁大学的金融理财重任，并兼职耶鲁管理学院教授，将自己多年的投资管理心得传授给学生。在他看来，生活中有很多重要的事情，不能用金钱来衡量。

在此后的27年里，史文森一手将耶鲁捐赠基金打造成一个"常青基金帝国"，历经美国1987年的"黑色星期一"，20世纪80年代末的经济滞胀，90年代的"克林顿繁荣""高科技浪潮""2000年前后的互联网高潮及泡沫"，以及后来的全球经济疲软和市场连续下跌。然而，耶鲁捐赠基金的资产规模却不断地扩大，从他上任之初的13亿美元，增长到2019年6月的303亿美元，增长了22倍多，过去10年的年化收益率为11.1%，过去20年的年化收益率为11.4%，他是世界上长期业绩最好的机构投资者之一，获得了基金管理界和华尔街的高度关注。美国著名的基金管理公司先锋领航集团的创始人约翰·鲍格尔（John Bogle, 1929—2019年）评价说，大卫·史文森是这个星球上，仅有的几个投资天才之一。耶鲁捐赠基金的强劲竞争对手，哈佛捐赠基金管理公司的总裁杰克·迈耶（Jack R. Meyer，1954年—）曾毫不掩饰其无奈并打趣地说："我们哈佛希望史文森最好赶紧换工作。"史文森最重要的贡献，不仅仅在于将创新的耶鲁投资模式和各大机构投资者分享，更在于它培养了无数秉承价值投资理念的投资人，他真正履行了高等教育的崇高使命，帮助他人成就更好的自己。

史文森投资策略的神奇之处在于能够穿越不同的市场环境和经济周期，在激烈的竞争中实现投资业绩的稳定增长。他认为，在投资行业，如果采取非主流的投资策略，或许会面临许多挑战。人性会驱使投资人采取最佳或认可的投资策略。当自己的投资跟多数人趋同时，会强化自己与主流的一致性，以防出错后独面尴尬。不幸的是，这种心理上的慰藉却很少能创造出成功的投资。史文森的"不走寻常路"，体现在通过对市场的深刻洞察，大举进军定价机制和相对薄弱的另类资产市场，创造新的信用风险投资、房地产投资和绝对收益投资等各类投资工具。

作为机构投资领域的先驱和佼佼者，史文森的教学和著作讲述了机构投资的决策运作方式，组织管理和投资理念，进而帮助人们更充分地认识金融市场结构和运行规律。2002年，史文森所著的《机构投资的创新之路》一书引入中国。这是一部侧重于阐述投资组合，构建投资逻辑、资产类别分析与选择，以及风险控制的经典之作，已成为全球机构投资者的"圣经"。史文森习惯了"以俭为德"的生活，只想做一个有良知的人，而并非服务于赚钱。在他看来，投资的目的，是盈利还是实现某种社会理想，其间的平衡必须把握。耶鲁大学只会把钱交给有极高道德标准，同时遵守投资人的职业操守，把受委托义务置于首位的人。他给耶鲁大学带来的不仅仅是物质财富，更是一种崇高的精神气质。

思考

1. 请讨论史文森打动董事会的优秀品质有哪些？
2. 美国私立大学的基金为什么可以进入金融市场？

第三节 实践面向：中外财经职业道德教育比较

"实践是检验一切真理的唯一标准。"事实证明，职业道德教育仅仅依靠课堂教育，还远远不够；财经职业道德教育需要在社会实践中不断丰富和完善。

一、财经职业道德教育的内容

图5-25 柯尔伯格

美国当代著名心理学家和教育家、哈佛大学道德哲学教授柯尔伯格（Lawrence Kohlberg，1927—1987年，见图5-25）认为，道德教育的主要任务，在于促进人的道德判断和道德推理能力的发展，而不是向他们传授某种具体的道德规则。①

财经职业道德教育是财经职业道德实践活动的重要载体和形式，通过财经职业道德教育，使得外在的财经职业道德原则和道德规范得以转化为财经工作者内在品

① 戚万学.现代西方道德教育理论研究（上卷）[M].北京：人民教育出版社，2020：53.

质和自觉行为的重要途径。财经职业道德教育是通过影响人的“三观”来实现的，具体体现在“三业”教育的效果上。

（一）财经职业道德“三观”教育

具体而言，财经职业道德“三观”教育，包括“世界观”教育、“人生观”教育和“社会主义核心价值观”教育（见图5–26）。

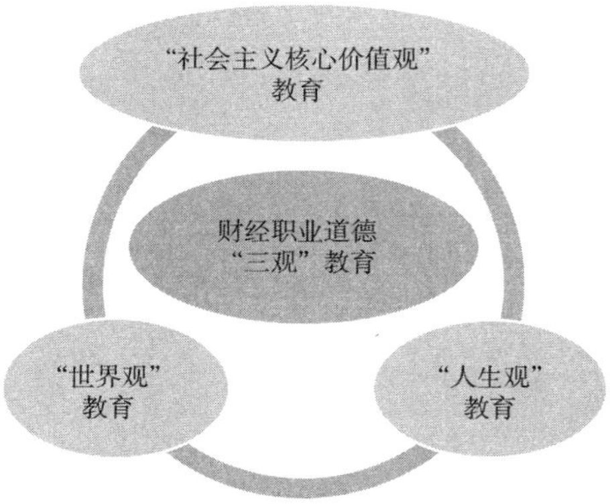

图5–26　财经职业道德“三观”教育

1.“世界观”教育

世界观，是人们对生活于其中的整个世界，以及人和外在世界之间的关系的根本观点、根本看法。它是在社会实践的基础上产生和形成的。人们在实践活动中，首先形成的是对于现实世界各种具体事物的看法和观点。久而久之，人们逐渐形成了关于世界的本质、人和客观世界的关系等总的看法和根本观点，这就是世界观。

毛泽东同志在《实践论》中指出：“无产阶级和革命人民改造世界的战争，包括实现下述的任务：改造客观世界，也改造自己的主观世界——改造自己的认识能力，改造主观世界和客观世界的关系。”中国共产党历来重视对群众特别是对干部和党员的“三观”教育，把它视为党的思想政治工作的重要内容。因此，与经济社会密切联系的财经职业道德“三观”教育，就更凸显其重要性了。

财经职业道德的世界观，是财经工作者在长期的工作、生活实践中形成的关于世界的本质、人和客观世界的关系等总的看法和根本观点。这种辩证唯物主义的方法论和世界观，是财经工作者改造世界、创造世界的武器。良好的职业道德世界观直接影响着人们对待世界的态度，对个人的未来成长和社会经济的发展也有着深远的影响。

2.“人生观”教育

人生观，是对人生目的、意义的根本看法和态度。人生观是世界观的重要组成部分，是世界观在人生问题上的具体表现。鲁洁认为，当代中国社会正面临史无前例的特殊时期，我国的道德、道德教育必须实现道德坐标轴心的转换，培养“共在型”独立人格。[①]独立人格的培育离不开独立人生观的建立和培养，它指导着人们的生活方向，影响着人们的道德品质和道德行为，决定着人们一生的价值目标和生活道路。

财经职业道德的人生观，是财经工作者在长期的工作实践中形成的，对人生目的、意义的根本看法和态度，是世界观在人生观的具体体现。财经工作者的人生观直接影响着财经工作的职业道德和职业品质。有着什么样的人生观，就会有与之相对应相匹配的职业道德素养。人生观教育包括幸福观教育、荣辱观教育、苦乐观教育等。在财经工作者初入社会之前，进行人生观教育，可以帮助其树立正确的人生理想和人生目标；进行正确的人生理想教育和社会理想教育，帮助其树立正确的人生目标、养成健康的生活方式，以及形成严谨的工作态度，这是学校德育教育内容的延伸和深化。

3.“社会主义核心价值观”教育

习近平总书记说过：“用社会主义核心价值观凝魂聚力，更好构筑中国精神、中国价值、中国力量，为中国特色社会主义事业提供源源不断的精神动力和道德滋养。”“社会主义核心价值观把涉及国家、社会、公民三个层面的价值要求融为一体。”[②]在新的时期培养现代公民的道德意识和道德自觉，一是要培育正确的道德判断和道德责任，二是要提高道德实践能力尤其是自觉践行能力。

在具体的财经职业实践中，无论哪项具体的财经工作，都不可避免地遇到价值观判断问题。比如，会计工作就具有很强的独立选择性，会计人员的职业操守，对于处理同一个会计事项可能会有不同的处理态度和处理办法，而不同的态度和办法就会产生不一样的经济结果和评价方式。因此，通过具体的核心价值观教育，尤其是加强对财经工作者的价值观教育，使其确立基本的财经道德价值观，如公平原则、利益原则、权力原则、独立原则、法治原则、科学原则、利他原则等。在掌握了这些原则之后，在实际工作中要遵循专业规范；在脱离了专业规范外的其他场景中，懂得运用这样的价值观进行分析、判断和解决问题。

---

① 鲁洁.转型期中国道德教育面临的选择［J］.高等教育研究，2000（05）：6–10.

② 中共中央宣传部.习近平总书记系列重要讲话读本［M］.北京：人民出版社，2016：190.

（二）财经职业道德“三业”教育

图5-27　马科维茨

1990年诺贝尔经济学奖获得者之一、曾任美国金融学会主席的哈里·马科维茨（Harry M. Markowitz，1927年—，见图5-27）教授认为：市场没有大脑和心脏，因而不能指望它能够自觉地意识到它所带来的严重的社会问题，更不能指望市场自身来纠正这种不平等，在这种情况下就要依靠法律和道德来规范人们的行为。①

财经职业涵盖的内容非常广泛，包括财政、税务、金融、会计、审计，统计等工作内容，因此与之相对应的财经职业道德规范也涉及较广的范围，因而不同的工作内容有与之相适应的财经职业规范。由于财经职业道德规范是上述财经工作者长期道德行为和道德关系的普遍规律反映，这种道德规范和道德准则也不是一时兴起，是需要积年累月长期的财经职业实践中形成，一旦形成，就成为了财经工作者的职业道德评价和道德判断的标准。这些职业道德规范总结起来概括为三个方面——“敬业”“乐业”和“勤业”，与之相匹配的教育内容，就是财经职业道德的“三业”教育（见图5-28）。

1.“敬业”教育

敬业的前提是尊重和爱。有个成语叫“肃然起敬”，即在肃穆的环境下不由自主地就会心生敬意。中国古代有“中庶乐业，咸以康宁”。时至今日，对各行各业“敬业精神”的要求更是有增无减。当今社会，敬业已经成为了一种道德责任心和职业感的约定俗成的评价标准。它要求各行各业的工作人员尊重自己的职业、忠于职守、爱岗敬业，拥有强烈的责任感和事业心。

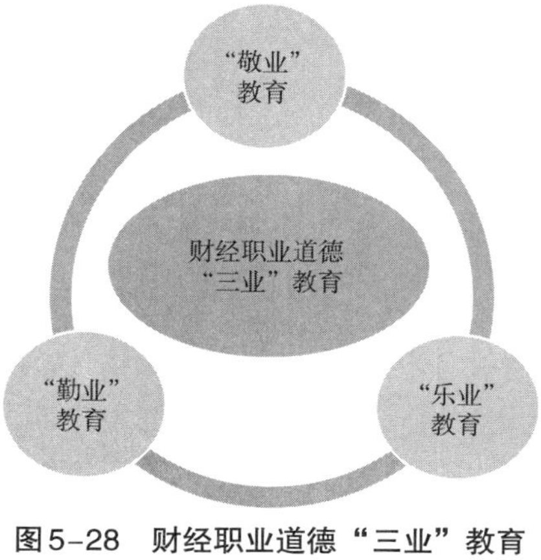

图5-28　财经职业道德“三业”教育

① 胡克培.思想品德修养与职业道德［M］.北京：北京大学出版社，2005：225.

财经职业具有特定责任、义务，有自身独特的制度规范和职业形象，这些都会对财经工作者形成一定的工作压力和挑战。事实证明，实践中把财经职业当作实现个人利益和发展的基本前提，并从财经职业工作中发现人生价值和实现自我价值，于己而言是一件高尚的事，因为可以实现“身”与“心”的双重满足，实现物质和精神的双丰收。

2.“乐业”教育

所谓的“干一行爱一行”，没有发自内心的热爱和喜欢，怎么能够感受到工作中的快乐和幸福。“乐业”教育要求财经工作者认真地去体会工作的意义和作用，并从中发现快乐、幸福、乐趣，对财经工作怀着高度的热忱和由衷的热爱。

1970年诺贝尔经济学奖得主，美国著名经济学家萨缪尔森（Paul A. Samuelson，1915—2009年，见图5-29）的幸福方程式（幸福=效用/欲望）告诉我们，幸福感取决于物质财富的效用和欲望的比值。从另一个侧面告诉我们，要想在工作中获取长久的幸福，要减少对所从事工作的索取，因为欲望越高，幸福越低。幸福并不是指物质财货的享用过程，更是全身心付出后回报快乐的感觉。财经工作者充分认识到工作的过程同样是为他人奉献的过程、为社会奉献的过程，工作的快乐不只是赚钱的快乐，更来自回馈他人和回馈社会的快乐，减少对社会的索取，真正做到“干一行爱一行”，对财经工作怀有高度的责任感和主人翁意识。

图5-29 萨缪尔森

3.“勤业”教育

《荀子》之《劝学》篇曾言，“骐骥一跃，不能十步；驽马十驾，功在不舍；锲而舍之，朽木不折；锲而不舍，金石可镂”；唐代中期文学家、思想家，河南河阳（今河南省孟州市）人，韩愈（768—824年，见图5-30）在《进学解》讲到，“业精于勤荒于嬉”。中国古代有太多关于勤勉的教育，勤业适用任何行业和职业。财经工作者在勤业方面应该做到勤恳钻研业务、安心踏实工作、把敬业和乐业的感情化为自觉履行道德规范、对工作精益求精、追求卓越。

图5-30 韩愈

（三）普法教育

人们常讲“不以规矩，何以成方圆”，“以事实为依据，以法律为准绳”。法律法规是衡量现代人行为的一把尺子。一个快速发展的现代经济社会离不开法律这把尺子。道德和法律具有统一性，他们之间具有密不可分的关系。涂尔干在《社会分工论》中多次提到："道德规范和法律制度在本质上表达了自我同一性要求。"①如果没有道德作背书，法律就是一纸空文。在马克思和恩格斯看来，法律是由道德规范上升和提炼而来的。"在社会发展某个很早的阶段、产生了这样一种需要：把每天重复着的生产、分配和交换产品的行为用一个共同规则概括起来，设法使个人服从生产和交换的一般条件。这个规则首先表现为习惯，后来便成了法律。"②

道德是法律的精神，法律是道德看得见的符号。道德规范主要是通过传统习俗、社会舆论等方式对人的行为进行约束，方式温和，涉及的范围较广泛；而法律法规主要是通过明确的条文，辅之国家机关的强制力，其涉及的对象特定。相较两者，道德规范的约束范围广，但是约束力不强；法律对人的约束力虽强，但是其限制的范围有限。因此，需要道德与法律的结合，两者一刚一柔，方能实现刚柔并济，取长补短的完美局面。

财经工作是一项涉猎非常广泛的职业，也是一项政策性、原则性都很强的工作。上至国家的宏观经济政策、法律法规；下至具体的财经工作条例、工作准则和工作纪律，都对财经职业道德提出了很高的要求。财经工作者无时无刻不和市场密切关联，和人、财、物相关联，因此，财经工作者要随时学习国家相关经济政策、学习各种法律法规、熟悉各种和工作相关的财经法律法规、工作条例、工作准则和工作纪律，以便在处理各种经济关系中做到合理合法、公平公正。

二、中国古代儒商的职业精神

（一）以诚立信的儒商

中国古人把具备儒家操守的成功商人称为"儒商"。儒商，字面上理解是"儒"与"商"的结合体，既有儒者的道德和才智，又有商人的财富与成功，是儒者的楷模，也是商界的精英。从狭义上来说，"儒商"指信奉儒家思想，并且以儒家思想作为自己行为准则的商人。从广义上来说，"儒商"是有较高文化素养同时具有中国优秀传统伦理道德观念，善于在商业经营中把优秀传统文化精神与商业经济规律相结合的企业家。

中国儒家最传统的道德范畴即为"仁"。从字面上来看，从"人"从"二"，原

---

① 爱弥尔·涂尔干.社会分工论［M］.渠东，译.北京：生活·读书·新知三联书店，2000：17.

② 马克思，恩格斯.马克思恩格斯全集［M］.北京：人民出版社，1964：309.

意表示两个人之间的亲密关系。孔子发展了“仁”的思想，并使之成为了道德规范的核心，其基本含义是“爱人”，根本途径是“克己复礼”。中国儒商正是在“仁者爱人”的精神指导下，形成了“重义轻利”“重义兼利”的价值观，简单可概括为“君子爱财，取之有道”。“爱财”，即是要发展经济，追求财富的增加，这是作为商人的基本特点；“有道”，即是要以人为本、恪守伦理道德，这是儒家思想的要求。

第一部描述儒商的书籍，当属中国西汉著名史学家司马迁（前145或前135—约前87年，见图5-31）所著的《史记》。这部书系统地整理了我国上古时期至西汉汉武帝时期的商业经营思想和知名商人优秀事迹，对于后世经商和经济发展有着重要的启示作用。书中提及的优秀商人以传记的形式呈现，司马迁大胆地为“富”正名，他旗帜鲜明地提出“人富而仁义附焉”的观点，认为“君子富，好行其德；小人富，以适其力”。司马迁的思想在当时具有非常超时代的力量，他指出“仁义道德”是财富的派生物，即义从利出，义要以利为基础，可谓“利在义中，以利养义”。司马迁的观点虽是承接了中国古代传统的经济伦理思想，但在一定程度上修正了孟子“为富不仁”的偏见。受孔子、司马迁等人的影响，正道经营，义利兼顾，进而先义后利、以义为利，成为中国历代成功商人的基本经营操守，最终形成了源远流长、有强烈道德意蕴的中华儒商文化。

图5-31 司马迁

司马迁在《史记·货殖列传》中记载了子贡（前520—前456年）、范蠡（公元前536—公元前448年）、白圭（前370—前300年或前463—前365年）等儒商典范的经商故事。特别是孔子得意门生子贡，被尊称为“儒商鼻祖”。子贡，经商于曹、鲁两国，依据市场行情，适时应变，贱买贵卖，从中获利，以成巨富。但是，在经商过程中，子贡始终秉承诚信和诚实原则，而且把财富作为实现理想抱负的工具。所以，司马迁在《史记·货殖列传》中以相当的笔墨对其予以表彰，肯定他在经济发展上所起的作用，以及在仁义、诚信方面的修为。因为子贡复姓端木，所以，这种诚信经商的作风，也被称为“端木遗风”。

在先秦以后的漫长岁月中，儒商发展出徽商、晋商、江右（江西）商、临清（山东）商等商帮，由个体成长为群体。特别是明、清两代，徽州巨商大贾雄踞江南，而山西商人盘踞中原，辐射欧亚，一时间成为我国两大赫赫有名的商业劲旅。

到了近代，儒商以儒家管理思想为基础，吸纳了西方管理科学思想，高扬着爱国主义旗帜，兴办发展民族工业，在传统儒商的意义上臻于成熟。在海外的华人圈子中，儒商的传统得到发扬光大。

（二）儒商精神的启示

在知识经济和全球一体化的背景下，民族文化日益彰显其重要性。诚然高新科技是经济发展的“车头”，但深厚的文化底蕴才是经济发展的基础。只有既具备现代科技知识，同时又有道德文化修养的人才，才能成为未来社会精英和中流砥柱。

现代新儒商文化继承了传统儒商的许多价值观，比如“自强不息”的忧患意识和“反求诸己”的自律意识，“以义取利”“诚敬就业”“货真价实”“勤俭廉洁”等经营准则。同时，现代儒商积极借鉴吸收现代经济活动的有关知识和智慧，开阔视野眼光、提升文化素养，具备同市场经济相适应的伦理道德品格和风范，坚决摒弃中国传统儒商帮派、地域、宗法等固有的弱点，克服传统儒商的家族经营、“官本位”和对竞争认识不足等缺陷，在当代经济社会不断复兴和发扬光大。

资源库5-8

康百万庄园的“留余匾”[①]

康百万家族，是明清时期以来豫商中最具代表性的商业家族。与位于山西的乔家大院、兴盛三代的晋商乔家相比，康家也毫不逊色。康家纵跨明清两代及民国时期，富裕十二代，历经四百多年辉煌。鼎盛时期，富甲豫、鲁、陕三省，船行洛、黄、运、泾、渭、沂六河，土地多达十八万亩，两次悬挂“良田千顷”金字招牌，成为中原一大富豪。民间有谚语，“头枕泾阳、西安，脚踏临沂、济南；马跑千里不吃别家草，人行千里尽是康家田”，描述的就是康家的盛世。

相比晋商乔家，康家打破“富不过三代”的魔咒，实现了财富传承十二代不衰的美言。究其根源，康家不仅讲求经商赚钱，更注重儒家文化的修养。从康家发展的四百年时间里，不难发现康家不计较个人得失，历代多行善举，修筑河堤，捐资助学，遇到灾年散财赈济灾民，甚至在几近亡国的清末，仍能替当地政府出资修缮行宫，接待慈禧一行到访。

特别一提的是，康家兴盛数代不衰的制胜法宝——家训。在康百万庄园里，随处可见众多匾、额、楹、联，上面的文字都体现了康家对子孙的教育箴言。其中，在庄园最醒目处，有康百万家族第十五代传人康道平（1795—不详）令人制作的“留余匾”（见图5-32），上刻南宋名士王伯大（约1185—1253年）的《四留铭》：“留有余，不尽之巧以还造化；留有余，不尽之禄以还朝廷；留有余，不尽之财以还百姓；留有余，不尽之福以还子孙”等内容，意为上留余与

---

① 资料来源：根据网络资料整理。

天，对得起朝廷；下留余与地，对得起子孙百姓，集中体现了康家秉承儒家文化“财不可尽露，势不可尽使”的思想。康家以实际行动向后代传承了做人的基本原则，修身养性，互相尊重；直率诚信，简朴大体；做人以德为准，做事以诚信为条。康家以此教育子孙举善事、知进退，不可穷尽一切利益，而应临事让人一步，临财放宽一分，保持人与社会、自然关系的和谐。

“留余”的含义非常深刻，内涵也很宽泛。“留余”有四个层面的含义，

第一，“留有余，不尽之巧以还造化。”康家教育后代学会和自然和谐相处，不要竭泽而渔，不要破坏性地开采，要让耕地休养生息。

图5-32 河南巩义康百万庄园的“留余匾”

第二，“留有余，不尽之禄以还朝廷。”康家告诉后代，要有大局意识。没有国家的强盛，哪里会有家庭的幸福？当国家需要的时候，当天灾人祸降临的时候，你必须贡献一份力量。

第三，“留有余，不尽之财以还百姓。”在兼顾自然和国家后，康家还告诉子孙，无论你怎么富裕，都要想到天下受苦的百姓，人间的财富是不可以独享的。

第四，“留有余，不尽之福以还子孙。”这也是康家告诫生命是代代延续的，你的智慧、经验、福分都要给后代留下一些，千万不可用尽。

思考

1. 谈谈你对中国古代庄园古迹的印象。
2. 看了"留余匾"的故事，你有何感想？

三、国外财经职业道德教育经验

美国是世界上最发达的市场经济国家之一，拥有诸多的世界名校教育资源，美国的高等院校有着成熟的职业道德教育经验。在美国，高校的专业教育需要达到两个教学目标：一是帮助学生掌握从事某种专业的知识和技能；二是培养学生具备与专业相关的价值观。因此，每个学生在读期间都必须学习职业道德和专业伦理的课程。[①]在该目标的引导下，职业道德伦理教育的地位可得到有效保证，其效果也非常显著。

（一）美国斯坦福大学职业道德教育模式

美国的斯坦福大学以"美国科学精神"为代表，其毕业生的社会声誉享誉全球，就业率和雇主满意度的排名均居世界前列。该校以实用教育为特征，强调教育与实业的结合，打造"理论学习+亲身实践+榜样引导"和"校企科技工业园区"道德教育模式，以赋予学生直接有助于社会实际应用和个人事业成功的本领。如开展正规课程计划之外的各种职业活动、劳动文化宣传、各种规章规范学习等途径，对学生的职业理想、职业态度、职业义务、职业技能、职业纪律、职业良心、职业声望及职业作风等产生教育影响。

1. 开启"校企科技工业园区"合作模式

众所周知，美国斯坦福大学是一所私立院校，其办学宗旨是培养私营企业家。该校的职业道德教育主要特点是重视"产学研"一体化和加强校企合作。比如，闻名于世的"硅谷"就是由该校创立的产业园区发展壮大起来的。

自建校以来，斯坦福大学和科技集团、企业有着密切的联系。斯坦福大学从事与当地产业关系十分紧密的应用性工业项目研究，和工业界签订长期的"学位合作计划"。这种"校企科技工业园区"合作模式，体现的是一种互动互利的"产学关系"。

一方面，斯坦福大学作为高校，为各种规模的企业提供不同层次的教育和培训服务，为企业的职后教育提供教育资源。斯坦福大学允许教师在硅谷的企业兼职做顾问和董事，鼓励教师和企业工作人员开展联合研究并促进研究成果商业化；另一

---

① 袁海萍. 欧美高校商科职业道德教育特征及思考［J］. 现代教育科学，2016（02）：130.

方面，硅谷中的企业，则为斯坦福大学的教师和学生提供了诸多实践岗位和科研机会，并且向学校派遣职业导师开展实训课程，手把手地教会学生该如何面对工作。

斯坦福大学多年来始终如一地和企业开展深度合作，在人才培养模式特点上独具一格，发挥了职业导师的特长，既传授职业知识和职业技能，又引导了学生的职业道德，可谓一举两得。

2. 打造“理论学习+亲身实践+榜样引导”职业道德教育模式

斯坦福大学长期以来坚持校企深度合作，增进了他们认同职业道德伦理教育的重要意义，并且重视学生的职业道德教育学习模式。斯坦福大学职业道德教育主要遵循“理论学习+亲身实践+榜样引导”模式，引导学生通过理论学习和社会实践，提高对社会道德伦理问题的分析和思考能力，鼓励学生从道德和社会的角度，去思考人生的价值和工作的意义；培养学生正直诚实、善于思考的品质，遇事作出正确的道德伦理判断，使学生从更深层面去了解、掌握美国的政治经济制度及文化价值观念，成长为真正的美国公民。

第一，强调伦理学教育的跨学科性。斯坦福大学在不同的学科专业中，设置诸多职业伦理课程，包括医生、工程师、律师、教师等众多职业领域。

第二，重视理论实践相结合的职业道德教育模式。学校非常注重理论和实践的双重学习，讲究渗透学习和交叉学习。他们要求高校的教师在各自的课程中，结合教学挖掘道德因素，把道德教育目标融入每一门课程中，把每一门课程和职业道德教育有机地结合在一起，这方面有些类似中国的课程思政。1977年至1978年的德育研究表明，在美国623所大学开设的2757种伦理课中，50%的内容为伦理道德、秘书道德、医疗道德和律师道德等。在课堂理论学习的同时，斯坦福还利用“硅谷”这个社会大课堂，给学生提供众多的社会实践机会。

第三，重视发挥学生社团的作用。校园里存在和专业相关的各类社团，学生结合自身专业，加入相应的社团以定位自己的归属，并且积极参加社团组织的各类志愿服务活动，培养人道主义情怀和服务社会的精神，这对提高学生的职业道德修养有着潜移默化的作用。

第四，树立榜样引导。在道德教育上，树立良好的榜样引导，对于教育对象而言，非常具有感染力。斯坦福大学是世界一流名校，拥有一流的师资和校友资源，这些都是在校生值得学习和模仿的道德楷模，教学中更易于使学生接受和模仿，学生每天沉浸在这种优秀榜样的环境中，不断浸染，无形中提升了自身的职业道德水平。

（二）欧美商学院职业道德教育

在欧美市场经济发达的国家，大学商学院较早意识到了开展职业道德教育的重要性。它们采取大学与政府、企业、行业协会相结合的方法内外联动，在开展职业道德教育中，注重产出导向，不仅培养了多元化的师资团队，还形成了多样化的课程模式，积累了丰富的实践经验（见图5-33）。

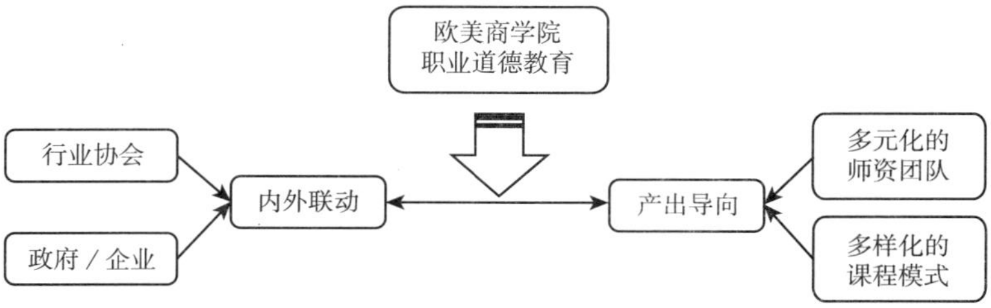

图5-33　欧美商学院职业道德教育结构

1. 校企联动共同推进财经职业道德教育

（1）行业协会助力高校职业道德教育。在欧美的发达国家中，不容忽视的一股重要的教育力量，就是行业协会或商学院认证机构，这是推动高校商科伦理道德教育的重要推手之一。目前，国际著名的商科院校三大认证权威机构，包括英国工商管理硕士协会（AMBA）、国际高等商学院协会（AACSB）和欧洲质量发展认证体系（EQUIS）。他们会对财经类高校的人才培养、教学管理和学科专业建设等工作给予定期的评价。这些认证机构有点类似中国教育部的评估中心，对高校的办学提出标准和要求。通过高校提供的教学数据，对高校办学进行定量和定性的评估。特别是在伦理教育方面，这些国际评价机构对各专业所涉及的伦理道德教育的内容、课时、教学目标等方面进行专业评价。AACSB在2004年制定了《道德教育任务》，强调积极开展伦理道德教育的重要性。要求商科类高校从大一开始就要给学生提供道德伦理课程教育。除此之外，高校还应向学生讲授公司治理规范及国家相关法规等，强调商科类高校应该培育道德文化，促进学生对道德行为的关注，告知其不道德行为的后果。后来，AACSB在2005年又修订了此标准，在本科培养阶段中增加了"道德理解和推理能力"教育内容，并且本科和研究生阶段均要有"对企业、社会的道德和法律责任"教育内容，对教师及学生的教育道德责任进行规定。与此同时，AACSB也做了相关的要求，比如要求院校的人才培养方案中，要包括商业道德及法律环境的教育等内容。欧美国家的财经职业道德教育和伦理教育的广泛开展，与这些认证机构的严格要求不无关联。

（2）企业助力高校财经职业道德建设。21世纪初，美国接连发生了几次震惊全球的会计丑闻，如安然公司财务造假、安达信审计欺诈和世界通信公司财务欺诈。一家国外大型著名网站Portfolio曾开展过一项活动，让知名商学院教授们选出最差的20个CEO，被选出的CEO大多数都是因为涉及道德和伦理问题，前10名中有9名就卷入了明显的道德争议事件。如安然公司的CEO肯尼斯·莱（Kenneth Lee Lay，

1942—2006年）的欺骗行为导致投资者损失达600亿美元，世界通信公司CEO伯尼·埃伯斯（Bernie Ebbers，1941—2020年）涉及110亿美元的会计欺诈。[①]公司丑闻成为困扰美国企业发展和社会进步的绊脚石，这种困惑引起了美国社会企业和学界的高度重视，他们越来越重视商业伦理建设，包括国家层面的制度建设、社会层面的氛围营造及高校层面的伦理教育强化。

在国家层面，1986年，美国的国防工业倡议活动就开始有组织地将伦理道德教育延伸到工作环境中；1991年实施的《联邦量刑指南》也鼓励公司开展伦理道德培训；21世纪初，接连发生的公司丑闻，尤其是2002年6月的“世界通信会计丑闻事件”彻底打击了美国投资者对美国资本市场的信心，这也直接导致了《萨班斯法案》的出台，该法案又名《公众公司会计改革与投资者保护法案》，致力于增强公司透明度、诚信度以及公司的可靠性，打击导致公司丑闻及财务破产的公司欺诈事件。这些法律、法案的快速出台体现了经济社会的需求和人文的要求。

在社会层面，人们普遍认同的公司丑闻的三大主因有：公司对不道德行为不够重视；公司时常面临的兼并、重组、缩小规模等压力，以及公司的分散结构，导致难以发现和惩处不道德行为；公司传统的预防措施难以应对最新情况。此外，人们也认识到了现代社会财经职业道德建设的任务，应该由当前的重视道德行为，转向培育良好的道德环境和文化，尤其是培育良好的公司道德伦理文化。

在大学层面，美国的社会企业或基金会加大扶持力度，资助大学商学院的职业伦理教育项目。如1987年，时任美国证券交易委员会主席的约翰·沙德（John S.R. Shad，1923—1994年，见图5-34）捐款2千万美元，用于建立哈佛商学院商业伦理项目，并设立约翰·沙德商业伦理讲座教授席位；[②]此外，还有埃克森教育基金会支持的沃顿商学院职业伦理教育研究项目；北伊利诺伊大学商学院也将道德教育融入研究生课程的项目等。

图5-34 约翰·沙德

2. 以“产出导向”为培养理念引领职业道德教育

（1）多元化的师资团队。财经职业道德是一个交叉学科，涉及经济学、心理学、教育学、管理学、哲学、伦理学等诸多学科，只具有某个专业特长的教师，很难单独完成完整的授课任务。正因如此，团队合作共同完成课程成为一种趋势。美国沃顿商学院的财经职业道德

① 袁海萍.欧美高校商科职业道德教育特征及思考［J］.现代教育科学，2016（02）：126-133.

② Harvard Business School. A Campus Built on Philanthropy：Shad Hall［EB/OL］.https：//www.hbs.edu/about/campus-and-culture/campus-built-on-philanthropy/Pages/shad-hall.aspx.

和伦理学的教学经验值得我们借鉴。其特色，就是由多名教师共同承担一门伦理课程，并且伦理教学贯穿学生全程培养阶段。再比如，美国圣母大学的商业伦理理论课程由4名教师构成。其中，管理和营销方向的两位老师主讲道德部分；另一位管理学方向教师，则主讲商业伦理和可持续发展部分；还有一位宿舍管理员身份的老师，同时也是一位牧师，作为该门课程的兼职教师，4名老师用相同教材、共同承担该课程。这种多元化的师资团队在欧美高校的伦理教育中很常见，也广受学生欢迎。

（2）多样化的课程模式。目前财经职业道德教育有三种课程模式：独立开课模式、整合或融合模式（在核心专业课程中开展道德伦理教育）、二者合一（既有单独课程，也采取整合的方式）。

这三类课程模式相比，各有其特点及优劣。但无论如何，职业道德和伦理课程如果不能和实践结合得很密切，很容易造成脱离实际谈理论，学生可能会认为这门课泛泛而谈、空洞乏味，学习起来兴趣不强，无法引起思想上的重视。

（3）营造校园道德环境

商科院校自身的道德环境建设，会对学生商业道德教育起着潜移默化的影响作用。学校应该树立良好的道德形象，担起社会责任，营造良好的道德氛围。曾两度出任哈佛大学校长的德里克·博克（Derek Bok，1930年—，见图5-35）在其著作《大学与美国的未来》中表示，大学应考虑课堂外更大范围的环境营造，其中要有明确的规范，禁止欺骗、作弊、偷盗、暴力行为和禁止自由言论等行为，对学校内部的所有成员形成约束，凸显学校基本道德责任和社会责任，强化学生道德行为习惯。

图5-35　德里克·博克

很多商科高校在道德环境建设方面狠下工夫，重言教更重身教。如美国圣母大学门多萨商学院的使命是“打造一所顶级天主教徒的商学院，通过一流的学术、专业精神及每个人的忠诚，致力于建设理想的社区，发展人类以及个人正直的品质”，其愿景是“培养个人正直品质，提高组织效率，促进公众利益，为社会发展做贡献”；该校的荣誉公约是“我不会撒谎、欺骗、偷盗，也不会容忍任何人做这样的事情”。该院训由学生顾问委员会核准，每位学生学习后签字表示遵守。有的大学有商科专业毕业生誓言，毕业时宣誓承诺遵守职业道德，尤其是守法、依据道德和社会责任开展活动。[①]

① Trevino L K, McCabe D. Meta-Learning about business ethics: Building honorable business school communities [J].Journal of business Ethics, 1994, 13 (06): 412, 414.

6 Part

第六章

评价实践：财经职业道德评价

评价

道德建设离不开健全完善的道德法律规范、社会良好的道德素养水平、科学有效的道德评价。其中，道德评价是道德建设的重要内容之一。在社会生活中，任何一个理智健全的人都要依据一定的道德观念，自觉不自觉地对他人和自己的行为进行道德评价。没有道德评价，道德就失去了它应有的作用。

实践

财经职业道德评价，既是道德评价、职业道德评价的重要分支；也是推进社会主义财经职业道德规范得以实现，提升社会主义财经职业道德水平的重要保证；更是建设完善社会主义财经职业道德体系的重要任务。理解财经职业道德的基本理论和规范，以财经职业道德素养水平和财经职业道德教育实践为现实基础，在此基础上，建立财经职业道德的评价标准和依据，不断完善财经职业道德的评价体系，是正确进行财经职业道德评价的重要环节和前提。

第六章内容结构图

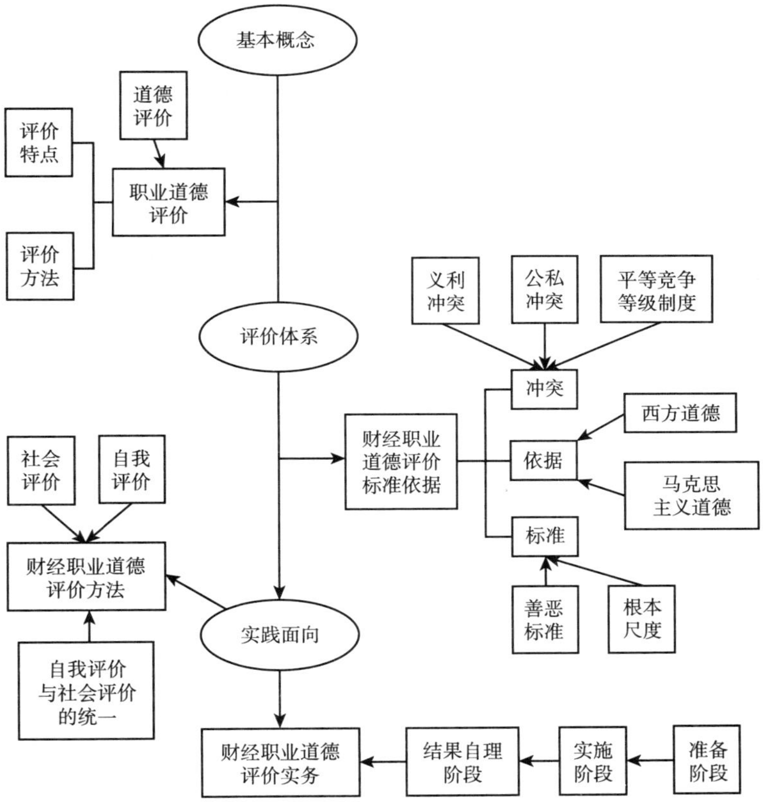
基本概念
道德评价
评价特点
职业道德评价
评价方法
义利冲突
公私冲突
平等竞争等级制度
评价体系
冲突
西方道德
财经职业道德评价标准依据
依据
马克思主义道德
社会评价
自我评价
标准
财经职业道德评价方法
善恶标准
根本尺度
实践面向
自我评价与社会评价的统一
财经职业道德评价实务
结果自理阶段
实施阶段
准备阶段

王安石
1021—1086年

不以不善而废其善。

——宋·王安石

弗朗西斯·培根
Francis Bacon
1561—1626年

对一个人的评价，不可视其财富出身，更不可视其学问的高下，而是要看他的真实的品格。

——［英］弗朗西斯·培根

第一节　基本概念：道德与职业道德评价

党的十八大提出应积极培育和践行社会主义核心价值观。其中，社会主义核心价值观在个人层面倡导“爱国、敬业、诚信、友善”，这既是对公民价值观的要求，也是公民应具备的道德修养。党的十九大指出，“深入实施公民道德建设工程，推进社会公德、职业道德、家庭美德、个人品德建设”。①2019年10月27日，中共中央、国务院印发的《新时代公民道德建设实施纲要》中指出，推动践行以爱岗敬业、诚实守信、办事公道、热情服务、奉献社会为主要内容的职业道德，鼓励人们在工作中做一个好建设者。广泛践行社会主义核心价值观，弘扬以伟大建党精神为源头的中国共产党人精神谱系，深入开展社会主义核心价值观宣传教育，深化爱国主义、集体主义、社会主义教育，着力培养担当民族复兴大任的时代新人。提高全社会文明程度，实施公民道德建设工程，弘扬中华传统美德，加强家庭家教家风建设，推动明大德、守公德、严私德，提高人民道德水准和文明素养，在全社会弘扬劳动精神、奋斗精神、奉献精神、创造精神、勤俭节约精神。职业道德作为一般社会道德的特殊化，是人们在职业活动中应遵循的基本准则。

一、道德评价概述

评价，就是评估、衡量和判断的意思，通常是指通过全面、仔细地研究和评估，确定对象的意义、价值或者状态。道德评价，就是人们对他人或自己的行为所做的善恶判断、评说，并表明其褒贬态度的道德活动和过程。

道德评价是一种价值判断。例如，“助人为乐”是道德的，“损人利己”是不道德的；“廉洁奉公”是道德的，“以权谋私”是不道德的。人是社会关系的产物，为了调节人与人之间的利益关系，从而借助评价对人们现实或潜在的行为进行干预，进而实现社会价值导向。一种行为的善与恶、好与坏，每个人都会根据一定的道德标准进行判断。

---

① 习近平.决胜全面建成小康社会，夺取新时代中国特色社会主义伟大胜利［N］.人民日报，2017-10-28.

（一）道德评价的特点、形式和作用

“道德评价是根据一定的社会和阶级的道德规范准则体系，凭借社会舆论和内心信念，对社会中的个体或群体的道德活动作出善或恶、正义或邪恶、道德或不道德的价值判断，以达到道德约束的作用。”[①]道德评价的对象包括道德现象、道德规范和道德行为。道德评价将道德思想的成果，运用于道德实践并指导道德实践。同时，道德评价能够从道德实践活动中生发新的理论，从而不断丰富道德思想，再指导道德实践。

1. 道德评价的特点

道德评价是一种客观的社会实践活动，也是评价活动中的一种重要形式。[②]道德评价除了蕴含其他社会评价的基本内容和要求外，还具有自身的特点，主要体现为如图6–1所示。

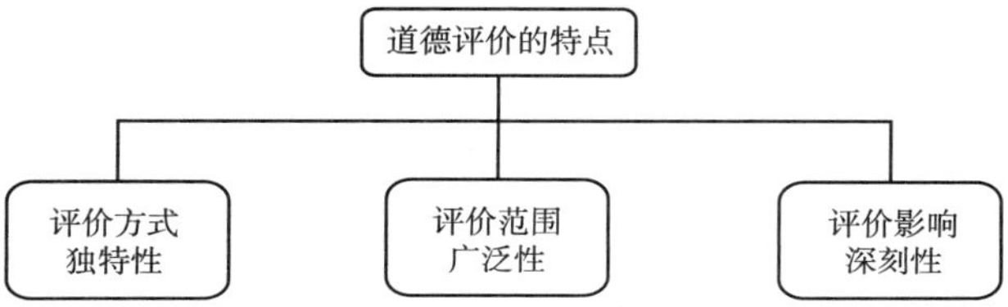

图6–1　道德评价的特点

第一，道德评价方式具有独特性。政治评价一般采用组织形式作出鉴定、形成决议；艺术评价则通过百家争鸣的途径；法律审判采取起诉、调查、定案、宣判的程序。而道德评价主要是通过赞扬或谴责、鼓励或批评的方式，对人们的某种行为进行善与恶、是与非的评判，从而使人的行为符合一定社会或阶级的要求。

第二，道德评价范围具有广泛性。道德评价渗透社会生活的方方面面。一方面，人们根据自己的道德标准对他人的行为进行评判；另一方面，自己的行为也会受到他人的评判。这也就是人们常说的“谁人背后无人说，哪个人前不说人”。

第三，道德评价影响具有深刻性。道德评价除了依靠社会舆论、传统习俗的方式对人们的行为进行善恶评判外，影响人们的还有内心信念。三者紧密结合充分发挥它们在道德评价中的深刻性。

2. 道德评价的形式

道德评价的形式是多种多样的，而“社会舆论”“内心信念”和“传统习惯”是

---

① 中共中央宣传部宣传教育局. 公民道德建设实施纲要［M］. 北京：学习出版社，2001：53.

② 甘绍平. 道德概念的两重涵义［J］. 伦理学研究，2013（05）：27–29.

其中最主要的三种形式（见图6–2）。

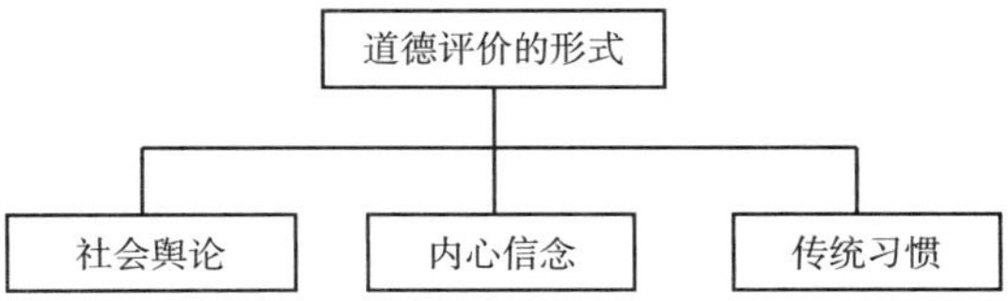

图6–2 道德评价的形式

（1）社会舆论。所谓“社会舆论”，简单地说，就是社会众人的议论。二十四史之一的《晋书·王沈传》中说：“自古圣贤，乐闻诽谤之言，听舆人之论”。这里的“舆人”原指车夫，后代表一般群众。这就是“舆论”一词的来源。众人的街谈巷议是一种社会舆论，也是进行道德评价的一种方式。某人的行为是好的，“社会舆论”就予以肯定；反之，则予以否定。

今天所说的“社会舆论”，除了街谈巷议以外，还应包括每一个社会集团及其周围的人们，乃至党和国家对社会成员道德行为的看法和观点。其形成和传播的手段，主要有报刊、广播、电影、电视、演讲，以及其他文艺宣传活动等。

因为“社会舆论”不仅反映着社会上人与人之间的关系，而且还反过来调整着人们之间的关系，所以舆论的作用十分重要。很多时候，社会舆论甚至会对人形成极大“压力”，因此便有了“人言可畏”。所谓“众口铄金”，就是形容舆论力量的强大，连金属都能熔化。

当然，舆论的作用并非都是积极的，这取决于舆论本身的性质。一般来说，落后舆论的作用，是消极的，甚至是反动的；先进舆论的作用，则是积极的，是进步的。正确的舆论力量，在于它体现着社会发展对于人们道德品质的客观要求，表达着社会或集体中绝大多数人的愿望和意志，从而可以造成一种社会评价的环境，抵制和反对不道德的行为。

社会舆论还有着鲜明的阶级性。在阶级社会中，社会舆论的形成与一定的社会经济密切相关。人们总是斥责对自己和本阶级利益有害的行为；制造和传播对自己和本阶级有利的舆论，这是人们的阶级利益和经济地位在社会生活中的必然体现。1918年5月15日，《新青年》第四卷第五号刊发了一篇署名“鲁迅”的小说——《狂人日记》。这是一部描写“吃人”的小说，全文共4700字。其中，24处提到“吃人”，5处提到“吃我”。《〈中国新文学大系〉小说二集序》中指出《狂人日记》产生的缘由：“意在暴露家族制度和礼教的弊害”，深刻反映并揭示了封建礼教中的“仁义道德”对人们思想的束缚和精神奴役，也是封建舆论对当时社会大众消极影响的历史现实。

社会舆论的这些特点告诉我们，运用正确的社会舆论，可以抵制和克服不正确的社会舆论。所以，“舆论导向”至关重要。社会舆论对个人是一种约束力，促进人们弃恶向善，使其行为道德化。又因为社会舆论公开评判人们的行为，不具有隐蔽性，使得其监督和教育的作用更大。

（2）内心信念。内心信念是人们发自内心的对某种道德义务的真诚信仰和强烈责任感。内心信念也是人们对自己行为进行善恶评价的强大精神力量，一般认为它是通过“良心”来发挥作用的。

人们所说的“良心”，即善良的心志，是人内心的一种积极信念。如“吾日三省吾身”“慎独”之类的内心信念活动。内心信念有时比权威的教育效果还要强大，“良心”更多体现为人们在社会实践活动中所形成的道德责任感，以及对自身进行道德评价的能力。

马克思曾指出：“良心是由人的知识和全部生活方式来决定的。”[①]就是说，马克思主义不但承认有“良心”存在，而且认为“良心”就是人们在履行对他人和社会的义务过程中，所形成的道德责任感和自我评价能力，是一定的道德认识的统一。

伦理学理论承认，“良心”是一种道德上的自我监督。一个人的行为发生后，“良心”能对其后果和影响作出评价。若行为是合乎道德的，“良心”就予以肯定、赞赏，从而产生精神上的愉快感觉，并鼓励自己继续选择道德的行为，而不管他人是否知道。所谓“助人为乐”就是这种心境的具体体现。反之，若自己的行为是不道德的，则“良心”就会给予谴责，自己会感到羞愧不安，甚至精神上遭受巨大痛苦。

“良心”之所以能够使人自觉反省，并改正自己的行为，原因在于“良心”能起到“内控”作用。这种作用是发自灵魂深处的，因而能取得巨大效果。所以说，“良心”是“个人行为的内在调节器”，是个人心理生活中的道德“向导”，是使自己的内心世界服从道德准则的“自我法庭”，是一个人自我修养的巨大动力。

所谓“良心发现”，就是在道德评价过程中，通过“良心”对人的行为进行评价，这对于提高人们的道德修养、道德品质净化具有十分重要的意义。所以，我们应自觉培养起属于共产主义道德范畴的内心信念，成为一个有“良心”的人。

“良心”是个人行为的内在调节器，更是道德上对自我的监督，推动着道德评价。但是，以自己的良心作为判断善恶的标准，毕竟是一种个体化的评价，具有极大的局限性。马克思和恩格斯曾指出：“共和党人的良心不同于保皇党人的良心；有产者的良心不同于无产者的良心；有思想人的良心不同于没有思想的人的良心。”[②]庄子在《齐物论》中所说：“夫随其成心而师之，谁独且无师乎？”对此，享誉世界

---

①② 中共中央马恩列斯著作编译局.马克思恩格斯全集（第6卷）[M].北京：人民出版社，1972：152.

的道家文化学者陈鼓应（1935年—，见图6-3）先生译解道：如果依据自己的成见作为判断的标准，那么谁没有一个标准呢？[①]显然，单纯个体化的评价不能成为社会的道德评价。因此，个体化的评价需要上升为社会的评价，需要在“良心”标准之外，另寻带有普遍意义的道德评价标准。

图6-3　陈鼓应

当然，在阶级社会中，人们的内心信念是受其阶级属性制约的，因而“良心”对人们行为后果的评价也常常会发生逆转。正如马克思所深刻揭露的那样：“有些东西本身并不是商品，例如良心、名誉等，但是也可以被它们的所有者出卖，以换取金钱，并通过它们的价格取得商品形式。因此，没有价值的东西在形式上可以具有价格”。[②]平时人们所说的某人“出卖良心”就是指此。被“商品化”了的“良心”，就不能对人们的行为作出正确的道德评价。秦朝二世皇帝时，丞相赵高（前258年—前207年）“指鹿为马”的故事，也许就是最好的注解之一。当今社会，假冒伪劣商品的制造者、徇私舞弊者、贪赃枉法者，以及监守自盗者，不仅丧失了“良心”，而且他们已经被“商品化”了的“良心”，也根本不能对他们的非道德行为作出正确的评价。

（3）传统习惯。“传统习惯”是人类在社会生活中逐渐形成的，习以为常的行为倾向和社会风格。传统习惯在道德评价中有着特殊的作用，即它以传统评价今天，拿历史要求现实，以历史形成的传统作为评价标准，影响深度和广度都非常巨大。

“传统习惯”是人们在长期的社会生活中形成的极其牢固的意识形态。因此，它具有某种稳定性，又具有民族地域，从而也就具有支配人的思想的作用。同时，它还有祖辈相传、简单易记的特点，能制约不同性格、不同文化层次的各种类型的人。诸如“老吾老以及人之老，幼吾幼以及人之幼”，就寓于“尊老爱幼”的简单格言中，成为评判人们行为的权威标准，是一种优秀的传统习惯。

毫无疑问，“传统习惯”作为一定社会、一定民族共同生活的规范，也具有两重性：积极的与消极的，或先进的与落后的。例如，新中国成立前，某些地方存在对妇女再婚或违规行为实施“沉塘”的惩戒，不仅是陈规陋习，而且是野蛮加残酷的“恶俗”了。因此，在道德评价中，要对“传统习惯”作具体分析，提倡“移风易俗”，改变旧的传统观念，建立崭新的社会主义新道德观。

“社会舆论”“内心信念”和“传统习惯”三者之间既有联系又有区别（见

---

① 陈鼓应.庄子今注今译［M］.北京：中华书局，1983：53.

② 中共中央马恩列斯著作编译局.马克思恩格斯全集（第23卷）［M］.北京：人民出版社，1972：120-121.

表6-1)。在评价某一个具体的社会成员的行为时,“社会舆论”和“传统习惯”是来自外界的力量,而“内心信念”则是来自自身的能力。“社会舆论”和“传统习惯”体现着群体力量,“内心信念”则体现着个人的力量。在时空方面,“社会舆论”体现着现实性力量,“传统习惯”则体现着历史性力量。三者密切结合才能充分发挥它们在道德评价中的重要作用。

表6-1　　道德评价形式的关系

评价标准 评价形式	社会成员	社会成员	时空方面
社会舆论	外界力量	群体力量	现实性力量
内心信念	自身能力	个人力量	内在性力量
传统习惯	外界力量	群体力量	历史性力量

3. 道德评价的作用

道德的职能靠道德评价来发挥,道德的作用靠道德评价来实现。从这种意义上说,没有道德评价也就没有道德。善行得不到同情和支持,恶行得不到谴责和反对,就很难使人们的行为得到调整,从而也无法维持一定的社会关系,这无异于取消了道德本身。

一个社会道德风尚的好坏,在很大程度上取决于道德评价活动开展的广度和深度;而一个人道德水平的高低,则往往是同他的道德评价能力密切相关的。因此,道德评价无论对于个人,还是对于建设社会主义精神文明,都至关重要。大力提高社会成员的道德评价能力,推进社会道德评价体系建设,是党和国家以及各级政府部门必须给予足够重视的战略性任务。

(二)道德评价的标准

评判人们行为的善恶必须要有标准,标准是道德评价的基本前提。恩格斯指出:“如果把善恶混淆起来,那么一切道德都将完结,而每一个人都可以为所欲为了。”①

历史上,人们对行为善恶标准的认识存在很大差异。善与恶,是人们在社会生活中形成的,对人的行为进行评价的最一般的概念,是个人与社会之间复杂的道德关系的反映。一般说来,“善”是指符合一定道德原则和规范的行为;“恶”是违背一定道德原则和规范的行为。但由于在阶级社会中,人们所处的地位不同,所受到的教育和影响也不一样,从而形成了不同的善恶标准。

中国古代,有人认为“义”和“礼”是善恶的标准。凡符合封建法纪“三纲五

① 恩格斯.反杜林论[M].北京:人民出版社,1965:236.

常”的便是善；反之，便是恶。还有些人则以“利”的实现与否作为善恶标准，认为“利得则善；利失则恶”。显然，这些对善恶的看法都带有片面性，所以也是不科学的。16世纪英国哲学家弗朗西斯·培根认为：“善旨在利人；恶旨在害人”；荷兰哲学家贝内迪特·斯宾诺莎提出“以人的情感作为善恶的标准，即善是快乐，恶是痛苦”；18世纪德国哲学家费尔巴哈把是否满足人的幸福要求，视作善恶的标准。英国思想家亚当·斯密在《道德情操论》一书中重点强调：“我们所谓的道德标准是在后天经验习惯中产生，它产生于我们对周围个体做出的行为的观察分析，这个过程会使得我们确立起自身的道德守则。”①英国格拉斯哥大学哲学教授戴维·拉斐尔（David Daiches Raphael，1916—2015年，见图6-4）在《道德哲学》一书中明确指出，社会道德规范标准是具有一定差异性的，所以我们不能将自己的道德标准等同并确立为社会道德规则。②关于道德评价标准问题，由于每个国家各自的历史文化传统不同，并没有给出明确统一的评价标准，但根本的善恶价值标准是一致的。

图6-4 戴维·拉斐尔

马克思认为，人们的善恶现象是一定社会利益关系的产物，而经济利益是判断善恶标准的基础。自有人类以来，人们总是处在一定的生产方式中，在生产关系中所处的地位决定着人们的切身利益，从而引申出来的道德规范和原则是人们评价善恶的标准。一定社会或一定阶级的道德规范和原则，是当时人们评价行为善恶的具体标准，而是否有利于一定社会或一定阶级的根本利益，则是当时人们评价行为善恶的根本标准。

图6-5 列宁

需要指出的是，在阶级社会中，善恶的判断标准毫无疑问带有阶级性。因为各个阶级在生产方式中所处的不同地位，决定了其利益的不同，甚至是根本对立的。一个阶级认为是善的，对立阶级则可能认为是恶，反之亦然。例如，新中国成立前，地主阶级所标榜的“积善堂”；在劳动人民看来恰恰是“积恶堂”。大革命时期的农民运动，有的人认为“好得很”；有的人则认为“糟得很”，鲜明对立，泾渭分明。不可否认，不同阶级之间在一定的历史条件下和一定范围内，也可能存在某些利益的一致性，所以也可能会

① 亚当·斯密，道德情操论［M］.蒋自强，等，译.北京：商务印书馆，1997.

② D.D.拉斐尔.道德哲学［M］.邱仁宗，译.沈阳：辽宁教育出版社，1998.

有一些共同的善恶标准存在。恩格斯曾这样指出过："从动产的私有制度发展起来的时候起，在一切存在着这种私有制的社会里，道德戒律一定是共同的：切勿偷盗。"但同时他又指出："切勿偷盗"也不是永恒的道德标准，因为在将来的共产主义社会里，"只有精神病患者才会偷盗"。[①]伟大的无产阶级革命导师列宁（Vladimir Ilyich Ulyanov Lenin，1870—1924年，见图6-5）在谈到为各个阶级所共有的道德标准时，也仅仅指出那些"数百年来人们就知道的，数千年来在一切处世格言上反复谈到的、起码的公共生活规则"[②]而已，而且对这些"公共准则"，各阶级的实践程度也不会一样，起决定作用的仍然是阶级性。

由此，我们可以得出这样的结论：只有符合社会发展趋势和历史潮流，能够对社会生产力的发展起促进作用，维护大多数劳动群众利益的道德规范和原则，才是衡量人们行为善恶并进行道德评价的客观标准。

2001年10月，中共中央印发了《公民道德建设实施纲要》，对在社会主义市场经济条件下加强公民道德建设提供了重要指导，有力促进了社会主义精神文明建设。党的十八大以来，以习近平同志为核心的党中央，高度重视公民道德建设，立根塑魂、正本清源，作出一系列重要部署，推动思想道德建设取得显著成效。与此同时，中国还深入开展了群众性的公民道德实践活动，广泛开展向先进典型学习的活动。如"感动中国人物评选""中国十大杰出青年"等，从生活中发现和运用先进典型，树立可亲、可敬、可信、可学的道德楷模，让广大群众学有榜样、赶有目标、见贤思齐，从先进典型的感人事迹和优秀品质中受到鼓舞、汲取力量，从而使高尚情操成为社会的共同财富，提高全体公民的道德素质。

2019年10月27日，中共中央、国务院印发的《新时代公民道德建设实施纲要》中指出，要以习近平新时代中国特色社会主义思想为指导，紧紧围绕进行伟大斗争、建设伟大工程、推进伟大事业、实现伟大梦想，着眼构筑中国精神、中国价值、中国力量，促进全体人民在理想信念、价值理念、道德观念上紧密团结在一起，在全民族牢固树立中国特色社会主义共同理想，在全社会大力弘扬社会主义核心价值观，积极倡导富强民主文明和谐、自由平等公正法治、爱国敬业、诚信友善，全面推进社会公德、职业道德、家庭美德、个人品德建设，持续强化教育引导、实践养成、制度保障，不断提升公民道德素质，促进人的全面发展，培养和造就担当民族复兴大任的时代新人。

现实生活中，道德评价不仅要明确善恶这一基本的评价标准，而且要明确体现善恶的具体标准；不仅要观察人们的动机和效果，而且要明确道德评价的主体、道德评价的形式以及道德评价的条件。但是，公民道德建设方面仍然存在不少问题。

---

① 恩格斯.家庭·私有制和国家的起源［M］.北京：人民出版社，1965：165.

② 中共中央马恩列斯著作编译局.列宁选集（第3卷）［M］.北京：人民出版社，1960：247.

其中，道德评价薄弱是最为突出的问题之一。比如，在社会生活中仍然存在着是非不分、善恶混淆的问题；对不道德行为的冷漠和沉默的问题；见义勇为得不到肯定和拥护等问题。这些问题，已成为人们反应强烈的社会问题之一，也表明了人们改进道德评价的强烈愿望。

（三）道德评价的根据

有了道德评价的标准，并不是就可以解决道德评价的问题了。因为每一个具体的行为，都有从“动机”到获得某种“效果”的过程。那么，我们在进行道德评价时，应该把行为的哪一段当作道德评价的依据呢？因此，我们还必须对人们行为的全过程进行考察，了解人们行为的“动机”与“效果”问题（见图6-6）。

图6-6 道德评价的依据

概括地说，“动机”是人们产生行为的主观愿望，它意味着行为的起始，而“效果”则是行为产生的客观后果，也可以说是“动机”的现实化，标志着一个行为的完结。“动机”和“效果”问题既是一个哲学命题，也是伦理学研究的重要课题之一。伦理学一般是从以下这些方面来研究它们的：某个行为的发生是为了什么、是从什么利益出发的、行为发生后对他人和社会是“利”还是“害”、是否符合一定的道德规范和原则等。

在“动机”和“效果”问题上，历来存在两种片面的观点，即单纯的“动机论”，以及单纯的“效果论”。“动机论”者，把行为善恶的根据说成只是行为的动机，而与行为的效果无关。其公式是：动机好=道德的；动机坏=不道德的。其代表人物是德国古典唯心主义创始人康德。他认为人只要有“善良愿望”就是善的、道德的；否则就是恶的、不道德的。对此，马克思曾批驳说：“康德只谈‘善良意志’，他把这个善良意志的实现，以及善良意志与个人的需要和欲望之间的协调，都推到彼岸世界。”[①]马克思的批判可以说是“一针见血”。“动机论”者看到了“动机”在评价人行为中的重要地位，这是合理的。但由此走向极端，对一切行为的评判都以

① 中共中央马恩列斯著作编译局.马克思恩格斯全集（第3卷）[M].北京：人民出版社，1972：211-212.

“动机”作定论，则不能自圆其说。因为它无法回答这样的问题：所谓“动机好”，拿什么证明呢？一切行为不看效果有意义吗？对此，毛泽东也曾有过生动地批判。他指出，医生给病人开刀，不顾效果，一刀下去，把人杀死在手术台上，能说动机是好的吗？①

与此相反的是“效果论”，即仅以行为的效果作为评判善恶的根据，认为行为的善恶与动机无关。公式是：效果好的=道德的；效果不好=不道德的。中国南宋时期思想家陈亮（1143—1194年）主张“功到成处便有德，事到济处便有理”，被称为“事功之学”；英国19世纪的伦理学家杰里米·边沁（Jeremy Bentham，1748—1832年，见图6–7）认为道德可以用数学方法来计算，可以“列出行为的结果而得快乐和痛苦的平衡表”，即认为“功利”是道德基础的信条，动机本身无所谓善恶，从而被称为“功利主义者”，他们都是“效果论”的典型代表。“效果论”者看到了效果在检验行为善恶中的作用，是有积极意义的。但只看效果不问动机，也具有很大的片面性。在理论上，它无法肯定地回答这样一些问题，即行为的善恶同动机没有任何关系吗？也就是说人的行为可以不受思想支配吗？没有善良动机的行为能是道德的吗？等。②在实践上，它还容易对一些动机与效果一时不能统一的行为进行错误判断。例如，俗话说的“歪打正着”就是指此。

图6–7　杰里米·边沁

单纯的“动机论”和“效果论”都有其片面性，因而不能作为道德评价的根据。马克思主义认为，道德评价的科学根据，应该是动机和效果的辩证统一。辩证唯物主义认为，动机和效果之间存在着辩证关系。其一，动机包含效果。没有一定的动机，就没有一定的效果。一般地说，好的动机，引出好的效果；坏的动机，引出坏的效果。所以，对于正常人来说，没有动机的行为效果是不存在的。其二，动机和效果之间的确存在着矛盾。因为动机是一种主观的东西；而效果是一种客观存在，即依主观上的预期效果经过实践得到的客观结果。从动机到效果，包含着认识过程和实践过程，这就使动机和效果有时也会出现不相符合的现象，即好的动机也可能引出坏的效果，造成“好心办了坏事”的现象。反之亦然。所谓“事与愿违”就是这种矛盾的反映。

鉴于上述情况，我们在进行道德评价时，就不能笼统地断定行为的好坏，而首先要搞清行为的动机，然后把动机与效果统一起来考察，再对行为作出科学、准确地判断。当然，动机和效果相一致的行为，一般容易判断。动机和效果不相一致的

---

① 毛泽东. 毛泽东选集（第2卷）[M]. 北京：人民出版社，1960：154.

② 加里宁. 论无产阶级教育[M]. 北京：人民教育出版社，1979：32.

行为，判断起来就比较复杂，需要观察行为的全过程。

根据这样的原则来进行道德评价是有章可循的：第一，动机好，主要效果也好，这样的行为具有较高的道德价值；第二，动机坏，主要效果也坏，这样的行为毫无道德价值；第三，对于动机好，效果却坏；或者动机坏，效果却好的行为，须作具体分析。一般认为动机好、效果坏的行为，应否定效果，对行为人的道德评价应既有肯定（即主观愿望是好的），同时也有一定程度的否定（即方式、方法不对头，需要加以改进）；至于动机坏、效果好的行为，一般属于偶然性事件，则没有必要作出肯定的道德评价。

（四）提高受教育者的道德评价能力

好的道德评价，也常常来自于好的道德实践，而且能够促进个体道德行为的实现和社会道德水平的提高；道德行为在很大程度上要依存于好的道德评价，道德行为只有通过道德评价才能发挥重要的社会作用。因此，在道德评价的思想教育活动中，要着眼于努力提高受教育者的道德评价能力，使之具有较好的道德判断力和自我教育能力（见图6–8）。

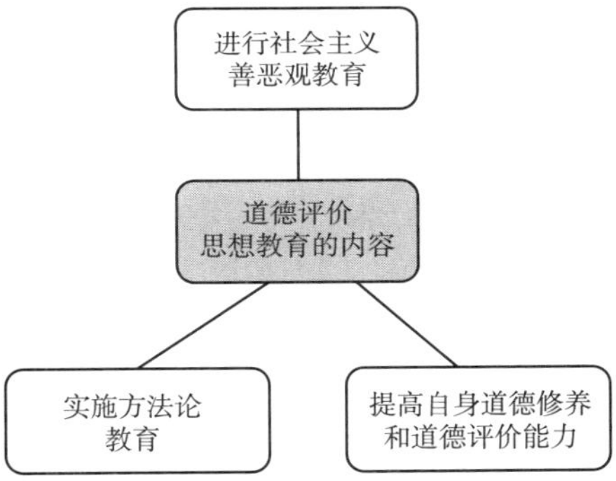

图6–8　提高道德评价能力的途径

第一，社会主义善恶观教育。通过社会主义善恶观教育，使他们正确地认识什么是善，什么是恶，从而在规范自己的行为时自觉地弃恶扬善。苏联无产阶级教育家加里宁（Mikhail Kalinin，1875—1946年，见图6–9）曾指出："教育是对受教育者的身心施加一种有目的的有计划的感化作用，以便在受教育者的身心上，养成教育者所希望的品质。"[①]这就是说，教育不是自发完成的，而是教育者对受教育者施加有计划影响的过程，这个过程不是简单的说教就能完成的。现在的受教育者特别是青年人由于家庭、社会、亲朋好友、文化教育影响因素的差异，使他们的道德水平各

① 加里宁.论无产阶级教育［M］.北京：人民教育出版社，1979：28.

不相同，而把握道德评价的能力也有高低之别。从青少年的犯罪情况以及有些干部掌握一定权力后不能抵制物欲的诱惑而蜕化变质的诸多案例来看，他们的善恶观以及运用道德评价的知识对自己或他人的行为作出判断的能力，实在不容乐观。因此，加强这方面的宣传教育迫在眉睫。

图6-9　加里宁

第二，方法论教育。思想教育活动的形式多种多样。课堂讲课、形势报告、观摩活动、文艺娱乐活动等都是必不可少的，但往往忽视方法论的教育。科学地训练受教育者把握道德评价的方法，学会运用这种方法对自己和他人的行为作出正确判断，将被动教育升华为主动教育，这是不能忽视的教育内容和目标。

在方法论教育中，有三点是需要特别注意的：一是透过现象看清本质的能力。毛泽东说过："我们看事情必须看它的实质，而把它的现象只看作入门的向导，一进了门就要抓住它的实质，这才是可靠的科学的分析方法。"[①]透过现象看清本质，是连最成熟的人也颇感困难的问题，但又是对事情作出准确评价的关键环节，只有从这个环节入手进行教育，才会取得事半功倍的效果。二是提高全面考虑问题、解决问题的能力。使受教育者在对自己或他人的行为作出评价的时候，不根据一次行为就作出定性评价，要学会从纵、横两个方面深入全面地分析比较，然后得出合乎实际的结论。例如，一个人做了一两次好事，不能说他像雷锋；同样的，做了一两次错事，也不能认为他"不可救药"。总之，在评价自己或他人行为的时候，要学会准确地把握占主导地位的方面是什么，避免简单地肯定或否定。三是要掌握具体问题具体分析的方法。能否对具体问题作具体分析，直接影响道德评价的准确性和评价水平的高低。

一个行为的发生，往往有主客观多方面的因素在起作用。同样的行为发生在不同的人身上，其表现形式也各有特点，在评价时也要因人因事作具体分析，才不至于发生偏差。例如，同样是贪污行为，发生在领导干部身上，与发生在一般工作人员身上，其表现形式往往会有很大的不同。"工作需要""小节""贡献大""按劳取酬"之类的言辞，往往掩盖着领导干部贪污腐败的真相，反腐斗争中揭露出来的许多案例充分证明了这一点。"以德治国"的要求对每个社会成员都适用，但"官德"的好坏才是此类问题的本质。

第三，道德评价教育。美国当代教育心理学家、哈佛大学教授劳伦斯·柯尔伯格（Lawrence Kohlberg，1927—1987年）认为，道德教育的最好方法之一，是引导

---

① 毛泽东．毛泽东选集（第1卷）[M]．北京：人民出版社，1960：103.

受教育者讨论他们自己以及他人的道德行为，由他们自己作出道德判断和道德评价。通过道德判断和评价教育，使受教育者真正懂得，提高自身道德修养和道德评价能力才是问题的关键所在。

思想教育工作者应该认真研究受教育者不同的思想行为，引导他们运用社会主义的善恶观和马克思主义的道德评价标准，以及《新时代公民道德建设实施纲要》等具体规定，对自己的行为进行道德判断和道德评价，弄清楚善恶是非，从而促进自己行为向善、道德净化和素质提高。因此，广泛开展道德评价教育，不仅是一件很有意义的事情，而且是一件必须要做的事情。

二、职业道德评价的特点与方法

职业道德评价，就是人们根据一定社会的职业道德准则，通过社会舆论和个人心理活动的形式，对该社会在职人员的职业行为作出善恶判断，表明褒贬态度。职业道德评价是道德的评价作用在职业道德活动中的体现，是职业道德活动的客观要求和充分发挥各种职业社会功能的道义保障。

职业道德评价是一种看不见、摸不着且客观存在的精神力量，它不仅是各行各业职业道德准则和规范有效实施的捍卫者，而且是将职业道德准则和规范内化为从业人员自觉行为的助推器。①

（一）职业道德评价的特点

职业道德评价是一般道德评价在职业、行业中的具体体现，它存在于工作人员以及社会发生职业道德关系的领域。与一般道德评价相比，职业道德评价具有自身的特点如图6–10所示。

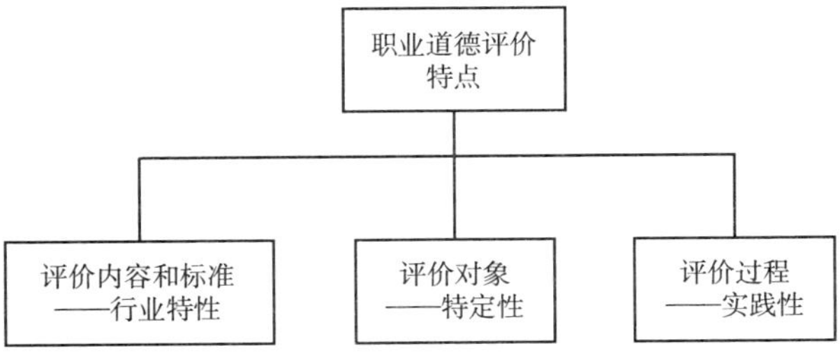

图6–10 职业道德评价的特点

① 王泽应.伦理学［M］.北京：北京师范大学出版社，2012：6.

1. 评价内容和评价标准具有行业特性

工作人员的职业道德是在各自的行业领域中通过不断的职业活动逐渐形成的，它不是对一般社会或阶级具体要求的反映，而是对各行各业的具体责任、义务及利益的反映，因此，职业道德评价的内容和标准具有行业特性。

2. 评价的对象具有特定性

职业道德准则和规范的约束力仅限于各行业的工作人员，而对于行业外的社会成员不具有约束力。因此，职业道德评价的对象，仅限于各行业工作人员的职业道德行为和品质。

3. 评价过程具有实践性

实践是检验真理的唯一标准，在职业道德评价的过程中，必须重视实践的检验作用。进行职业道德评价，既要注重行为动机，又要注重行为效果，一般来说，动机与效果是相互统一的，但由于评价过程十分复杂，常常会出现动机与效果相分离的情况，这就要求我们必须重视实践的检验作用，从实践中寻找答案。

（二）职业道德评价的方法

道德评价是以道德现象和道德活动为评价对象的评价，可借鉴一般评价的方法。但在具体评价过程中，可结合道德评价的特点灵活选择。

1. 定性评价和定量评价结合

按照评价的具体手段不同，评价可分为定性评价和定量评价。定性评价是利用专家的知识、经验和判断进行评审和比较的评价方法，是评价主体主观判断过程。定性评价的优点是简便快捷，效率很高，成本较低，便于操作；缺点是评价主体个人的知识、经验和好恶在评价过程中起主导作用，具有较大主观随意性。

定量评价是利用数学的方法，将评价的内容予以量化，根据量化计算得出评价结论。定量评价的优点是提供了一个系统、客观的数量分析方法，结果更直观、具体；缺点是量化的标准过于简单和表面化，往往无法对信息进行深层次的剖析和考察。在评价中，既不能单纯依靠定性，也不能单纯依靠定量，需要综合使用两种评价方法。

2. 短期评价和长期评价结合

道德评价具有不同于一般评价的特殊性。个人的品质具有相对稳定性，也具有发展性。在评价中，应将短期的静态评价与长期的动态评价结合起来考虑。要用辩证的、动态发展的眼光来看待职业道德状况。

短期评价，是指在相对稳定时间较短的一段时间内，对职业道德状况所展开的评价，评价周期为1年左右。长期评价，是指时间在较长一段时间内，对职业道德状况开展的评价，评价周期为3~5年。职业道德评价要把每次短期评价结果加以综合考虑，看看被评价者的职业道德水平是上升还是下降。不能以一次评价结论作为最终结论，要结合长期的表现进行评价。

3. 过程评价和结果评价结合

在伦理学研究中，关于道德评价依据的问题，主要讨论的是“动机论”和“效果论”的辩证关系。马克思在道德评价的伦理意义上，对单纯的“动机论”和“效果论”进行了批判。他认为，动机和效果是辩证统一的，动机良好的行为，无论结果怎样，我们都应予以肯定。效果虽好，但动机不正确，在道德意义上也是不道德的。

“动机论”和“效果论”相统一的原则告诉我们，职业道德评价本身是手段，重视评价结果好坏固然重要，但关键还要看出于某种动机的一系列行动，只有这样才能促进教师不断提高道德水平。“在职业道德评价中，无疑要重视评价结果这个静态因子。因为它是对一个职业道德状况的基本价值判断。但是，仅仅重视评价结果还不够，还须注意激发教师在职业道德评价过程中自我提高、自我完善的内驱力，重视参与职业道德评价的‘过程’这个动态因子，使评价体系的构建要素做到‘结果’与‘过程’相结合。”[①]

第二节 评价体系：财经职业道德评价标准与依据

财经职业道德评价，既是道德评价、职业道德评价的重要分支；也是推进社会主义财经职业道德规范得以实现，提升社会主义财经职业道德水平的重要保证；更是建设完善社会主义财经职业道德体系的重要任务。

理解财经职业道德的基本理论和规范，以一国财经职业道德素养水平和财经职业道德教育实践为现实基础，在此基础上，建立财经职业道德的评价标准和依据，不断完善财经职业道德的评价体系，是正确进行财经职业道德评价的重要环节和前提。

---

① 林天翔，王劲松.高校师德建设评价体系构建的若干思考［J］.理论月刊，2006(10)：182-184.

一、财经职业道德评价中的冲突

财经职业道德评价是把职业道德行为规范的要求与财经工作人员的行为实际表现加以比照，从而产生一定的道德氛围，它传递着一种特殊的信息，扮演着监督、指导、调节、维护及感染、熏陶等道德角色。财经职业道德评价对财经工作者行为的他律和自律起着十分重要的道德保障作用。它是财经工作者之间、财经工作者以及社会其他成员对财经职业行为的评判活动。

（一）财经职业道德评价的对象

财经职业道德评价的对象是财经职业道德行为。在社会主义市场经济的大背景下，财经职业道德行为不仅是社会职业行为的重要内容，同时也是社会道德行为的重要组成部分。开展科学的财经职业道德评价，必须准确认识和把握财经职业道德行为。

所谓财经职业道德行为，是指在一定的财经职业道德意识支配下发生的，涉及财经工作者与其他社会成员、集体、国家之间利益关系的，能运用财经职业道德原则和规范进行善恶评价的行为。财经职业道德行为，既是道德行为体系的一个分支，也带有鲜明的财经职业特征。

（二）财经职业道德评价的道德冲突

开展财经职业道德评价的目的，在于促使财经工作者正确地进行财经职业道德行为选择。在这个过程中，财经工作者很可能会遇到特定情况下的道德冲突。因此，促进财经工作者在道德冲突的情况下作出正确选择，是财经职业道德评价的重要目的之一。

个体在社会中总是处于一定的地位，充当一定的社会角色并承担一定的义务。个人所承担的社会角色的复杂性与多样性在某种情况下会引起道德义务的冲突。当行为者遵守某种道德原则和规范时，就可能会背离其他道德原则和规范；实现某种道德价值，就可能牺牲其他道德价值。在财经职业活动中，典型的伦理冲突问题，是由于个体所秉持的个人道德哲学和价值，与所在社会、行业、组织的价值观和态度之间，存在着差异并产生的冲突引起的。财经工作者所面临的职业伦理冲突，主要是所承担的社会角色义务的冲突。

1. 道德冲突的表现

财经职业道德评价过程中，主要遇到的道德冲突如图6-11所示。

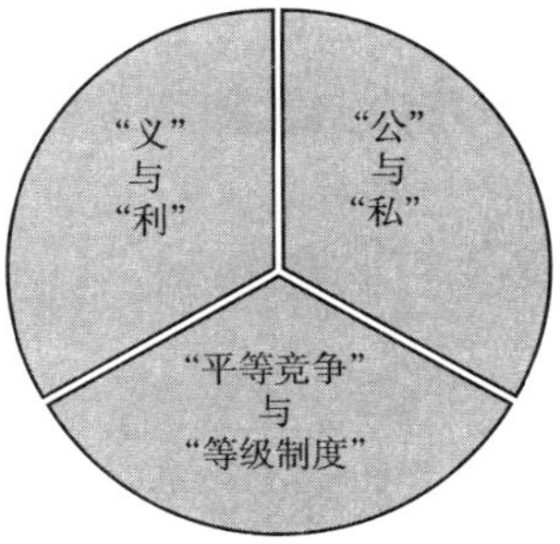

图6-11 财经工作者的道德冲突的表现

（1）"义"与"利"的冲突。人们在追求财富时带有商业性，在面对重"义"与重"利"两种职业道德核心观念的选择时，会产生冲突。主要表现为：一方面，人们在心理上对"唯利是图"的言行十分反感；另一方面，无情的竞争会将人们推向更倾向于经济利益的选择。

一些财经工作者，不是从开拓市场、加强管理等方面去谋取利益，而是选择通过假冒伪劣、违法经营等不择手段损害消费者利益而取得利益，从而扭曲和对抗财经职业道德中的效益原则。这种冲突的后果：一是效益观念在人们心理上引起震撼，损害甚至摧毁了传统的重情重义高于重利的道德体系；二是使人们在道德冲突中产生两种立场矛盾。即在评判他人时站在道德的制高点，批判别人的不道德行为；而在评判自己时，却站在自利的立场，将道德的普遍标准置之不顾。即通常所说的"双重标准"，或称为"双标"。

（2）"公"与"私"的冲突。公而忘私，是一种充满理想主义色彩的道德境界，它靠人的高尚思想觉悟来保证。社会主义市场经济的重要原则就是"竞争"，而竞争的结果就是差别，也就产生了贫富差距。市场经济鼓励财经工作者合法经营，发挥最大积极性和才干，创造尽可能多的财富社会经济体制的转轨，使得这两种道德体系的冲突反映到商业道德中，一些人不能正确处理"公""私"关系，就会逐渐走向行为的极端。

这种道德冲突的后果，一是忽视国家和集体利益，由原来的"公"字当头，变为"私"字领先，逐渐演变成损公肥私；或者借"公"字之名，化"大公"为"小公"获取小集团利益。商业活动中不正当的回扣、行贿、受贿等就是这种冲突的产物。二是一些人利用人们对"公"的信任，以官商形式谋取私利。这两种表现均是滥用市场经济条件下的个人权利，是对财经职业道德的挑战。

（3）"平等竞争"与"等级制度"的冲突。在中国封建社会的小农经济条件下，财经职业观念本能地排斥平等和公平竞争，许多财经职业道德被误读和错误理解。社会主义市场经济提倡公平竞争，鼓励商业活动者通过智慧、勤劳等合理途径去竞争获利，优胜劣汰，反对各种不公平的行为。

在经济体制转轨时期，随着经济发展，公平竞争的道德观念日益深入人心。但是，等级观念还没有完全消失，所以必然形成冲突。冲突主要表现在：成立各种“翻牌公司”，一些人利用原有的行政权力，以官商形式与同行进行不平等的竞争；一些财经工作者以各种形式，将自己的公司挂靠在上级主管部门名下，制造不平等的条件，达到谋取不正当利益的目的。

2. 道德冲突的原因

从人们承担社会角色的角度分析，财经职业道德的冲突通常有三种原因。

一是同一人同时承担不同社会角色，角色立场差异产生的道德冲突。一个人在社会中通常同时身兼多种角色，从而产生了不同角色之间的义务冲突。比如，一个财经工作者可能既是财务管理人员，又是单位工会负责人；既是在岗员工，也是在职攻读MBA学位的学员；既是丈夫或妻子，也是父亲或母亲，还是儿子或女儿，同时集几个角色于一身。在特定时间内同时履行所有这些角色的义务，往往十分困难，从而造成义务冲突。

二是同一人先后承担不同的角色，角色立场转换产生的道德冲突。一个人在社会中，不同的时间段会扮演着不同的角色，这些角色会因岗位性质、服务对象、责任要求等而要求不同的立场，从而形成的新旧角色不同立场的义务冲突。

三是同一人的社会角色与社会期待之间的道德冲突。社会对职业角色的期待和要求，往往与社会角色的现实之间存在着差异，这种不一致很可能会引起该职业角色内心的矛盾，从而产生价值冲突。

（三）财经职业道德评价的作用

财经职业道德评价的作用，就是指在财经职业道德活动中，道德评价对从事财经工作的个人或组织的行为进行善恶判断的基本功能及其体现，也是对财经职业道德教育和修养效果的检验，它贯穿于整个财经职业道德行为从动机到效果的全过程。

财经职业道德评价发挥的是道德作用，不具有法律的强制性，也不具有财经纪律的指令性。但是，它可以弥补财经纪律的某些局限性，可以起到法律无法起到的作用，是法律和财经纪律的重要补充。在一定程度上，离开了道德评价，财经职业道德就会失去它的意义，变成没有生命力的东西。具体说来，社会主义财经职业道德评价的作用体现在如下四个方面：

1. 裁决财经职业道德行为善恶

对职业道德行为的善恶进行裁决，褒善贬恶，是职业道德评价的最基本作用。财经职业道德评价，总是依据一定的财经职业道德准则，对财经工作者的行为进行善恶褒贬。凡是符合财经职业道德准则的行为，就被视为是善的，褒扬之；否则就被视为是恶的，贬抑之。

财经职业道德评价作为“道德法庭”，应该是最公正无私的，该褒则褒，该贬则贬，通过褒贬以辨别行为的善恶性质及其道德价值的大小。对财经工作者而言，良好的职业道德品质不是天生的，而是在长期的职业实践中，通过外在的教育和自身的修养来磨炼、塑造的。职业道德评价本身就是一种重要的教育和修养方式，有助于财经工作者良好职业道德品质的养成。

（1）财经工作者的外部道德评价。这种评价来自财经工作者外部，包括财经工作者的同事、同行对自己的评价，以及行业外部的社会机构、社会公众对财经工作者的评价等。财经工作者的外部评价是一种社会活动，具有道德外在制裁手段的意义。对那些符合社会主义财经道德规范的行为，予以充分肯定、支持和赞扬，对那些不道德的行为则给予严厉否定、批评和谴责，从而形成一种鼓励或制止的作用，使财经工作者养成良好的职业道德品质。

（2）财经工作者的自我道德评价。这种评价来自财经工作者自己，是个人的内心信念、道德感情的活动，具有道德内在制裁手段的意义。财经工作者从评价中认识自己哪些职业行为是道德的，哪些职业行为是不道德的，从而扬“善”弃“恶”，忠诚地履行财经工作者的社会职责，逐步形成善恶的内在信念和相应的行为品质，促使自己实现行为从“现有”向“应有”的转化，使观念形态的道德转化为行动的道德现实。正是这种社会舆论的褒贬和自身的正负心理感受作用，才能激发和促进财经工作者在实践中不断提高自身的道德素质。

2. 调整财经职业道德行为选择

财经职业道德评价的重要目的之一，就是促进财经职业道德主体的行为选择。就是通过培养财经工作者强烈的道德责任感，使之对善的行为有道德上的自我满足；对恶的行为能够在道德上进行批判，从而形成一种深入人们内心世界的精神力量，并以此作为衡量和选择自己职业道德行为的指南，有助于进一步推动良好社会道德风尚的形成。

通过财经职业道德评价，加强财经职业道德建设，是提升社会职业道德水平，纠正行业不正之风，转变良好社会风气的重要一环。财经工作的服务对象是广大人民群众，财经工作者思想道德品质的好坏、职业行为的优劣，必然在一定程度上对服务对象产生积极或消极的影响和评价。通过职业道德评价，将褒贬信息反馈给财经工作者，促使他们在职业活动中自觉地运用财经职业道德原则和规范，发扬和传承优秀的职业道德作风，约束和纠正不良的职业道德思想和行为，逐渐形成良好的道德品质，主动塑造良好的行业和职业形象。

3. 推动财经职业道德规范实践

职业道德评价是主观的职业行为对客观道德关系和道德要求的正确反映，也是道德活动的结果。职业道德评价是主要依据之一，就是职业道德规范。因此，通过职业道德评价的结果与反馈有助于职业道德规范的实践。违背或不符合道德规范的行为，就被裁定为不道德行为，会受到社会和行业的谴责，并被要求予以纠正；符合道德规范的行为，会得到社会和行业的肯定和赞扬。

财经职业道德评价是从道德思想向道德行为转化的媒介，它推动着财经职业道德活动的深化。财经工作者在职业生活中是否贯彻了财经职业道德原则和规范的要求，职业行为是善还是恶，道德评价起着一种裁决和调节的作用。财经工作者的善行受到褒扬，形成一种激励他们继续坚持这种行为的精神力量；财经工作者的恶行受到鞭笞和抨击，形成一种舆论压力，促使他们矫正自己的思想和行为。

在现实职业活动中，少数财经工作者存在这样或那样的不正之风，或多或少存在着不符合财经职业道德规范的行为。这些行为虽没有触及法律，却直接或间接地损害了他人、集体或国家的利益，可以躲过法律的追究，但逃不过职业道德的“审判”。人们常把这种审判说成是“道德法庭”，这正说明了道德评价通过对照道德规范的要求，评价财经工作者的职业行为，祛邪扶正，帮助财经工作者明辨是非，培养他们的社会主义职业道德责任感，使社会主义的财经职业道德深入到财经工作的具体业务活动中，指导、支配财经工作者的思想和行为，不断调整财经工作者之间、财经工作者与其他社会成员之间、与集体及国家之间的关系，形成财经工作的新秩序。

社会主义财经职业道德评价是推动财经工作者把社会主义的财经职业道德原则和规范转化为财经职业道德信念和财经职业道德习惯的精神力量。它深入财经工作者的精神世界，把职业道德规范的要求与财经工作者的职业行为联系起来，把外在的舆论压力与唤起他们内心的道德责任感结合起来，因而能够有效地提高财经工作者的职业道德觉悟，激发他们的道德情感，增强其按照社会主义财经职业道德原则和规范办事的自觉性，进而促进社会主义财经职业道德的不断完善和发展。

实践证明，财经工作者职业道德品质的形成需要道德评价推动，一个社会良好的财经职业道德风尚需要道德评价造就。在一定意义上可以说，没有财经职业道德评价就没有财经职业道德。

二、财经职业道德评价依据

如果说财经职业道德评价标准，解决了财经职业道德评价过程中，评价标准是什么的问题；那么，财经职业道德评价的依据，则解决是的财经职业道德评价过程中，评价标准得以确立的理论基础，即为什么会有这些标准的问题。因此，要正确进行财经职业道德评价，不仅要明确财经职业道德评价的标准，而且要正确解决财经职业道德评价的依据问题。

（一）西方道德哲学的依据

社会上任何一个人或群体的活动，都是有意志的活动，即是一个从行为动机、意图直到最后获得效果的全过程。因此，人的行为由动机和行为这两个基本要素构成。以什么为道德评价的依据，在伦理学史上曾经有截然不同的两种观点：一种观点认为，行为的动机是唯一的依据；另一种观点则认为，行为的效果是评价的唯一依据。

所谓动机，其实质是行为主体在行为前的欲望、意图、情感、信念和理想的总和，是行为的思想动因。所谓效果，其实质是行为主体实践动机所产生的客观结果。在一般情况下，人的动机和效果是一致的；人们的动机、意图，有助于达到预期效果。

但是，人的行为过程非常复杂，不仅受到各种社会条件的限制，而且受到行为主体的认识能力、行动能力，以及行为过程中偶然因素的影响。因此，经常也会发生动机与效果不一致，甚至根本背离的情况。

唯心主义者认为，行为的动机是道德评价的唯一依据。德国哲学家康德是唯动机论的著名代表。他认为，判断善恶的唯一依据是看动机是否符合“善良意志”，凡是从“善良意志”出发的行为，就是道德的，至于这个“善良意志”带来的结果，则是无所谓的。

与此相反，形而上学唯物主义者，则把行为的效果视为评价行为善恶的唯一依据。著名代表是英国功利主义者边沁和穆勒。他们认为，道德评价时应该不管动机如何，只要某种行为的效果是好的，那么行为就是道德的。边沁认为，意向的好坏，要看企图的结果来决定，因为一切动机都能产生善性、恶性和中性的行为。因此，只有效果才是判断道德与否的依据，只要行为的结果是好的，那么这个行为就是道德的。动机论和效果论都是把动机和效果对立起来，否认善恶二者的矛盾统一性，人为地割裂了二者的联系。

（二）马克思主义的道德评价观点

在道德评价上，马克思主义伦理学坚持动机和效果的统一论，承认动机与效果的对立统一关系，认为二者既有区别，又有联系，并且相互转化。动机是个体在行为前的欲望、意图、感情、信念、理想的综合体，是行为的思想动因。动机总是同个人的意愿、爱好、兴趣、感情、信念、理想相联系，并受个体的价值目标导向。效果则是指一个人的行为产生的客观结果。从伦理学上说，效果是由动机出发，所达到的一种对他人或社会有益或有害的客观事实，任何动机总是要指向效果的。从这个意义上讲，没有效果就没有动机。动机是行为的起点，效果是行为的终点。动机总是要指向一定的效果，转化为效果；而效果又起着检验行为动机的作用。

除此之外，我们还要了解，动机和效果的这种统一，是对立的统一。动机是一种主观的东西，效果是一种客观实际的存在，二者总有可能存在不一致的情况。当动机所包含的目的实现之时，动机和效果是一致的；当动机所包含的目的不能实现时，动机和效果是不一致的。现实生活中，一些歪打正着之类的坏动机，可能会得到相对不错的结果。因此，在财经职业道德评级中，必须强调实践效果的检验作用。

坚持动机和效果的辩证统一论，必须强调行为者的实践结果对行为的检验作用。行为者从一定动机出发，为了达到一定目的必须进行必要的活动，要采取一定的手段、方法，以及克服困难的种种努力。所有这些情况只有在实践中才能得到检验。一般来说，好的动机，尽管也可能发生动机和效果不一致的情况，但如果一个人有真正善良的动机，就必然会在实践中总结经验，不断改进，从而最终达到动机和效果的一致。一个人出于善良动机，通过一系列的努力要达到预期的效果，即使最终没有达到目的，实践也会证明其行为的道德价值。比如，一个医生为了抢救病人，用了各种医疗办法，竭尽所能，即使没能挽救病人的生命，他的行为仍然是高尚的。反之，某些人出于自私的卑鄙的动机做了几件客观上对社会有益的事，只能暂时骗得人们的好评，其动机最终会在实践中被检验出来。因为，一切道德行为的目的，都是要达到好的效果。在长期的实践过程中，那些卑鄙的动机总是会暴露出来的。

（三）财经职业道德评价的借鉴

财经职业道德评价，也是财经职业中人主观的财经职业道德动机，与客观的财经职业道德效果二者的对立统一，因此，在财经职业道德评价中，必须坚持动机和效果的统一论。既要重视动机，又要重视效果，只有把二者结合起来，联系行为效果考察动机，并结合动机考察效果，以实践作为检验行为的最终目标，才能作出准确、公正的评价。

社会主义财经职业道德评价坚持动机和效果辩证统一，是财经职业道德评价的依据。在进行社会主义财经职业道德评价时，既要考虑行为产生的动机，又要考虑行为产生的效果，联系动机看效果，透过效果察动机，坚持将行为的动机和效果统一起来进行考虑和判断，从而对行为与动机一致或不一致的行为作出正确的评价。

三、财经职业道德评价标准

标准是衡量事物的准则。财经职业道德评价的标准是衡量财经职业道德行为的准则和尺度。财经职业道德评价是一般道德评价的具体和特殊；一般道德评价的标准，同样也适用于财经职业道德评价。“善”与“恶”是道德评价，当然也是职业道德评价中最普遍、最重要的范畴。“善”与“恶”对职业行为进行的评价，是衡量财经工作者与社会之间复杂关系的最一般的准则。然而，在社会主义市场经济条件下，财经工作作为一个相对具体的职业，有自己特有的职业道德原则和规范，因而其评价标准也有特殊性。

（一）道德评价的善恶标准

所谓“善”与“恶”是人们在社会生活中，对人的行为和事件进行评价的最一般概念，是个人与社会之间复杂道德关系的反映。①历史上。剥削阶级思想家的各种不同说法有一个共同点，就是力图用抽象的超阶级甚至超社会的善恶标准，来掩盖与敌对阶级之间的利害冲突。马克思、恩格斯的唯物史观指出，道德及其评价标准都是具体的、历史的，在阶级社会里，又是具有阶级性的。不同社会、不同阶级、不同历史时期的善恶评价标准不尽相同。

1. 善恶评价的阶级性

马克思主义理论者认为，在阶级社会中，人都是站在一定的阶级立场上，依据自己的阶级利益，对一定的行为进行道德评价，善恶标准在根本上表现为利益标准。在道德领域内，一定的利益标准又具体化为一定的道德原则和规范，因而在社会占统治地位的道德，只能是社会经济关系中占统治地位的阶级利益的表现。阶级社会中评价一个人的行为是善还是恶，主要以自己所属阶级的利益和道德原则为标准。正如恩格斯指出的那样，人们自觉或不自觉地，归根到底总是从他的阶级地位所依据的实际关系中，从他们进行生产和交换的经济关系中，吸取自己的道德观念。凡符合本阶级利益要求的就是善，就是道德的；反之，违背以至损害本阶级利益的就是恶，就是不道德的（见图6–12）。

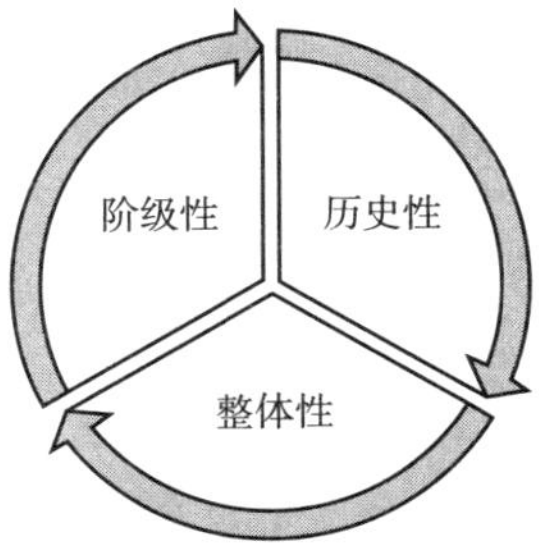

图6–12　道德评价的善恶标准

① 马克思，恩格斯. 马克思恩格斯选集（第4卷）[M]. 北京：人民出版社，1995：240.

2. 善恶评价的历史性

善恶观念是人类社会实践的产物，是个人与社会复杂道德关系的反映。在每一个时代，每个民族的道德原则往往是不同的。正如恩格斯所说，从一个民族到另一个民族，从一个时代到另一个时代，善恶观念变更得这样厉害，以至于他们常常是相互直接矛盾的。因此，要从本质上科学地解决行为的善恶标准问题，还需要把一定的行为放到一定的社会历史发展的大背景中进行考察，使其接受历史的检验。也就是说，凡是符合社会历史发展规律的，有利于社会时代进步和发展的，有利于大多数人幸福的行为，就是善的；反之，就是恶的。

3. 善恶评价的整体性

所谓善恶评价的整体性，就是从长远和全局上把握一定行为的善与恶。现实生活中常有这种情况，从眼前、局部上看，某一特定的行为是善的，但从长远、全局的角度看，则不一定是善的，甚至是恶的。

在道德评价时必须坚持整体性观点，注意克服表面性和片面性。比如，财经部门不为将破产又没有发展前途的企业解决资金问题，表面上看似乎缺乏善，但按市场经济规律的要求，从长远和社会的角度来看，这样做对于优化产业结构，增加社会经济效益是有好处的。因此，对此应作出善的评价。现在一些地区和财经部门，为了眼前的局部的利益，牺牲国家的根本利益，大肆破坏性滥开矿、滥采伐，兴办污染环境、破坏生态平衡的工厂，默许生产假冒伪劣产品等。这些做法，可能给局部带来暂时的利益，似乎是“善”的，但从长远的整体的角度来看，将造成恶果，贻害无穷。因此，财经工作者要从国家和人民的利益出发，科学地辨别善恶，正确地选择职业行为，自觉地把局部利益和全局利益、眼前利益和长远利益结合起来，这才是真正的“善”。

（二）社会主义市场经济条件下财经职业道德的评价标准

1. 评价的根本尺度

当前，中国正处在社会主义初级阶段，由于生产力的多层次状况和生产关系的多元化，实行以公有制为主体、多种经济成分并存，坚持按劳分配为主要形式的多种分配形式。这种经济基础维系着全国各族人民的根本利益。人民的根本利益是我们判断善恶标准的基础。因此，作为中国现阶段社会主义财经职业道德评价的善恶标准，从根本上说，在于是否坚持“以人为本”，是否遵循全面、协调、可持续的“科学发展观”，是否有利于生产力的发展，是否有利于人民群众物质生活水平的提高，是否有利于综合国力的增强。凡是“坚持”和“有利于”的，就是善；反之则是恶。这是对财经工作者最根本的要求。

社会主义制度的建立，为生产力的发展开拓了广阔道路，使得满足人民日益增长的物质文化生活需要——这一社会主义建设目的，有了实现的基础。财经工作者依法为人民、为国家理财，应致力于推动社会生产力发展，以此作为约束自己行为的准则、指导自己行为的基本思想。反之，如果因循守旧，不思改革，不求有功，但求无过，处理问题与工作不是考虑怎样对生产发展、社会进步有利，而只考虑个人成败得失，更有甚者把人民赋予自己的职权当成个人资本，对工作漠不关心、得过且过，为了个人利益不择手段，这样，对生产力发展不仅不起推动作用，反而会阻碍其发展，这样的行为违背了人民的意志，是不道德的。所以，是否坚持科学发展观、是否有利于生产力的发展，是财经工作者职业道德评价的根本尺度。

2. 财经职业道德评价标准的复杂性

市场经济条件下，财经职业行为因财经职业道德评价标准更具有复杂性。这主要体现在：一方面，在市场经济条件下，与多种经济形式、多种经营方式相适应的意识形态本身趋于多元化，关于何为道德、何为不道德有了多种观念。另一方面，财经工作涉及国家、集体及个人的财务管理，职业行为复杂。财经工作者经常处于财、物诱惑下，更应严格要求自己，评价标准自然和一般道德要求不一样。同时，随着社会发展，人际关系日趋复杂化、多样化，对各种纷繁复杂的行为进行评价，不应适用同一标准。这些都决定了财经职业道德评价标准更具复杂性。

进行财经职业道德评价时还应考虑以下标准：第一，是否能够在职业活动中正确处理个人、集体、国家三者的利益关系。那种事事以国家利益为重，在个人利益和集体利益、国家利益发生冲突时，能顾大局、牺牲个人利益的行为，就是高尚的善行；那种不惜牺牲国家和集体利益而保全个人利益的行为，则是恶行。第二，是否有利于改革开放，推动社会主义市场经济的建立和发展。改革开放是强国之路，建立和发展市场经济是致富必经之路。财经工作者的职业活动，推动社会主义市场经济建立和发展，就是善行；不利于改革开放，阻碍社会主义市场经济发展的，则是恶行。第三，是否有利于国家财经政策、法令、制度的贯彻落实，促进财经事业繁荣健康发展。国家颁布的财经政策、法令、制度，不仅是国家财经工作健康发展的保障，而且是评价财经工作者职业行为的依据。

因此，模范执行财经政策、法令、制度，符合国家、人民利益的，是符合财经职业道德的善行；反之，那种“上有政策，下有对策”的做法，会严重影响财经工作的顺利开展，损害人民利益，则是不道德的恶行，是不利于财经职业思想形成和财经职业道德理论科学健康发展的。只有每一个财经工作者都成为财经职业道德的忠实执行者，优良的财经职业思想才会逐步形成和巩固，财经职业道德理论才会不断得到补充和发展。

第三节 实践面向：财经职业道德评价实务

财经职业道德评价方法是财经职业道德评价形式的具体化，是指运用各种可操作性的程序和手段，对财经职业行为进行正确有效的判断，从而促进主体良好职业道德品质和行业优良作风的形成。

根据职业道德评价的基本理论，结合长期财经职业活动过程中积累的经验，在财经职业道德评价实践中，坚持自我评价、内部评价、外部评价相结合，以自我评价与内部评价为基础，辅以外部评价的作用，这样，财经工作者的职业行为就会始终处于社会、单位和个人的监督之下，有利于促进财经工作者职业道德水平的不断提升（见图6–13）。

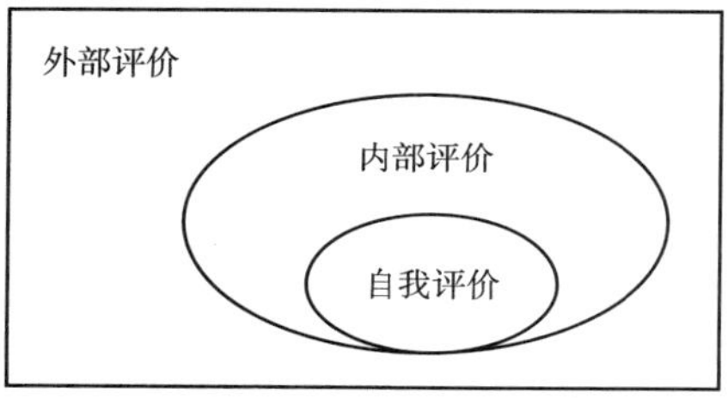

图6–13 财经职业道德评价方法体系

一、财经职业道德的自我评价

自我评价是财经工作者在财经职业活动中，对自己是否遵守职业道德而进行的自我总结和评判。自我评价是一种内在地、自觉地进行的评价方式，主要靠内心信念发挥作用。

道德信念是一种主要的内心信念，是指发自内心的对某种道德原则、规范或道德理想的真诚信服和强烈的责任感，也就是我们所说的良心。良心是对自己道德行为的自我认识、自我控制、自我调节和自我评价的综合体。良心在财经职业道德评价中，总是同责任感、荣誉感和羞辱感结合在一起的，从而对于自己符合社会道德规范要求的善的行为感到光荣、崇高、问心无愧并带来精神上的欣慰感；反之，对自己的不道德行为感到羞愧并对自己进行自我谴责。它是深刻的道德认识、强烈的道德情感和坚强的道德意志的有机统一，是人们进行道德选择的内在动机和道德品质构成的基本要素，是道德活动的理性基础，在道德评价中起着重要作用。

内心信念在道德评价中的作用是：第一，它作为一种强烈的责任感，是推动人们进行善恶评价的最直接的内在动力。内心信念使人在道德评价中具有一种自知、自尊、自诚的精神，是人们对行为进行自我调节的巨大精神力量。第二，内心信念作为一种内在强制力，迫使行为人直接受到社会判断，以及随之而来的赞扬或谴责。财经工作者只有对自己的本职工作有强烈而崇高的内心信念，对自己的职业行为产生自豪感，才可能长期坚守工作中的职业道德规范。内心信念是通过长期的财经工作实践和社会主义财经职业道德熏陶，以及财经工作者长期的自觉磨炼和修养而逐步形成的。

通过财经职业道德的自我评价，使人们对财经职业道德行为的必然性和正当性作出了合理的解释，使财经工作者在道德评价中形成一种自知、自尊、自诚的精神，从而成为财经工作者对职业行为进行自我调整的巨大精神力量。自我评价在财经职业道德评价中占有重要位置。在财经职业道德评价的具体实践中，可根据不同行业财经职业道德基本规范的要求，以表格的形式设计从业人员自我评价的基本内容，再根据每项内容的具体要求设计不同的具体指标，通过从业人员的自我评价，对自己的行为进行职业道德约束。

二、财经职业道德的社会评价

财经职业道德的社会评价是指对社会对财经工作者或企业的行为所作的价值评判或道德评判。社会评价根据评价主体是否来自财经职业领域外部，可以分为财经职业内部评价和财经职业外部评价（见图6–14）。

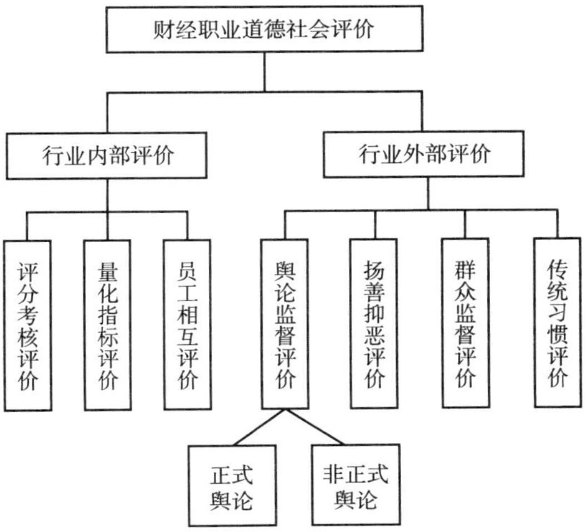

图6–14 财经职业道德的社会评价方法

（一）财经行业内部评价

内部评价即财经行业内部对从业人员的评价，即这一活动由财经行业内部评价主体实施，对财经行业内的从业人员所进行的评价。

1. 评分考核评价

评分考核评价，是根据良好的财经职业道德养成过程，以及财经道德行为的种种外在表现，将评价内容划分为若干方面和若干项目，并按照职业道德建设实践中存在和需要解决的问题的重要性、迫切性和难易程度，赋予各个项目一定的分数。在此基础上，制定出切实可行的“职业道德检查评比标准”，以此进行对照、考核、评比，评出优劣，奖优惩劣，惩前毖后。这种方法的特点是简便、易于操作、便于落实。这种方法一般由财经单位内部组织实施，具有明确的目的导向性。缺点是带有明显的组织者意志，有时候可能缺少科学性。

2. 量化指标评价

量化指标评价，是财经工作领导部门根据财经职业道德原则和规范，以及国家和地方相关政策、法令和制度的要求，把财经职业道德行为的种种表现分成若干项目，核定各项的评分标准，通过一定组织形式和程序，对财经工作者的道德行为进行等级评价的方法。这种评价方法可弥补传统道德评价方法的不足，使财经职业道德评价有领导、有组织、有计划，把道德评价融于思想教育活动，使道德评价建立在高度的集体荣誉感的基础上。但这种指标量化的方法，必须制定一套切实可行的内容、要求和检查监督措施，否则，会出现效果不佳或流于形式的情况。这种方法通常是财经行业内部统一的一种评价系统，是经过一定的科学程序而确定的相对稳定的评价标准体系，适用面较广。

3. 从业人员相互评价

从业人员相互评价，是一种非正式评价，由被评价者所在组织中的上级、同事、下级，以及被评价者本人担任评价者，从多个角度对被评价者的职业道德行为和水平等提出评价意见，再通过反馈程序，将信息反馈给被评价者，并为其制定合理的个人发展计划提供依据，从而达到改变被评价者行为，提高其工作绩效和职业道德素质，促进其专业发展的目的的评价过程。

从业人员相互评价的特点，是每个人都会成为被评价人。这种评价方法的思想，来源于360度反馈评价法，是一种“多来源反馈”技术（见图6-15）。它不同于传统的奖惩性绩效评价方法，而是一种发展性绩效评价，其核心在于反馈，即在搜集整理对被评价者各方面的信息之后，对这些信息进行分析与讨论，进而为被评价者提供改进的建设性意见，最终目的是促进被评价者个人行为和职业道德品质的改善及其所在组织的发展。这种评价方法带有明显的个人主观性，其评价结果的有效性，取决于评价者的立场、态度、心情、偏好，以及与被评价者的关系等多种因素。

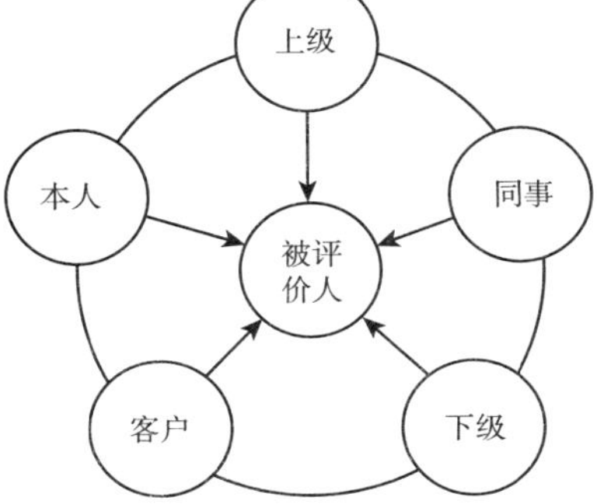

图6-15　360度反馈评价法

（二）财经行业外部评价

财经职业道德的外部评价，即来自财经行业外部的评价主体对财经行业和从业者个人的评价，如社会公众、服务对象、上级组织、新闻媒体、社会组织等。

1. 社会舆论监督评价

社会舆论就是人们从某种传统、经验、信仰或愿望出发，用语言和文字对与其有关的事件或现象所发表的某种倾向性的意见。这里所说的社会舆论，主要指职业道德舆论，是人们依据社会主义财经职业道德评价标准，对财经工作者思想和行为的褒贬。

从形成途径和存在形式来讲，可以把社会舆论分为正式舆论和非正式舆论。正式的社会舆论是由社会组织或国家机关正式表达的，其主要特点是有明确目的和自觉的意图，利用各种宣传工具来表扬和肯定一些财经工作者的职业品行，对财经工作者进行宣传教育，从而形成一种较强大的精神力量，促使财经工作者接受社会主义财经职业道德原则和规范。它的内容一般通过国家或相应的社会组织批准或认可。

非正式的社会舆论是人们直接凭借传统和经验，在一定范围内自发表达和流传的看法和态度。它的主要特点是不一定有明确目的和自觉的意图，不表达或不是有目的地表达国家或相应社会集团、组织的意志和要求，没有正式的固定的表达机构和工具，同时，看法和态度也往往是不成体系的。

因此，对社会舆论必须具体分析，具体对待。对正确的、先进的、积极的社会舆论，要诚心诚意地听取、大力支持，尽量扩大它的影响，充分发挥它的作用。对错误的、反动的、消极的社会舆论要予以抵制，敢于斗争。在财经工作中，正确的社会舆论表达了人们对财经工作者的要求，利用它可以督促财经工作者提高道德责任感。

2. 扬善抑恶评价

所谓扬善，要从实际出发，分岗位、分层次进行，增强可信度和亲近感；所谓抑恶，主要是在不同范围、不同层次内动员舆论的力量对那些违背财经职业道德，特别是对从违背道德到违法犯罪的行为进行公开批评与惩处，揭露恶的事实，分析恶的思想根源，使人们引以为戒。

扬善抑恶评价是进行财经职业道德评价的基本方法。扬善，主要是借助组织的、物质的和舆论的手段，对那些符合财经职业道德准则的先进事迹进行公开表彰、奖励和赞誉，宣传其事迹，弘扬其精神。财经系统涌现出的先进模范人物的宣传褒奖，能够起到榜样的示范作用和积极的带动作用。

3. 传统习惯评价

传统习惯，是人们在长期的社会生活中形成的一种稳定的、习以为常的行为倾向，是调节人们在某种范围内活动的方式。

传统习惯是一种社会意识现象。一方面，传统习惯源远流长，甚至根深蒂固；另一方面，正是在这个过程中，某种行为方式成为人们的一种需要，扎根在人们心里。它和人们传统的情绪、心理结合在一起，造成了传统习惯的稳定性和牢固性。当然，这种稳定性和牢固性是相对的，不是不可改变的。传统习惯有其自身的一些特点：

第一，从一定意义上看，可以说，传统习惯是社会关系和社会生活过程的直接反映。

第二，它可以被看为是一种“自发”的社会意识现象。它不是以外部灌输的方式强加给人们的，而是来自人们在生活中的直接体验和行为表现。

第三，它具有一定的稳定性和牢固性。凡是作为传统习惯的东西，对于现在的人们来说，都是由前人留下来的经过长期积累的“常识”“习性”“惯例”之类的东西。

黑格尔曾说过，传统在历史的演进过程中具有重大作用，它不像管家婆一样是静态的，只保管交给她的财产；它却是一个生动的过程，虽然它有时像小溪似的没有力量，但小溪也能汇成巨流。

财经工作者的传统习惯，是长期以来按照财经工作程序形成的、习以为常的职业倾向。传统习惯在工作中表现为一定的工作情绪和传统的工作方式，财经工作者职业习惯具有一定的历史继承性和稳定性。所以，这种评价方法对财经工作者起着不可忽视的作用。同时，我们还必须认识到传统习惯有两重性。既有新风俗、新习惯的一面；又有旧风俗、旧习惯的一面。对新风俗、新习惯中合伦理的部分，应大力肯定和扶持；对有进步意义或包含合理因素的旧风俗、旧习惯，应加以利用和改造；对消极甚至反动的旧风俗、旧习惯，要逐步消除。

4. 群众监督评价

群众监督评价方法继承了我党的群众路线、批评与自我批评等优良传统，有利于疏通言路，倾听群众意见，提高群众的参与意识。

一个人高尚的财经职业道德，经常会受到群众舆论的赞扬；受到赞扬的人和听到这种舆论的人，也会受到鼓舞，并得到启迪与教育。而当一个人低劣的财经职业道德行为受到周围群众的谴责时，他就会感到被一种强大的压力所包围，从而启发他的良知，产生羞耻感，激发进取心。这样，群众的监督、褒扬、批评，就成为职业道德评价的一把标尺，可以发挥特殊作用，督促财经工作者反省自己，约束、规范自己的思想和行为。

总之，上述评价方法有着各自特定的功能，它们之间有着共同的基础和目标，既有密切的联系，又有明显的区别（见表6–2）。只有综合运用各种方法，才能使财经职业道德评价充分发挥其应有的作用。

表6–2　　财经职业道德自我评价和社会评价的联系与区别表

二者的联系		二者的区别		
项目	自我评价与社会评价	项目	自我评价	社会评价
依据对象	都是依据财经职业道德规范对共同的工作者进行的评价	评价主题	财经工作者自身	社会组织或他人
评价目的	都是抑恶扬善、规范引导财经职业行为，形成良好的道德风尚	评价方式	自觉调整自己的行为	通过外在压力营造他律氛围
局限性	自我评价易受自我利益、感情的影响；社会评价则难以对从业人员进行全面深入的评价	评价作用	关键作用，其服从、服务于社会评价	主导作用，其通过自我评价起作用

三、财经职业道德自我评价与社会评价的统一

（一）道德自我评价与社会评价固有的内在矛盾

人们在道德上的自我评价，除了受个人的道德情感和认知影响之外，还会受社会评价的影响和制约；而道德的社会评价，只有成为社会成员的普遍认同时，才能发生有效的评价作用，并反作用于个体的道德自我评价。因此，如何使道德的自我评价与社会评价统一起来，是道德评价必须解决的问题。

道德的自我评价，作为良心的自我评价，是人的自我意识的一种表现，取决于个人的生理心理机制、个人的性格特征及所受教育和生活环境。尽管自我评价必须受社会评价的制约，但它也常常会同社会舆论产生矛盾，甚至会形成极其尖锐的反抗。可以说，不同阶级的人有不同的良心，甚至每个人都有各自不同的良心。因而，

道德自我评价具有主观性和随意性。[①]

道德的社会评价（或社会舆论），基本上代表了一个社会的道德原则和规范的要求，体现着社会的最广泛的利益。因而社会评价对于社会中的每个个体来说，是一种不依个人的意志为转移的、客观存在的、具有约束性的力量。

由于社会中总是存在着个人利益同整体利益的矛盾。因此，道德的社会评价同自我评价之间，也常常会发生这样或那样的矛盾。[②]社会中正确的、进步的社会舆论，将不断地发挥其价值导向的作用，逐步改变那些不适应社会评价的自我意识。同时，随着社会的发展，随着道德观念的变化，道德的社会评价也将在这一过程中发生变化。可见，道德社会评价具有客观性和普遍性的特点。

（二）财经职业道德评价中的矛盾调适

财经职业道德的自我评价和社会评价各有特点，需要互相补充、取长补短。

首先，道德评价是否反映时代的意志与本质，是道德自我评价与社会评价统一的标准。一般说来，自我评价应该主动适应社会评价，与社会评价保持一致，并通过自我评价实现社会评价的约束作用。但在某些特殊情况下，可能会相反。比如在社会剧烈变革时期，社会的道德评价和社会舆论导向，既可能显示出正确的一面，也可能显示出与时代精神相违背的一面。在这种情况下，自我道德评价不但不应当受到旧的社会评价的约束，而且更应该坚持正确的自我评价，根据自己的价值判断去改变环境、改变社会。所以，道德的自我评价和社会评价统一的关键，在于自我评价和社会评价是否反映了时代的意志，是否反映了时代的本质。[③]如果社会舆论表现出来的只是错误，而道德上的自我评价体现时代的意志和本质，那么，就应当不对那种偏见的舆论做任何原则性让步。总而言之，道德上的自我评价和社会评价，必须以时代的意志和本质为转移，以社会发展的客观需要为准则。

其次，真正有德的道德主体在某些时候需要适度地斗争。换句话说，真正有德的道德主体所尊重的，是那种体现和反映时代意志和本质的社会舆论；他们所藐视的，是那种不能体现和反映时代意志和本质的非时代性社会舆论。因而，如果道德主体能够确信，自己所认定的社会舆论真正是时代的意志和本质，代表着社会道德发展的未来方向，那么，即使这种社会舆论在眼下还不为人们所重视、所服从，甚至由于“人微言轻”而受贬斥，真正有德的道德主体都应该坚信，现在尚未左右社会风气及人们行为的那种代表了时代的意志或本质的社会舆论，最终将冲破旧的社

---

① 邱均平，文庭孝.评价学理论方法·实践［M］.北京：科学出版社，2010：120.

② 程书肖.教育评价方法技术［M］.北京：北京师范大学出版社，2007：16.

③ 邱均平，文庭孝.评价学理论·方法·实践［M］.北京：科学出版社，2010：120.

会舆论藩篱，成为社会占主导地位的新道德舆论。社会舆论在人类道德生活中的生命力，终究是由它所依附的社会生活来决定的。

四、财经职业道德评价的实践

财经职业道德评价体系，是指建立专门的财经职业道德评价机构，以制度建设为保障，以信用信息资源为基础，用科学的评价方法、明确的评价原则、完整的评价内容、规范的等级标准，来准确反映财经工作者职业道德状况的一系列活动的总称。建立科学、规范、公正、权威的财经职业道德评价体系，是完善社会信用体系的重要前提和保证。

（一）建立财经职业道德评价体系

1. 机构设置

道德评价机构的多元化，将导致在实际评价活动中，不同评价机构主导的道德评价，往往会涉及一些政策制定者和执行者的利益。当评价行为和结论触动某些评价主体的既得利益，特别是牵涉某些重大责任的认定时，各主体内部和主体之间的评价就往往难以做到客观和公正。

财经职业道德的评价体系的建立，不宜由政府直接出面，而应由独立于政府机构的行业协会等民间组织或中介机构，借鉴道德评价和职业道德评价的普遍适应性，结合财经职业的特点和财经职业道德规范的要求，负责制定、颁布与监督实施财经职业道德评价的全过程，以实现行业自律。

2. 制度建设

职业道德作为一种社会规范，不仅要用社会道德加以约束，还必须将这一规范提升到法律和制度的高度，赋予其法律强制力。因此，推进财经职业道德评价体系建设，必须以完善的财经职业法律法规和职业道德体系为前提。财经职业道德评价体系的制度建设，也要坚持法规优先、制度先行，建立健全法律、法规，统一管理制度和条例，做到统一标准。

3. 信用信息资源采集

开展财经职业道德评价的重要前提之一，就是要有充足有效的、能够满足评价所需的信用信息资源。

每一个行业的职业道德评价，应尽可能依赖这一行业中专业的职业信用评估机构；由行业信用评估机构负责，逐步建立、完善行业诚信档案，并持续、规范地管理运行。行业信用评估机构诚信档案，不仅包括行业中各组织机构的诚信档案，还包括行业中从业人员的诚信档案。因此，行业信用评估机构的建立和完善程度，影响着行业职业道德评价。

信用信息资源主要包括：建立统一的行业诚信标准；采集并积累行业组织机构及其从业人员信用信息；建立数据库和信用网站；加大信息开放程度，做到信息共享；规范整合与管理已有信用资源，充分有效利用信息资源。信用信用资源管理包括：统一规范的信用评估机构管理，建立权威公信的信用评估机构，以及信用评估人员的准入和资质管理机制，建立失信约束和惩罚机制，规范信用行业的发展等。

4. 评价方法

选择正确的评价方法，有助于对财经工作者作出客观、公正的评价。财经职业道德评价体系的完善，应借鉴西方发达国家的经验，做到自我评价、内部评价、社会评价与综合评价相结合。

5. 科学规划

职业道德评价体系建设，是一项系统性的社会工程，也是一项长期复杂的任务。在方法步骤上，要在各行业主管部门的统一指导下，由行业协会和行业职业道德评价机构具体实施，按照“与时俱进”的要求，分阶段、分步骤、有计划地开展工作。

财经职业道德评价体系建设，应在全国和地方行业协会组织和应在行业主管部门的领导下，结合中国财经职业道德发现阶段水平，借鉴吸收西方发达国家职业道德评价的先进经验，积极筹备、科学规划、建章立制、多方配合，实现跨越式发展。

在具体实施过程中，要坚持诚信宣传教育与信用制度建设并重，坚持采用先进的信息化手段和统一的信用信息标准，坚持培育社会信用市场需求、促进商业性信用服务行业发展与加强信用监管相结合。

（二）财经职业道德评价体系具体操作与应用

财经职业道德评价活动是一项复杂的系统性工程，需要科学地规划和系统地实施。可将整个评价活动分成不同的阶段，并在各个阶段详细地评价活动及目标任务，整个评价活动按照一定的顺序依次展开，构成一个完整的流程（见图6–16）。

1. 评价过程的三个阶段

财经职业道德评价体系的应用，是职业道德评价的具体操作过程，具有时间的连续性、顺序性和动态性。对于一般的评价过程，可分为准备、实施和结果处理三个阶段（见表6–3）。

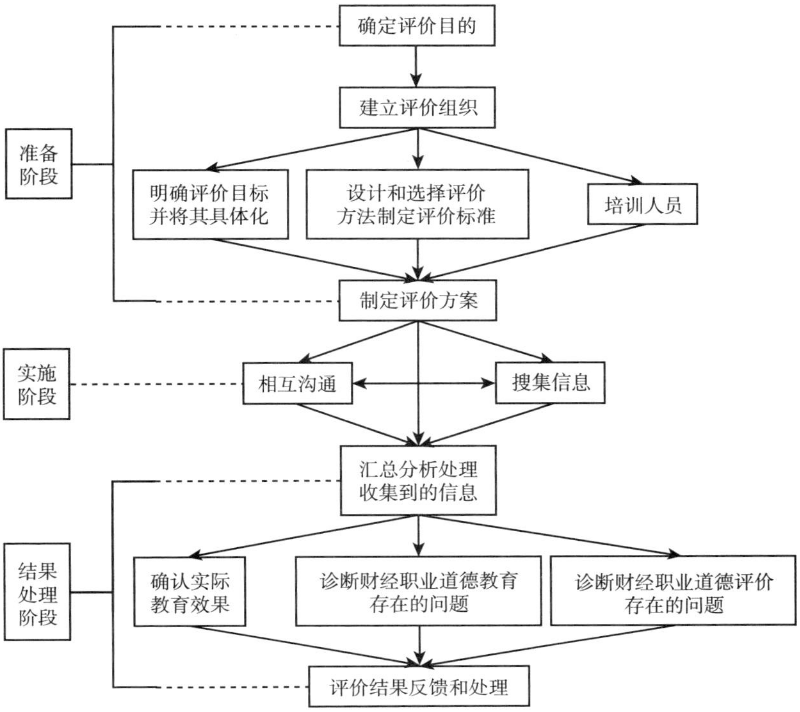

图6-16 财经职业道德评价各阶段及实施活动

表6-3 评价活动的三个阶段[①]

准备阶段	选定评价时机和场所，分解评价目标，选择、制作评价工具
实施阶段	收集信息
结果处理阶段	对评价信息进行处理、解释和利用

“凡事预则立，不预则废”。财经职业道德评价涉及因素众多，如评价者、评价对象、时间、地点、评价方法、信息处理、评价结果的反馈和使用等，只有事先计划安排好评价活动的程序，才能使评价活动高效地、有条不紊地进行，保障评价目的的实现。

实施财经职业道德评价，事先要制订科学的计划，从计划的角度理解评价过程，有利于我们找出适合财经职业道德评价的科学合理的过程。

就总体评价过程而言，计划按照时间顺序展开比较合理，逻辑清晰，简单易懂，易于把握。可将评价过程分为准备、实施和结果处理三个阶段。

就具体实施过程而言，如果只停留在这一层面，不进行更细致的计划，就很难具有可操作性。因此，还要将各个阶段的评价，再分解为各项具体的活动，这样，

① 戚安邦，姜卉. 中国MBA商业伦理和职业道德教育［M］. 天津：南开大学出版社，2007.

整个评价活动就可以分阶段、按活动进行（见表6–4）。

表6–4　各评价阶段的活动

准备阶段	实施阶段	结果处理阶段
活动1 活动2 ……	活动一 活动二 ……	活动a 活动b ……

准备、实施和结果处理这三个阶段按照时间顺序依次展开。同时，由于财经职业道德评价是一项周期性的反复活动，因此，这三个阶段将周而复始地不断循环（见图6–17）。

在分解具体活动时，应根据不同时期财经职业道德评价的具体实践，对评价活动作出更加灵活地、详细地划分。

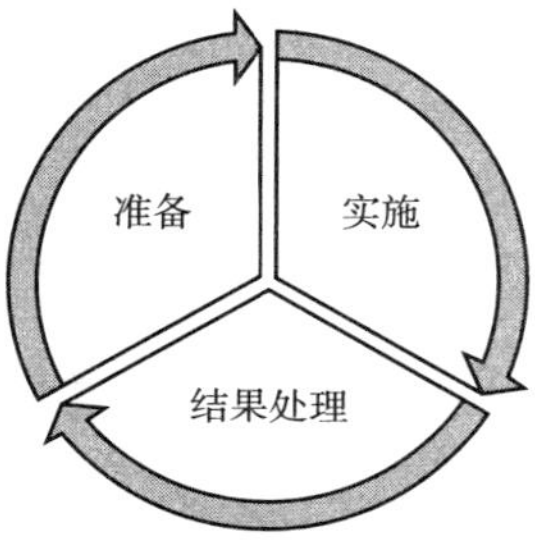

图6–17　财经职业道德评价三个阶段之间的关系

2. 准备阶段

准备阶段是职业道德评价工作第一阶段，需要为整个评价过程的开展做好计划安排，提供评价工作所需的各种资源和条件，以保障评价工作顺利进行。“良好的开端就是成功的一半”“万事开头难”，准备阶段的工作做得好，后两个阶段就会比较顺利。这一阶段主要包括以下活动，如图6–18所示。

图6–18　财经职业道德评价准备阶段

（1）确定评价目的。评价的目的对整个评价活动起着导向作用。财经职业道德评价的目的，是为进一步改进和完善财经职业道德规范，保障规范的实现。因此，在准备阶段，开展的第一项工作就是要确定评价目的。同时，评价工作的所有参与者都要理解并认同这一目的，保障各项工作都有利于这一目的的实现。

（2）建立评价组织。评价工作需要有人来领导。优秀的评价组织，是高质量评价工作的重要保障，因此，准备阶段的一项重要活动就是建立评价组织，对评价工作进行统一领导和组织实施，协调各个相关部门，为评价工作的质量负总责。

评价组织可以是常设机构，也可以是临时机构，可根据评价工作的需要加以选择。评价工作的专业性很强，评价组织中必须有相当数量的评价领域专家。同时，对财经职业道德及其教育效果的评价，也必须有伦理学和职业道德教育领域的专家参与其中。

（3）设计和选择评价方法、制定评价标准。评价方法是具体用来收集信息和处理信息的。评价方法的设计和选择对整个评价工作有着关键影响；评价标准是针对具体的评价指标而言的，必须知道每一个子目标达到什么要求，只有明确评价标准，才能对职业道德作出评价和判断。

（4）培训人员。职业道德评价具有相当强的专业性。参与职业道德评价工作的人员必须经过培训才能保障工作的质量。评价方法的设计和使用是评价工作的关键环节，直接决定收集信息的质量，进而决定整个评价工作的质量。培训最重要的内容，是关于职业道德评价方法的设计和使用。

（5）制订评价方案。评价方案是对职业道德评价工作更详细的计划和安排，是职业道德评价工作各种活动的具体化。因此，需要对职业道德评价所需资源、时间、场所、人员分工和职业、评价制度等进行详细安排。

3. 实施阶段

实施阶段是开展职业道德评价工作的具体执行和操作阶段。通过实施阶段，上一阶段制定的职业道德评价方案得到具体落实，主要包括以下两项活动，如图6–19所示。

图6–19　财经职业道德评价实施阶段

（1）相互沟通。财经职业道德评价涉及众多主体和活动，中国财经职业道德评价在实践中并没有先例可参照。所以，无论评价方案多么周密，在进行过程中都有可能出现许多预料不到的情况，保持充分的沟通对保证评价工作的顺利进行具有极为重要的作用。因此，相互沟通是实施阶段的一项重要活动。

（2）收集信息。收集信息是运用事先设计和选择的评价方法对评价对象开展具体的评价工作，参照评价标准对收集到的信息进行初步处理。这一活动是实施阶段的关键活动，也是整个评价工作的关键活动，它完成的质量直接关系评价工作的成败。

4. 结果处理阶段

结果处理是对收集到的信息进行处理、反馈和使用的阶段。结果阶段主要包括以下活动，如图6–20所示。

图6–20　财经职业道德评价结果处理阶段

（1）汇总分析和处理收集的信息。在实施阶段收集到的信息，是针对不同评价指标的无序信息，尚未成为一个有序的整体，必须将其汇总起来，运用各种定性和定量的方法，对其进行分析和处理，这样得出的结果才能使用。

（2）确认实际评价效果。为了确认财经职业道德教育的实际效果，必须将评价结果与评价目标进行对比，考察哪些目标实现了，实现的程度如何；哪些目标没有实现，差异及问题在哪里，综合各个评价指标对实际教育效果作出判断。

（3）诊断教育存在问题。开展财经职业道德评价的终极目标，是为进一步改进和完善中国财经职业道德水平提供有益的信息，促进职业道德教育水平和目标的实现。为此，就必须对其职业道德教育中存在的问题进行诊断，通过对实际教育效果的确认，发现与评价目标的差距，分析产生的原因，从而诊断出职业道德教育中存在的问题。

（4）诊断评价工作本身存在的问题。财经职业道德评价并不是只进行一次的活动，而是一个不间断、持续的活动，评价工作本身也需要持续改进。所以，对评价工作本身存在的问题也需要诊断，以促进评价工作本身不断完善。

（5）评价结果处理与反馈。最终的评价结果必须反馈给相关主体，再由相关主体采取应对措施，通过这样的循环，评价的目的才能最终实现。这一活动包括两个部分：第一部分是将评价结果反馈给评价对象，即反馈给财经工作者，让他们对已取得的成绩有所了解，对存在的问题进行清醒认识。第二部分是将评价结果反馈给评价者，针对评价工作本身存在的问题进行改进，提高评价质量。